歌者传记

PETE
TOWNSHEND

我是谁人

皮特·汤森自传

WHO I AM: PETE TOWNSHEND

皮特·汤森（Pete Townshend）著　陈震 译

中国人民大学出版社

·北京·

目　录

CONTENTS

第一幕　战曲

第二幕　很绝望的男人

第一幕

战曲

你什么都没听到。
你什么都没看到。
你什么都不要讲。
跟谁都不要讲
你知道真相

《1921》(1969)

别哭
也别抬眼
这不过是少年荒原

《巴巴·奥莱利》(Baba O'Riley)(1971)

而且我确定——我永远不懂战争

《我不懂战争》(I've Known No War)(1983)

1

我在场

看着他们全都随着我的回授吉他 solo 舞动，那感觉奇异又非凡，犹如梦幻一般。观众席中，我艺术学院的好友腰杆笔直地站在一大帮低头垂肩的“摩斯族”（Mods）中间。这帮人蓄短发穿靓鞋，来自西伦敦和北伦敦，跨着漂亮的踏板车来到现场，已在药物的作用下飘飘欲仙。我不知道罗杰·达尔特雷（Roger Daltrey）、基思·穆恩（Keith Moon）和约翰·恩特威斯尔（John Entwistle）脑子里在想什么。通常情况下，我是一个孤僻的人，即使身处乐队之中。但 1964 年 6 月的这一夜，“谁人”在西伦敦铁路酒店的首演之夜，我无与争锋。

我们在翻唱《大烟囱闪电》（Smokestack Lightning）、《我是一个男人》（I'm a Man）和《路跑者》（Road Runner）这样的重型节奏布鲁斯经典。我把啸叫着的里肯贝克（Rickenbacker）电吉他靠着麦克风架上下刮擦，再拨开最近加装的一个特殊开关，顿时，里肯贝克向前排扫射出子弹般的声浪。我猛地将它刺向空中——随着暴风骤雨般的轰鸣消弭为嘎啦嘎啦的低吼，我感到一阵可怕的战栗。我抬起头，见吉他刺入了低矮的天花板。我将它拽了下来。琴头断了。

我瞬间做出一个决定：我发了疯似地将这把受了伤的电吉他一遍又一遍地刺向天花板。刚才还整整齐齐的断裂处顷刻间变得支离破碎。我以胜利者的姿态将里肯贝克举向人群。我没有砸烂它，我雕刻了它。接着，我将它随手扔在地上，拿起一把全新的里肯贝克十二弦吉他，继续弹奏起来。

这个周二的晚上，我陡然发现，有些东西比话语更有力量，比一个白人男孩的布鲁斯吉他手之梦更让人热血沸腾。我的举动得到了观众山呼海啸般的回应。一周后，在同一地点，我砸光了我的电吉他，推倒了一摞马歇尔电吉他音箱。我的队友没有被我抢去风头。基思·穆恩踹翻了他的架子鼓，罗杰拿着麦克风在基思开裂的钹上来回刮蹭。有人视我们的破坏行径为噱头，但我知道，世界在变，我的信息传递出去了。传统的演奏方式将彻底改变。

当我第一次捣毁电吉他时，我对此举会带来什么样的影响浑然不觉，但我非常清楚它源自哪里。我的父亲是“飞行中队”乐队（The Squadronaires）的单簧管手兼萨克斯手，这支乐队演奏摇摆乐[1]（Swing）。对摇摆乐的爱滋养了我，然而有一天我背叛了它，转投我的新欢摇滚乐。摇滚乐，摧毁了我对摇摆乐的爱。

我是英国人，是伦敦客。毁灭性的二战接近尾声时，我在西伦敦[2]呱呱落地。这三个事实对我的音乐之路有着深远的影响，一如战争的黑暗给我的祖父母和父母的人生带来了深远的影响。在我成长的年代，战争的阴影仍未消散，而在我的生命中，天气总是说变就变，根本不知道接下来会是什么天。对我家三代人来说，战争都是一个真正的威胁。

1945 年的流行音乐有其严肃的使命：对抗战后的萧条，重燃一个民族的浪漫情怀和壮志雄心。我的襁褓时代沉浸于摇摆乐的神秘与浪漫之中，那是爸爸演奏的音乐，对他和妈妈重要得如同宇宙中心。那里有欢声笑语和乐观主义。战争结束了。我在场。

---

1 爵士乐的一种风格，又称摇摆爵士乐，形成于 20 世纪 30 年代初，盛行于 20 世纪 40 年代（脚注均为译者所加）。

2 传统上是富人和中产阶级精英的居住区。

2

是个男孩!

我出生时，战火已经熄灭，但硝烟尚未散尽。

“是个男孩!”信使站在舞台脚灯边，对着父亲大喊道。父亲继续吹奏着。

我是“战争婴儿”，但从未了解战争。1945 年 5 月 19 日，我出生于一个音乐世家。彼时，“欧洲战胜日”已过两周，距离宣告二战结束的“对日战争胜利日”还有四个月。然而，我还在娘胎里时，战争及其“切分回声”——电喇叭和萨克斯管，防空洞和大乐队（big band），V2 火箭和小提琴，梅塞施米特式战斗机和单簧管，《靛蓝心情》（Mood Indigo）和《缎衣娃娃》（Satin Doll）[1]，失声痛哭，低空扫射，空袭警报，隆隆声和爆炸声，就喧嚣不止，摇摆不休，搅得我不得安宁。

两段记忆就像梦境一样让我流连忘返。

我两岁了，坐在一辆旧有轨电车的顶层。妈妈和我从西伦敦阿克顿山（Acton Hill）上的车。电车缓慢地驶过我的未来站点：电器店——1955 年，父亲的首张专辑在那儿开卖；警察局——我去领回了失窃的脚踏车；五金店——数千个贴着标签的抽屉让我着迷不已；奥迪恩影院——我和伙伴们尽情观看周六日场；圣玛丽教堂——我在

1 《缎衣娃娃》与《靛蓝心情》是经典爵士歌曲，主要作曲者都是爵士乐大师艾灵顿公爵。

唱诗班演唱圣歌，目睹数百人领圣餐，自己却从未领过；“白鹿”酒吧——1962年的一天，和一支学生摇滚乐队完成一次例行演出后，我在那儿喝了个酩酊大醉，那是我第一次喝醉。这支乐队叫“迂回”（The Detours），有一天会蜕变为“谁人”。

1947年的夏日海滩，艳阳高照。我两岁三个月了，坐在毯子上，享受着空气和细沙的味道，聆听着微风和海浪的呢喃。爸爸妈妈像阿拉伯人般骑着马，撒着沙，开心地挥手，纵下马鞍。他们年轻漂亮、光彩照人……

我的祖父贺拉斯·汤森（人们叫他霍里）三十岁就早早谢顶，但他的鹰钩鼻和粗框眼镜仍令他引人注目。20世纪20年代，半职业乐手兼曲作者霍里时常在夏天的海滨、公园和音乐厅表演。这位训练有素的长笛手既能识谱又会写歌，可他喜欢悠闲自在的生活，所以没有挣到多少钱。

霍里与祖母多萝西（人们叫她多特）邂逅于1908年，之后开始搭档表演。两年后，怀孕八个月的多特与霍里奉子成婚。多特腹中的便是我的杰克叔叔。他依稀记得，爸爸妈妈在布莱顿码头卖艺时，一个贵妇打扮的女人走了过来，朝帽子里扔了一先令。“你们在为哪项公益事业募捐？”她问。

“为咱们自己。”多特说。

多特优雅迷人，能歌善舞，且和丈夫一样能识谱。她时而唱独角戏，时而与丈夫同台献艺，后来还参与丈夫的歌曲创作。她是个乐天派，虽然自视甚高，还有点势利眼。数年之后，多特又怀上了霍里的骨肉——我的父亲克利福德·布兰福德·汤森（Clifford Blandford Townshend）。1917年，父亲降生了，杰克当了哥哥。

妈妈小时候与父亲莫里斯和母亲邓妮住在帕丁顿区。邓妮过度讲究卫生，然而却是个马虎的监护人。有次莫里斯开着送奶车经过家门口，妈妈和她弟弟小莫里斯从楼上窗户冲着他招手，小莫里斯差点失足掉下去。

外祖父莫里斯为人和善，却被邓妮无情地抛弃了。结婚11年后，邓妮突然跟着一个有钱人私奔了，做了他的情妇。那天妈妈放学回到家，见家里空荡荡的。除了一张床，邓妮卷走了所有的家具。她留下一张便条，但上面没有说她去了哪里。莫里斯花了好些年才找到了她，不过他们再也没能在一起。

莫里斯带着两个孩子投奔他母亲艾伦。那年妈妈才十岁，但已开始帮衬着持家，并从此饱受她的爱尔兰祖母的熏陶。妈妈虽以抛弃自己的母亲为耻，却以祖母艾伦为豪。艾伦教她如何调整发音，发出纯正的爱尔兰口音来。妈妈渐渐擅于模仿各种口音，并早早地显露出音乐天赋。

又过了几年，出落成婷婷少女的妈妈搬到北伦敦，和罗丝姨妈住到了一块儿。我印象中的罗丝聪明自信、博览群书，是个非凡的女人；她是出柜的同性恋，和她的伴侣安静地生活在一起。

和我一样，爸爸也曾是个叛逆少年。战前，他是极右翼政客奥斯瓦尔德·莫斯利（Oswald Mosley）的法西斯黑衫党党员。这段经历让他羞愧不已，当然他也原谅了自己——他少不更事，而且那套制服太帅了。十六岁时，爸爸便在自带酒酒会（Bottle Parties）上演奏，并因此被校方开除，他每天上午的两小时单簧管课也随之告一段落。就音乐性而言，那些演出无须他祭出牛刀，而纵观他的整个音乐生涯，他的演奏技巧都可以说是大材小用。

之后几年，爸爸加入比利·威尔特舍尔（Billy Wiltshire）的乐队，穿梭于伦敦地区的酒吧为舞会和酒客伴奏。时值两次世界大战之间，高雅、奢华和自由自在的氛围遮掩了大难临头的恐惧。大议题隐匿在香烟烟雾和流行音乐里。一如以往，性可以让焦虑的心平静下来。但在爸爸那个时代的音乐里，性欲是含蓄的，隐匿在教养良好、举止优雅的男人和女人们的晚装里。

战争与音乐把我父母撮合在了一起。爸爸 1940 年应征加入英国皇家空军后，先后参加过数支小乐队，为战友演奏萨克斯管和单簧管成了他职责的一部分。1945 年，他成为皇家空军摇摆爵士乐队的一员。这支乐队被誉为英国历史上最伟大的摇摆爵士乐队，其成员入伍前全部效力于知名乐队。他们的演奏是革命性的，秘密武器便是摇摆乐。那时候摇摆乐还未被社会广泛接受，但老百姓爱听。爸爸能得到这份工作事出偶然：薇拉·琳恩[1]（Vera Lynn）的丈夫、皇家空军摇摆爵士乐队的萨克斯手之一哈里·刘易斯因有恐飞症不愿飞往德国。爸爸顶替哈里去了德国。事实上，当摩托信使大声告诉爸爸我出生了时，他人就在德国，正在台上为军人吹奏萨克斯。

1941 年，妈妈谎报年龄入了伍，后来成为爸爸所在乐队的歌手。1944 年 6 月 18 日，在布里斯托尔的科尔斯顿会堂举行的一场音乐会上，妈妈演唱了三首歌，爸爸独奏了两支曲子。

战争结束后，皇家空军摇摆爵士乐队改叫它的别名——“飞行中队”，继续朝前飞去。

妈妈说她婚后头几年过得很孤独。“他总是连人影都见不着，难得回来了，又总是泡在街边的‘白狮’或‘格兰维尔’里。”爸爸性格开朗，相貌英俊，请人喝酒时相当爽快，在当地酒吧颇受欢迎。再加上音乐上的成功，他在酒吧里俨然就是个名人。

就连我出生时妈妈也没见着爸爸的人影。一怒之下，妈妈搬离了祖父母家，住到了塞米和莉娅那儿。塞米和莉娅是一对来自澳洲的犹

1　薇拉·琳恩（1917—　），二战期间英国最走红的女歌手、女演员之一，因经常为英军劳军演出，获颁“三军甜心”称号。

太音乐家夫妇，和儿子住在一间大屋里。莉娅“接手”了我。妈妈说，莉娅是那种“热衷于推婴儿车，为婴儿洗澡的女人”。妈妈对这类事情没太大兴趣，她忙着当歌手呢，当然，她很感激莉娅的帮助。

1946年，爸妈言归于好，我们一家三口搬进了阿克顿的白厅花园（Whitehall Gardens）。邻居里有伟大的盲人爵士钢琴家乔治·谢林（George Shearing）和漫画家亚历克斯·格雷厄姆（Alex Graham）。格雷厄姆工作室里的可调节绘图板、巨幅纸张、复杂的笔墨让我着迷不已，正是它们播下了我去艺术学院学习的种子。

我们和卡斯一家同住一个屋檐下。他们住楼上，我们住楼下。同父母的诸多好友一样，他们也是犹太人。记忆中的逾越节（Passover）总是喧闹而欢乐。每到那时，家里就会飘满犹太鱼丸冻、碎肝末和慢烤牛胸肉的香味。我们两家各占三个房间、一个厨房和一个浴室，但都没有室内厕所。我们家的厕所在后院，厕纸就是挂在钉子上的几张正方形报纸。厕所很冷，时常有蜘蛛出没，因此我从不久留。

我睡在餐室。爸爸妈妈并没有为我提供一个专属空间，让我可以将玩具和涂鸦丢得四处都是，而不用担心自己在“侵犯”成人领地。他们似乎觉得没有这个必要。我不知道什么是隐私，连最基本的隐私概念都没有。

后来，妈妈放弃了唱歌，不过没多久就后悔了。当然，她一直也没闲着，很快就帮着经营“飞行中队”去了。妈妈常常带我登上巡演大巴，我享受乐队里的轻松氛围之余，还不忘替他们照看空啤酒瓶。妈妈是他们的“唱歌宝贝”，爸爸的演奏技巧在他们中备受尊崇。爸爸练起音阶和琶音来起码得个把钟头，他在技巧上的复杂多变令人叹为观止。换作今天的摇滚乐，我们可以用更简单的话来形容：他速度很快。

巡演大巴的目的地通常是假日营地、海滨小旅馆或拥有秘密楼梯和地下走廊的华丽剧院。假日营地是英国特有的事物——夏季来临的时候，劳工阶级会来到假日营地狂欢上一周，时常还会有“飞行中队”这样的爵士大乐队表演助兴。那种一间木屋住一家子的营地似乎不是乱搞的地方，但想象一下，如果一间木屋住的是一群年轻男子，另一间住的则是一帮妞，你怕是会浮想联翩了吧。

置身于劳工阶级中，我总有那么点优越感。毕竟，我是和乐队一起来的，而且我一待就是整个夏天，有时甚至长达16周。我从幕布后面找到了攫取他们注意力的法宝。我从小就知道如何取悦观众，并且注意到有时得付出代价。每天下午两点，爸爸会被人从最高的跳板上推入泳池。他穿着笔挺的乐队制服，从水里冒出来时还在吹单簧管。他佯装难过，脸上写满了失落。作为一个孩子，我的感受未免过于深刻。我的爸爸被羞辱了，只为博那些平头百姓一笑。

我认识到自己有别于那些普通百姓，那些间接支付我们生活费的顾客。多年以来，每次观看别人演出时，我总不免有点失落。我总会想到爸爸。

1949年9月，四岁的我被送进了阿克顿的银谷幼儿园。也许是妈妈觉得我穿上红色校服、戴上校帽后显得很可爱。她天生丽质，而随着战争配给制的取消，她更是把自己打扮得跟好莱坞明星似的。爸爸这边的亲戚有意见了——她凭什么把爸爸辛辛苦苦挣来的钱花在衣服上，而且还把我送进私立学校？她本该把我放进婴儿车里推来推去的。

我过得很开心。白厅花园是另一个被与我年纪相仿的小孩占领的街区。我们这帮小孩的头儿是我最好的朋友，我们都叫他吉皮（Jimpy）。之所以叫他吉皮，是因为他的“飞机头”（Quiff）发型很像《每日镜报》连载漫画中的人物“吉皮”。就像其他野孩子一样，我们踢足球，打板球，捉迷藏，玩“牛仔和印第安人”——那是我们最爱玩的游戏。战争游戏我们也玩，但仅限于摆弄玩具士兵或军车模型——战争的记忆还很疼。

电影院的周六日场放飞了我们的幻想。它们的主角是查理·卓别林、罗伊·罗杰斯（Roy Rogers）、霍帕隆·卡西迪（Hopalong Cassidy）、飞侠哥顿（Flash Gordon）、劳莱与哈台（Laurel and Hardy）、“三个臭皮匠”（The Three Stooges）等等，另外还有华纳兄弟的《乐一通》（*Looney-Tunes*）、迪士尼的动画片之类。劳莱与哈台是这个星球上最搞笑的两个家伙。卓别林对我而言有点过时，但实际上这些片子全都摄制于战前。

出了家门，我们便开始干自己喜欢干的事。我们从栅栏底部的空档钻进铁路专用线，潜入别人家的花园爬树偷苹果，朝鸭子掷石块，打开每一扇忘锁的车库门端详汽车，一路尾随送奶工和他的马车到五英里外的古纳斯伯利公园。

吉皮和我各有一辆三轮自行车。一天，才四岁大的我俩骑着我的那辆去公园，我们要在一条斜坡上创下一项新的双人自行车下坡速度纪录。吉皮掌舵，我站在后车轴上。结果，高速下坡的自行车失去了控制，我们一头冲进了坡底的花坛，摔了个嘴啃泥不说，人也受惊不小。车子严重变形，没法骑着回家了。我连着淌了两天鼻血。

1950年，年满5岁的我没有与发小们一道步入当地的公立小学。妈妈依然觉得我穿校服很可爱，所以把我送到一所离家不到一英里的私立小学。那儿我一个孩子都不认识，一个孩子都没见过。我憎恨在那儿度过的每一分钟。

每天早晨，我们唱着《前进，基督教士兵》（Onward，Christian Soldiers）齐步走入课堂，就像一群被洗了脑的赤色分子；吃完一顿难以下咽的午餐后，我们得趴在课桌上睡十五分钟。小动作会换来厉声斥责，动来动去则会招致戒尺伺候。我挨了好几回藤条，更被老师脱下橡胶底拖鞋狠狠地抽过。

某次惩罚过后，深感伤害和屈辱的我向父母发了一通牢骚。他们去找了女校长，结果她以更残酷的招数予以回应。在校时我被禁止上厕所，因此放学回家的路上，我有时会把大便拉裤子里。有了前车之鉴，我跟父母只字未提，知道这会招来更严厉的惩罚。我去向吉皮求助，他对我很同情，还支援了我几条新内裤。

这段时间，妈妈开始送我去上芭蕾课。我走进一个房间，就见二十个穿着芭蕾舞小短裙的女孩一边踮着脚尖翩跹起舞，一边对着我咯咯地笑。这一组里没几个男孩，我是其中一个。有一回我不守规矩，被老师扯下紧身衣，按在浴缸上打屁股。女孩子们全都兴奋地站在浴室门口围观。

有悖常理的是，我爱上芭蕾课。因为这段经历，今天的我可谓是一个舞者。虽然六十多岁的我仍习惯于像个小年轻一样低头垂肩地走路（我年轻时的一张照片曾被用在一本关于亚历山大疗法（Alexander Technique）的书中，作为不良姿势“后青春期塌陷”的示例图。亚历山大疗法是一种旨在纠正不良姿势、保持身体平衡性的互补性疗法），我的步伐却非常灵活。此外，我的不少舞台制作经验便根源于那几堂芭蕾课。然而，随着爸爸表达了他的不安，我的芭蕾课之旅戛然而止。

“飞行中队”最忙的夏季巡演接近尾声时，妈妈又接到了罗茜·布拉德利打来的电话。罗茜住在外祖母邓妮家对面拐角，一段时期以来，她向妈妈传送着关于邓妮的越来越令人不安的消息。

1951 年夏天，邓妮的举止变得怪异非常，罗茜不能确定是否是更年期作祟。邓妮的富翁情人巴斯先生光知道寄钱寄东西。罗茜觉得妈妈应该来看看邓妮。据罗茜描述，邓妮收到一个包裹后，隔着马路大喊道：“罗茜，罗茜！快来看看这个！”纸箱里有四件晚礼服和两件裘皮大衣，然而邓妮依旧披着睡袍游走在午夜的街头。罗茜说她“疯疯癫癫的”。

在罗茜的劝说下，巴斯先生为邓妮在西门（Westgate）的车站路租了一套两居室。妈妈还是放心不下。“克里夫，”她对爸爸说，“我觉得她快疯了，也许皮特住那儿能解决问题？他可以去圣救世主小学上学。”听上去也许很奇怪，就这样，我被送去和外祖母同住，从此坠入人生中最黑暗的一段日子。

邓妮的家庭观念是彻头彻尾的维多利亚式的。无论是她的一天还是我的一天，她都安排得有如军事行动般严谨细致。我们六点前起床吃早餐，吐司归她，玉米片和茶归我——我做错事的话除外。她最喜欢的惩罚就是不让我吃东西。只有当我沉默不语，表现无可挑剔，极端顺从且刚洗完澡，她才会疼我——也就是说，她从没疼过我。她是一个邪恶的巫婆，甚至还会对我施加吉普赛人的诅咒。爸爸妈妈哪根筋搭错了，竟然决定送我去和邓妮同住？

刚转入圣救世主小学时，6 岁的我在读写方面全班垫底。到完成学业时，我在这两个方面已经成了班上的佼佼者。和邓妮住一块有失也有得，这就是得的一面。我给邓妮的姐姐罗丝去过一封信，结果罗丝把信退了回来，退信上满满都是对拼写和语法错误的修改。我被伤到了。罗丝告诉邓妮，我不小了，不该是这样的读写水平。她建议邓妮读悬疑书给我听，读一半，然后让我自己看完。邓妮开始读安娜·塞维尔（Anna Sewell）的《黑骏马》（*Black Beauty*）给我听。这一招很奏效。无论是故事本身，还是这种陌生的慰藉，都促使我立马拿起书去读下半部分。

她还读了什么书给我听我已记不清了。我的消遣很少，其中一个是玩五斗柜的把手，想象它们是潜水艇的控制旋钮；我还喜欢听 BBC 的《儿童时光》（*Children's Hour*）栏目，它里面播的儿童广播剧《玩具镇》（*Toytown*）相当不错，两位主角“羊羔拉里”（Larry the Lamb）和“猎肠狗邓尼斯”（Dennis the Dachshund）有趣极了。

公寓的对面是巴士站。邓妮时常站在窗口大呼小叫，邀请司机上来喝茶。有的时候，她也会自己下楼端茶给他们喝，或是遣我送去。薄睡衣外裹着睡袍招摇过市从未让邓妮觉得有一丝不便，而我也不介意穿着睡衣横穿马路，给巴士司机递上一杯茶。但若是她要我再走远点，把茶水端到附近的报亭或杂货店，我就感到不快了——我会被赶着去上班的人们撞到，然后面对他们异样的眼光。

邓妮常常在清晨五点把我叫醒，同时把昨晚做好的几种食品装袋，我记得其中有用锡烤盘盛放的松糕。我们来到几个事先约定的“幽会”地点，和多是美国空军军官的“幽会”对象交换东西。她递过去的是三明治或锡烤盘，但换到的是什么我不得而知。拉风的汽车，半开的车窗。我还依稀记得一个我不得不管他叫“叔叔”的男人。他留着希特勒式的小胡子，一只耳朵是聋的，在邓妮家留宿了几晚。

整个事件给我带来了深深的愤怒和怨艾。为了弄明白这件事，我接受了多年的精神治疗。1982 年，我的治疗师敦促我将这些“早晨的交换”统统写下来。我描写起其中一次会面：一个空军军官摇下车窗，邓妮靠了上去……陡然间，我第一次忆起：后车门打开了。我的身体开始不自觉地颤抖，我再也写不出一个字，再也忆不起一点东西。我的回忆之门倏然关闭。

我们的公寓通往一楼的楼梯平台，可我的房间从来不让锁门。钥匙放在外屋。夜里，要是害怕了，我会跑向邓妮的房间。如果她的门没锁，她会发出嘘声，把我撵走。如果锁着，她会佯装睡着，不予回应。直到今天，我还是会浑身汗淋淋地从噩梦中惊醒，为通往一楼楼梯平台的房门始终洞开而气得发抖。我是个才六岁大的小孩，可没有一天晚上不是在毫无遮蔽、毫无保护的境地下孤独入睡。

除了巴士，我从房间也能看到火车站。我看着宏伟的蒸汽机车，幻想着此刻有朋友、兄弟或姐妹在身旁。随便是谁。我入睡前的最后一个念头，通常是渴望得到爱抚。可除了掌掴我，洗澡时狠狠地擦洗我，把我的头按入水中洗掉身上的肥皂沫，邓妮就再也不会触到我。一天晚上，邓妮发了飙，把我的头按入水中好久。

圣救世主小学里有几个孩子来自附近的美国空军基地。一个瘦高的男孩初来乍到时穿着神气活现的泡泡纱西服，这种料子的西服在美国某些地区很时髦。在他倒霉的母亲送他回家的路上，罗茜的儿子罗伯特和我把他奚落到哭鼻子。他母亲这才觉察到穿这种西服会招致嘲讽。参与欺负那孩子让我至今都深感羞愧。

校长马修斯先生是个秃头胖子，其书房的窗户正对着操场，而他最喜欢的仪式便是在窗外写满嘲弄的众目睽睽之下，用藤条鞭打被他按在办公桌上的小孩。有一回，不记得是因为什么了，我趴上了他的刑桌。我的眼前是一双双充满热切和渴望的脸，全都等着把快乐建立在我的痛楚之上。最后的结果让他们大失所望，马修斯先生放了我一马。

妈妈偶尔来看我们，每次都是行色匆匆，散发出伦敦魅惑的同时也带来了不可靠的气息。邓妮照旧追逐着巴士司机和飞行员。我痛苦万分。我失去了年轻漂亮的父母，跟一个绝望地看着年华溜走的女人过着斯巴达式的生活。邓妮对我的情感是报复性的，妈妈对我的遗弃也是，爸爸的缺席和英王乔治六世的过世也是。在我七岁的时候，爱和领袖都没了。

妈妈和一个男人好上了。我坐在他的大众甲壳虫后座，在古纳斯伯利大道上一个十字路口等红灯。妈妈向我介绍司机邓尼斯·鲍曼，她说他对她很重要，事实上，他将是我的新爸爸。

“我喜欢你胜过喜欢另一个爸爸，”我对鲍曼先生说，“你有小轿车。”

浅绿色的小轿车。交通灯变成了绿色，我给鲍曼先生开了绿灯。

3

你没看到

罗茜不断地将邓妮愈发糟糕的精神状况告知妈妈，终于，妈妈要爸爸和她一块儿去看邓妮。爸爸被邓妮的怪异行为吓了一跳，他说："太荒谬了，皮特不能住她那儿，她完全疯了。"他们决定把邓妮接过来和我们一起住，直到她好转起来。我有时会想，如果不是因为邓妮疯癫得那么明显，我可能永远也回不了家。

1952 年 7 月的一天，妈妈坐火车来接我。陪他来的不是爸爸，而是邓尼斯·鲍曼和吉皮。见到吉皮真高兴。然而在归途的火车上，我发现妈妈还没有做好接我回家的思想准备。坐立不安、鼻涕直流的我让她恼火不已。我做什么都不对。邓尼斯·鲍曼悄声对她说："他很可爱的，为什么不让他独自呆着？"

我不在的时候，阿克顿的同龄小孩形成了一大一小两个帮派。吉皮是那个大帮派的头儿，他的权威通过每周一次的赛跑比赛建立——他总是冠军。就在我回来的当天，我奇迹般地几乎跑赢了他，然后立即晋升为二当家的。赛后，我去操场上攀滑梯。滑梯被一个一脸凶相的男孩占据着，他冷笑道："你不能上来，朋友。"

通常情况下我会转身逃走，但这次我不知哪来的勇气，决定跟他斗一斗。我向上攀爬起来，男孩开始推搡我，他推得很猛，结果自己倒摔下去了。他掸掸裤子上的土，看架势是打算给我点颜色看看。就在这时，有人在他耳边低语了一句。他面露惧色，悄悄地溜走了，几乎可以肯定，他已经知道我是吉皮的朋友。被这样一个“大佬”罩着，我感到既开心又安全。

就在我的童年生活改善之际，状况又来了。看起来，我将失去至爱双亲中的一位。多年后，我知道了细节。

“爸爸同意让我走，同意我带你一起走，”妈妈解释道，“邓尼斯是前英国皇家空军军官，有很拿得出手的海外资历。他给我惹了麻烦后，开始申请出国工作，最后他在亚丁湾谋到一个职位。薪酬很高。”

“我和你的机票已经买好了，但得知我们的目的地是亚丁湾后，爸爸又改变了主意。他说，‘别带皮特去，太远了。好好想想，是不是还想去?’我考虑了一下，最终决定再给我和你爸一次机会。”

邓尼斯·鲍曼给妈妈惹了什么“麻烦”?她怀孕了?“是的，我的身体状况很糟，”她犹豫了一下，说，“我流过几次产。”她停了好一阵，接着说道，“在家里自行解决了五次。”在一家黑诊所偷偷做过一次人流后，她决定以后都自己在家流产，虽然此举危险到了极点。

七岁的我很高兴又回到家里。喧闹的房间，后院的厕所，楼上犹太菜的香味儿……一切都那么令人宽慰。杰瑞·卡斯（Jerry Cass）还在BBC3台放古典音乐，他每天早上刮胡子时，会把长约15分钟的交响曲放得震天响。我还是喜欢听着BBC3台起床。回到旧时的节奏后，我的前路仿佛一片光明。爸爸还是经常外出巡演，不过妈妈一直在身边。她有时候会心烦意乱，但已没了让邓妮照顾我的念头。

1952年初夏，“飞行中队”乐队来到马恩岛（Isle of Man）首府道格拉斯（Douglas），开始在皇宫舞厅驻场表演。此后十年，他们年年夏天都来“皇宫”驻场。在道格拉斯的头一个夏天，我们租了一套一居室。偶尔，爸爸买醉归来或偷偷开溜时，会将睡梦中的我吵醒；而试图从婚外情中摆脱出来的妈妈还是在邮局办了个秘密信箱，用来收取邓尼斯·鲍曼的飞鸿。

吉皮来马恩岛看我时和我们住一块儿。我爱吉皮如兄弟。我们玩奇幻的游戏，做小小探险家。在道格拉斯，我们发现了一处摇摇欲坠的旧豪宅，看上去像是弃置不用了。我们爬过环绕宅子的高墙，潜进去偷苹果。在闯入一间外屋后，透过一个钥匙孔，我们看到了一辆老爷车。透过另一个钥匙孔，我们看到了桌上的宝贝——老手表、工具和锁链。我们试图破门而入，但门锁得太牢了。

探险很有趣，但最大的乐事还是看“飞行中队”表演。这意味着可以把自己打扮得风度翩翩的，可以拿着妈妈给的几个先令去买薯片和奶昔。舞会开始前，我们站在空旷的弹簧舞池中央，轻轻地跳上跳下。随着舞会开始，我们随意走动，聆听音乐，注视着少女们飞扬的裙摆。有时候我们会在橡木舞池边练习舞步。

皇宫舞厅旁边是皇宫剧院，那儿周日有音乐会上演，“飞行中队”也负责为前去表演的艺人伴奏。这些艺人中不乏大牌：雪莉·贝西（Shirley Bassey）、丽塔·罗莎（Lita Roza）、伊尔萨·基特（Eartha Kitt）、弗兰基·沃恩（Frankie Vaughan）、“莫顿·弗雷泽的口琴帮”（The Morton Fraser's Harmonica Gang），还有包括乔治·福姆比（George Formby）在内的一众谐星。我记得有一个新奇的吉他手，边弹电吉他边吹小口琴。他看上去滑稽极了，小口琴发出的声音也是尖锐无比，像一只困在牙间的老鼠在吱吱叫唤，然而，他却成了那些音乐会的固定表演艺人，可见观众一定吃这一套。

目睹这一幕后，我燃起了学吹口琴的热情，开始认真地吹起爸爸的口琴来。

那年夏天，我在马恩岛上度过了许多美好的时光。我爱上了隔壁的金发小女孩。一天，我用口琴吹着《妈妈和爸爸》时，顺势把她搂在了怀里，那一刻，我感觉自己像个大人了。她母亲跟我说，她长大后会是一个“情场杀手”。我不知道这个词的意思，但我知道自己的心跳得飞快。

第一个马恩岛之旅行将结束时，妈妈把邓妮带了过来，让她照顾我的生活，自己则回伦敦了断和邓尼斯·鲍曼的私情。那年秋天，妈妈和爸爸重新找回了失去的爱。他们费尽心力要生二胎，以进一步巩固家庭。可归因于妈妈饱受摧残的生殖系统，直到五年之后，我弟弟保罗才降临人世。

爸爸自尊心很强，在妈妈和邓尼斯·鲍曼分手后重新接受她着实不易。爸爸应该不知道她流产的事，不过如果他知情，或是存疑心，便有助于解释他的酗酒问题和不见人影，以及他们和好后，他似乎在微醺时面对妻子才更自然，才会说情话。

1952年9月，我升入贝里梅德初级中学。我记得放学走进家门时，邓妮从落地窗往外窥视，像一头奇怪的困兽。爸爸妈妈把他们的卧室让给了她，那里堆满了她从情夫巴斯先生那儿获得的可悲的战利品：纯银发梳、美甲套装、朗声打火机等等。我想说我为她感到难过，但是没有说出口。

这段时间，我成了一个纵火犯。我挨家挨户上门借火柴，谎称妈妈的炉子灭了。我没有放火烧人家的房子，我烧的是弃置的旧汽车和轰炸遗址里的瓦砾堆。一天，我误判了一件事：我在一辆弃置的冷藏车下用积木搭了座“城市”，然后在“城”里塞进报纸点燃。问题是，这辆车并没有被弃置。车里的人冲出来大吼道：“汽油！汽油！你会把我们全烧死!”

另一个破坏日，吉皮和我在桥下的铁轨上横放了一大块钢条。当火车驶近时，我们撒腿跑开，等着听火车失事发出的巨响。感谢上帝，火车没有脱轨。否则，重大伤亡不说，我们的人生也将就此改变。

在家里，我们最主要的娱乐是听收音机。电视机于1952年粉墨登场，不过就同千家万户一样，我们家到翌年伊丽莎白二世加冕才添置了一台。我看了大量的漫画，爱读儿童作家伊妮德·布莱顿（Enid Blyton）的《诺弟》（*Noddy*）系列。《诺弟》是1949年出的，当时还算新书。爸爸做了一个帆船模型，到了周日，我们会带上它去海德公园玩。爸爸还带我去看赛狗。比赛太精彩了，尤其是白城体育场的比赛。爸爸给我的零用钱总是多得花不完。

贝里梅德初级中学坐落于南阿克顿一个贫穷的街区。有天在操场上玩耍时，我告诉一个男孩，我爸一周挣30英镑。他说我撒谎——他们那儿的平均周薪不到10英镑。眼看我们就要拳脚相向，一位老师介入了，他警告我不要撒谎："没人能挣那么多！别犯傻了！"

爸爸是挣得多，但从我们的生活方式里几乎看不出一点迹象（除了妈妈的时装）。我穿着费尔岛套衫、不怎么白的白衬衫和脏兮兮的灰短裤，灰色的羊毛袜耷拉在脚踝，脚上是一双沾着污泥的鞋子。我们没有汽车，住的是租来的公寓，也很少外出度假或旅行，除非是跟着爸爸去巡演。家里有一台老式黑胶唱机，但在我自己买唱片之前，我的整个童年早期只能反复聆听20张左右的唱片。

其中一张由亨利·霍尔（Henry Hall）和他的管弦乐队演奏，正面是《泰迪熊的野餐》（Teddy Bear's Picnic），反面是《嘘，嘘，嘘，妖怪来了》（Hush，Hush，Hush，Here Comes the Bogeyman）。这一张我听了好多遍，虽然我还是更喜欢分别由泰德·希思（Ted Heath）、乔·罗斯（Joe Loss）和西德尼·托奇（Sidney Torch）等人领导的几支现代"大乐队"。值得一提的是，妈妈婚前一度是西德尼·托奇乐队的客座歌手。和邓妮一同住在西门的经历让我对百老汇音乐心存芥蒂：《南太平洋》（*South Pacific*）中的插曲《巴里海》（Bali Hai）天天都会从她的大黑胶唱机里噼里啪啦地飘出。那台唱机也是巴斯先生送的。当时我只喜欢《南太平洋》里的一首歌——《我将把那个男人洗出我的头发》（I'm Gonna Wash that Man Right out of My Hair）——但多亏了邓妮的浴室施暴，即使是这首歌也充满了邪恶的味道。

1953 年是我生命中最快乐的年份之一，美中不足的是吉皮搬走了。在那之前，尽管我们已不再结伴上学，他依然是我生活的中心。吉皮走后，爸妈决定用一只史宾格小猎犬来填补我内心的失落。我生日那天，当我睡眼惺忪地醒来时，他们将一只蜷缩在扶手椅上打盹的小猎犬介绍给了我。我们管这只可爱的小狗叫布鲁斯。

布鲁斯给我带来了许多快乐，尽管他总是不知羞地背叛我。如果我的朋友或邻居在街上叫他，这丢脸的家伙立马就跑过去了，任我怎么叫都叫不回来。我们家就没人想过要训练他，所以他老在附近跑来跑去，嘴里还汪汪叫个不停。

一个夏日，当地一位摄影师拍摄了一张我和布鲁斯的合影，将它刊登在《阿克顿公报》上。午后慵懒的阳光下，我和布鲁斯倚着墙壁，昏昏欲睡。那个时候，人行道是一张无际的长椅，人们可以席椅而坐。

我和布鲁斯一道去冒险。再大点的时候，我们常去西阿克顿桥下的铁轨边坐着。那是通往西部的大西部铁路（GWR）。记得一个雨天，我们坐在那儿，等着从帕丁顿车站驶往西南各郡和威尔士的火车从身边轰隆隆地驶过。一列火车驶近了，我心不在焉地将一根树枝扔过了铁轨。布鲁斯本能地一跃而起去追树枝。我眼睁睁地看着火车头从他身上碾过，心想他死定了。突然间，他的身影出现在了一对巨大的驱动轮之间，嘴里还衔着树枝。他的脑袋随着传动轴的转动忽高忽低，不知怎的，他竟然跳了出来，毫毛无损！他将树枝放到他最喜欢的邻居彼得脚下。我看着他，不只为他的金刚不坏之身，也为他的不忠诚感到错愕不已。

有天我回到家，发现布鲁斯不见了。妈妈说他被送回养狗场了。我心里清楚他被妈妈宰掉了，但为了不让妈妈心生不快，我表面上还是接受了她的说法。我试着安慰自己，就算妈妈没杀死他，他也会因为其他原因死掉。布鲁斯不仅仅是我的伙伴。我的心都碎了。他还是吉皮的继任。吉皮和我们亲如一家人。

1953年6月，通过一台簇新的9英寸电视机，我们观看了在威斯敏斯特教堂里举行的伊丽莎白二世加冕典礼。得把灯全关了，窗帘全拉上，我们才能看清屏幕上的图像。在那之前，爸妈去酒吧买醉还得带我同去，要不就是请个人临时照看我。有了电视机后，他们就能把我独自留在家里了。

我一个人心惊胆战地看了惊悚科幻剧《夸特马斯实验》（*The Quatermass Experiment*）。剧中，某次太空任务的唯一幸存者被外星人占用了肉身，渐渐变成了令人毛骨悚然的怪物。特效虽然粗糙，但起到了吓人的效果。我变得惶恐不安，开始噩梦连连。或许潜意识里希望父母能早点回家吧，我不停地拨弄电暖炉，还将报纸放到炽热的电热丝上点燃。幸好，房子没被我烧了。

爸爸妈妈努力重建着他们的婚姻，在此过程中，与他们共同的朋友一块泡吧就显得很重要。我不会违心地说我喜欢被撇下。我常常感到孤单、陌生或与别人不一样。

我活在自己的幻想世界里。有那么一两次，我的新老师凯瑟琳小姐揭穿了我的谎话，不过没有表现得大惊小怪。这个聪明的女人处理得很高明，我没有因为无地自容而迁怒于她。是的，的确是我自己的错。

凯瑟琳小姐不是传统意义上的美女。她身材敦实，一头乌黑短发，有点男性化，喜欢穿平跟鞋，一双黑眼睛充满了温情和理解。她同情弱势学生，在破败的南阿克顿堪称完美老师。她既不像妈妈那样靠不住，又不是邓妮那样的邪恶女巫。她是一个全新的女人。

我对同龄女孩的了解完全仰仗同龄人的指点，可他们知道的比我还少。甚至父亲也帮不上什么忙。一天晚上，醉醺醺的父亲向我揭示了我是怎么来的。“男人往女人身体里撒了一种尿液。”他说。他整体上讲得清楚明确，但到了最关键的地方却含糊其辞。我把那些奥秘转述给一个小伙伴听，他听后震惊不已：原来我们都是由尿液人工合成来的！

1955 年 5 月 8 日，爸爸在格拉斯哥格林剧场演出时，收到了诺里·帕拉莫尔（Norrie Paramor）发来的电报。帕拉莫尔是百代旗下厂牌 Parlophone 的制作人，他为父亲提供了一份唱片约。随着爸爸的唱片《奔放的旋律》（Unchained Melody）于 1956 年 7 月 31 日发行问世，他英俊的面庞占据了当地的唱片行。虽然这首歌没有大红大紫，但至少被五位艺人翻唱，其中三位同时登上了排行榜。我的父亲是流行歌星！我想像他一样。

和以前一样，这年夏天我们也在马恩岛度过。有次“飞行中队”在皇宫舞厅表演，两个少女一左一右在我身边坐下，然后便开始挑逗我。她们一袭低胸紧身上衣，下穿当时流行的伞裙和衬裙，脚上的鞋子漂亮极了。就在我的眼睛在她俩的乳沟来回打转的当儿，她俩开始讨论对“飞行中队”的哪位成员最感“性趣”。一个女孩脱口而出说是鼓手，另一个不急不慢地想了一会儿，最后说是萨克斯手。

“那是我爸！”我大喊道。她失望的神情把我弄糊涂了。

这一插曲导致了两件事：我决心成为一名乐手；我终生都对鼓手持有成见（他们太招女人喜欢了）。

1956 年，摇滚乐尚未在流行音乐中占据主流，不过在我和爸爸爱听的 BBC 广播喜剧节目《傻瓜秀》（*The Goon Show*）中，摇滚乐已经初露峥嵘了。《傻瓜秀》由大牌谐星彼得·塞勒斯（Peter Sellers）、斯派克·米利甘（Spike Milligan）和哈里·塞科姆（Harry Secombe）主演。年轻的英国鼓手兼歌手雷·艾林顿（Ray Ellington）是音乐环节的固定表演者之一，他和他的四重奏乐队会表演《摇滚的男人》（Rockin' and Rollin' Man）之类的歌曲。我觉得这类歌曲也算是某种“混合爵士”：摇摆乐加上愚蠢的歌词。不过它们青春又叛逆，就像这个节目一样。

在爸爸妈妈眼中，嗓门又高又细，声线还带着鼻音的我可没什么音乐天赋。他们不准我触碰爸爸的单簧管和萨克斯，当然我自己的口琴除外。

我头一回在马恩岛钓鱼，就在与一尾大鳟鱼的较量中败下阵来。我在雨中吹着口琴安慰自己。渐渐地，我沉醉在口琴声中。接下来的经历异乎寻常，可以说改变了我的人生。突然之间，我从音乐中听出了音乐来，它们低沉浑厚、蕴藏着和谐之美，仿佛终于从我吹奏的音乐中挣脱了出来。第二天，我去河边玩飞蝇钓。这一次，潺潺的河水声开启了音乐的源泉，我随之陷入了恍惚之境。自此，我与江河湖海以及所谓的“天体音乐”（*Music of the Spheres*）结下了不解之缘。

我爱水。学校里的一个小伙伴是个海童军（Sea Scout），11 岁的我对他的水手服和徽章羡慕不已。他带我去见他们的教官，我当场决定报名参加他们的周末活动，先熟悉下他们的营地。爸爸问了教官的助手几个问题后，不由得起了疑心。爸爸怀疑他没在海军服过役，因为他不知道该怎么升国旗。见我一再恳求让我去，爸爸便直言他也许是“基佬”，不过我不知道这个词是什么意思。

最终，爸爸同意让我去了。周六，我来到他们位于泰晤士河畔的营地，在两位教官的带领下，和一帮男孩登上一艘划艇，开始进行一次短途航行。

潮水翻涌，划桨不怎么安全，所以他俩启动了加装在船尾的舷外发动机。当我们经过艾尔沃斯（Isleworth）的老船屋时，我听到了最非凡的音乐。先是马达的突突声和河水拍打船身的潺潺声，然后是小提琴、大提琴、小号、竖琴、人声……越来越多的声音传来，一直到天使们的吟唱在我耳边回响。那是一次美妙到极点的经验。之后我再也没有听到那样的音乐。我个人的音乐理想就是重现那种音乐，并再度感受它的魔力。

就在我陶醉到神志几近恍惚之时，那美妙的音乐戛然而止。划艇爬上了营地前那片泥泞的河滩。我控制不住失落的情绪，哭了起来。其中一位教官把他的外套披在我身上，领我到营地里的炉边取暖。我不断问其他男孩听到天使的歌声没，然而连个吭声的都没有。

几分钟后，我一丝不挂地站在了淋浴头下。外头黑漆漆的，冰冷的水冲刷着我的身体，冻得我瑟瑟发抖。那两个教官在盯着我看。“现在你是个真正的海童军了，”他们说，“这是咱们的入军仪式。”他俩在手淫，看来这是入军仪式的唯一环节。我冻得要死，但这两个家伙直到射出来才准许我离开淋浴头。我恶心坏了，当然也气坏了，因为我知道自己不会再回来——那身水手服永远得不到了。

印象中爸爸妈妈只发生过一次恐怖的争吵：杯子被摔得粉碎，妈妈挥舞着刀子……我哭得像个童星，试图劝他们别吵了，结果却因表演夸张被父亲呵斥。记忆里家中常开派对，爸爸和他的乐手朋友的合奏总吵得我睡不着。我常常怒气冲冲地冲进房间，边哭边斥责爸爸，害得他在朋友面前颜面全无。爸爸也会反过来骂我，整个过程充满了刺激。家里弥漫着香烟、啤酒和苏格兰威士忌的味道。

也许是为了弥补我被狂野派对吵得夜不能寐，爸爸妈妈买给我一辆黑色小自行车。我以一周六便士的价格租给我的朋友大卫送报纸，直到有一天，我亲眼看到他推着我的爱车死命地朝路牙上撞。

有了自行车后，我的流浪癖被激发了出来。方圆两三英里内的每一寸街巷都留下过我车轮的印记。我们这帮小孩里没几个有自行车，我的独自骑行加深了我的孤独感。我骑车时常常出神。有次我一个猛转弯，差点被清洁工人的卡车撞死，顷刻间，刚才还在脑子里唱歌的天使们全吓没了。

英剧《警察狄克逊》（*Dixon of Dock Green*）的主题曲是一首口

琴曲，由汤米·雷利（Tommy Reilly）吹奏。我费力地学会了吹这首曲子，然而没有人对我的成就表现出赞赏的态度，哪怕是一丁点儿都没有。我知道我玩错了乐器，如果我想踏上星途的话。

和许多同龄人一样，我常在酒吧外面百无聊赖地打发着光阴。我一手拿一包薯片，一手拿一瓶汽水，困惑着为什么只有父母买醉时我才能享受这样的奢侈。有次我顺手牵羊被当场抓获。我去书店买我收集的观察家系列丛书（*Observer's books*），我付了两本的钱，但我身上揣着六本。吊诡的是，我知道自己会被逮住。警察赶来了，对我进行了讯问。

爸爸对此事未予置评，而那位警官的警告不可谓不语重心长："念你初犯，孩子。让它成为最后一次吧。这是条歧途。"歧途？他是个好警察，但我显然只是无聊透了，找点事干消磨时光罢了。我开始沉下心来收集火车模型、汽车模型、漫画书和邮票。

我决意不走学术之路，虽然我一直在写故事，还画了几百幅的画。除了画打仗，我还迷上了画双层巡演巴士车队。我的奇幻巡演巴士内含教室、带电动玩具火车的游戏室、游泳池、电影院、音乐室……随着青春期到来，我增加了一辆巴士，里面是一群裸体主义者和一个爱抚室。

我上了几年主日学校，定期去教堂唱诗班唱歌。入睡前，我会对着热水袋口唱圣歌，仿佛手里握着的是麦克风。爸爸妈妈依然觉得我不具任何音乐才华。不管了，我是一个有远见的人。一群裸体主义者和一个爱抚室？我敢打赌阿瑟·克拉克[1]（Arthur C. Clarke）像我这么大时都想不出这种东西！

去亲爱的祖父母霍里和多特家的时候，我一定会顺道去多特的妹

1 阿瑟·克拉克（1917—2008），英国科幻作家，与艾萨克·阿西莫夫、罗伯特·海因莱因并称为世界三大科幻小说家，他在小说中的许多预测已成为现实。

妹特丽尔比家。当时她单身，家里有一架钢琴。这是我弹钢琴的唯一机会。特丽尔比会弹钢琴，但没有教我的意思。她爱用看手相和塔罗牌占卜来逗我开心——她告诉我，我的命太好了，无论哪方面都会取得巨大成功，至少也会尽享绚烂人生。

特丽尔比拿画纸给我画画，她称赞我画笔如飞。画了会儿后，我会搁下画笔，溜到钢琴边。若是特丽尔比正在入神地织东西或看书，我就会开始弹奏起来。钢琴的音几乎没准过，我探索着琴键，组合着和弦。

一天，我找到了几个奇妙到让我晕眩的和弦。弹奏它们时，我的整个身体都在嗡嗡作响，满脑子都是最复杂、最令人不安的管弦乐。音乐越飙越高，直到我终止弹奏，回到现实世界。

“真美，”特丽尔比停下手上的事情，抬起头说，“你是个真正的音乐家。”

特丽尔比对我的信任影响了我，她是个神秘主义者（Mystic），我变得有点像她了。我向上帝祈祷，而在主日学校，我也真正爱上了耶稣。

凯特琳小姐不断地鼓励我通过文字和艺术将幻想和真实世界连接起来。她让我给班里同学讲连环故事，那些都是我现编的。同学们紧张兮兮地等着我从错综复杂的情节中逃离出来，那种紧张感和情节本身带给他们的紧张感有得一拼。有时，如果编得太复杂，局势过于难解，我干脆丢下一枚核弹，让所有人物一并消亡，重新再来。

我发现自己站在台上时很放松。我还发现自己站着的时候思绪如飞。对于我不知道的东西，我也总能乱说一气、蒙混过关。在贝里梅德初中的最后一年，当有人问起我的梦想时，我的回答都是当一名记者。

1957 年夏天，吉皮再度来马恩岛看我，我们又共同度过了一段快乐时光。爸爸带我们去看一部“歌舞片”。我问爸爸怎么看这部片子里的音乐。他说里面有些摇摆乐，甭管什么音乐，里面有摇摆乐就不会差。

对我而言，它远非“不差”那么简单。看完这部由比尔·哈利[1]（Bill Haley）主演的《昼夜摇滚》（*Rock Around the Clock*）后，一切都不一样了。

1　比尔·哈利（1925—1981），美国摇滚音乐家，被很多人认为是摇滚乐史上的第一个偶像，为摇滚乐诞生之初的推广和普及作出了不可磨灭的贡献。

4

少年式复仇

我渐渐能驾驭口琴了，但很显然，吉他才是要紧的乐器。吉皮和我被《昼夜摇滚》迷住了，而比尔·哈利的“彗星”乐队（The Comets）便是由电吉他唱主角。“彗星”里只有一位萨克斯手。踏板钢弦吉他标志着“彗星”的乡村和西部音乐传统。他们的“摇摆乐”节奏轻快活泼、兴高采烈到近乎狂躁。歌词往往毫无意义。在今天，几乎每一首早期摇滚曲的歌词都被诠释为与性有关，然而我从未注意到这一点。

我对比尔·哈利的热情只维持了几个月，不过吉皮的热情倒是持续不减，还去买了几张哈利和埃尔维斯·普莱斯利（Elvis Presley）的唱片。在马恩岛时，吉皮和我同时爱上了一个叫伊莲的小美女。吉皮和伊莲时常一块唱埃尔维斯的歌。他们把我搞糊涂了。埃尔维斯就是个有气无力的蠢蛋，张口闭口狗啊狗的。我听不懂他。很遗憾，我错过了他先前推出的《没事了，妈妈》（That's Alright Mama）和《伤心旅店》（Heartbreak Hotel），一开始听的就是《猎狗》（Hound Dog）和《温柔地爱我》（Love Me Tender）。《温柔地爱我》让我恶心想吐，尤其是吉皮和伊莲含情脉脉地柔声对唱时。埃尔维斯的电影证明了他是个蠢货，那部《监狱摇滚》（*Jailhouse Rock*）除外。

假期过后，我在阿克顿郡文法学校的学习进入了第二学年。妈妈终于怀孕了，爸爸妈妈喜出望外，一段时间后，弟弟保罗降生了。爸爸妈妈搬进了一套更大的公寓。我似乎时来运转了。新家空荡荡的餐室里摆着一张梯子，我坐到上面，吹起我的口琴。我知道这将是一个幸运之地。我有了自己的房间，有了一直想要的弟弟。

那年秋天，比尔·哈利来到位于大理石拱门（Marble Arch）的皇家戏院（Regal Cinema）表演。爸爸给我和吉皮买了票。基本上，我是为了吉皮才去的。我们坐在最高最后的楼座，周围全是吵吵嚷嚷的大孩子。皇家戏院的结构在战时被炸弹破坏过，所以当观众激动得跳上跳下时，楼座也跟着摇摇晃晃起来。这次演出过后没几个月，戏院就被拆掉了。

学校里有几个男孩也迷摇滚乐，但他们的兴趣仅限于用口哨吹排行榜冠军歌曲。吉皮让他爸给他做了把吉他。他站在镜子前，像埃尔维斯一样扭动着刷弦——他爸给这把吉他装的琴弦是钢琴里的钢丝弦，完全不成调。一天，我抓起这把琴，不知怎么搞的，居然弹出了一段旋律来。吉皮大吃一惊。他跑到隔壁房间，把正在喝酒的两位爸爸喊过来听我弹奏。爸爸听了没说什么，吉皮爸爸则说："他连这一把都能弹，弹好吉他一定不在话下。"

爸爸不大信。我缠着他给我买，不过因为我没有听从他的建议学习识谱，他没把我的热望当回事。（家里连架钢琴都没有，他何以认为我能学会识谱？）

讽刺的是，邓妮插手干预了。她在朋友的餐厅里见到一柄挂在墙上的吉他，便买下送给了我。这是把糟糕透顶的琴，几乎比吉皮那把还要难弹，然而我心满意足。把弦调好后，我开始学着弹几个和弦。不一会功夫，不但琴弦连断三根，连琴颈也开始变形。不过我也松弛了下来，乐此不疲地拨弄起剩下的三根弦。

一天，我正在练习吉他，爸爸的朋友，小号手伯尼·夏普循声走进我的房间。"弹得不错，皮特，"他说，"是吧，克里夫？"爸爸一言不发。我独自一人静静地弹奏着，想象着背离他和他的音乐传统而去。实际上，我觉得父亲已经风光不再。

1957年，查斯·麦克德维特（Chas McDevitt）的《货运列车》（Freight Train）红遍大不列颠。我第一次听到这首歌是在BBC，演唱者是南茜·维斯基（Nancy Whiskey）。听着这种朴实的噪音爵士[1]（Skiffle）之声，我意识到，有把吉他，会刷几个和弦就能制造热门单曲了。

电视上看不到萨克斯手和单簧管手了，噪音爵士乐已经威胁到爸爸的音乐生涯乃至我家的生计。世界在微妙地改变。抵挡了多年来自外部的战争威胁后，爸爸妈妈又遇到了来自内部的威胁。它来自青少年。和许多同龄人一样，我拿起吉他、组起了乐队。不过，也许是因为这种乐器威胁到了爸爸的生计，我一开始拿起的是班卓琴，演奏的是"迪克西兰"[2]（Dixieland）。

我们的四重奏爵士乐队叫"同盟者"（The Confederates），成员都是学校里的小伙伴：克里斯·舍温（鼓手）、菲尔·罗兹（单簧管手）、约翰·恩特威斯尔（小号手）和我（班卓琴手）。我们每周都会聚在一起排练。乐队成立于1958春，当时我12岁，他们仨虽说只比我大一点，却都有点大人样了。我喜欢约翰·恩特威斯尔的幽默感。克里斯·舍温是乐队的头儿，一定程度上是因为我们在他爸家排练。

1958年12月6日，在阿克顿公理教会的"刚果"俱乐部，"同盟者"献出了处子秀。我们面对着十名观众。演奏我们自己编配的开场曲时，我紧张得身子都快僵住了。接下来是《马里兰》（Maryland）和《圣徒进行曲》（When the Saints Go Marching In），克里斯·舍温迅猛的鼓点奔腾其间。演出完毕，我无比惊讶地看到，约

---

1 受到爵士、布鲁斯、民谣影响的一种音乐类型，常常使用自制或临时拼凑的乐器，比较注重即兴演出。噪音爵士乐形成于20世纪上半叶的美国，复兴于20世纪50年代的英国。

2 20世纪初起源于新奥尔良的早期爵士乐类型，20世纪10年代传入纽约、芝加哥等大城市。

翰·恩特威斯尔他们和几个女孩子跳起了摇摆舞。一个女孩努力教我，但我就是跟不上她。我到现在都不会跳。

当灯光渐暗，抚摸亲吻的戏码大肆上演时，我撇下他们悄悄回家了。

爸爸妈妈开了一家旧货店，有天我在店里翻找出了一把曼陀林，这引起了我对所谓古董业的兴趣。爸爸喜欢经营这家店的简单的节奏和随意的感觉，中午关门歇业去酒吧买醉对他来说是家常便饭。夏天，我和爸爸照例去马恩岛过了几周，回来后我发现，在我磨练班卓琴技的同时，我的队友们也没闲着。

约翰·恩特威斯尔、克里斯·舍温、菲尔·罗兹、罗德·格里菲斯和阿尔夫·梅纳德一起组了一支爵士乐队，领导者是阿尔夫。阿尔夫是个很棒的家伙，但他也弹班卓，这让我显得有些多余，虽然圣诞节时我也加入了他们，与阿尔夫对飙班卓。那场演出我们六个一共挣了 18 英镑，我能买得起一把像样的吉他了。我花 3 英镑从爸妈的旧货店买了把捷克斯洛伐克产吉他，它的音色虽然单薄，却十分动听。

约翰·恩特威斯尔和阿尔夫一块玩乐队后，我和他见面的次数就少了。我把音乐暂时放在一边，在克里斯的帮助下迎头追赶青春期的步伐。我第一次看成人电影就是他带我去的。那部片子叫《偷窥狂》（*Peeping Tom*），我兴冲冲地去看了，谁知却是部不怎么黄的惊悚片。克里斯还给我谋了份送报的差事，一周能挣 30 先令，听起来可真不少。送报的路线又长又复杂，在冬天挣这份钱简直是场灾难。一个寒冷潮湿的早晨，我睡过了头，被炒了鱿鱼。

爸爸妈妈会因为我照看弟弟保罗而多给我些零花钱。保罗是个小可爱，我爱照看他。邓妮就像个吸血鬼一般虎视眈眈，我不仅给她摆脸色，还警告她只要我在，她邪恶的手就甭想够着我弟弟。保罗的降临让我们感觉像是一个真正的家了，没有人能将它从我身边夺走。

爸爸妈妈找回了曾经的爱。当时我很不解，他们怎么成天泡在酒吧里，现在我明白了，原来他们都有酗酒的问题。爸爸和朋友们在一起时不是很自在，需要通过痛饮来找到状态；妈妈一生都走不出被外祖母邓妮抛弃的阴影，需要通过痛饮来减轻痛苦。她又怀孕了，1960年，我第二个弟弟西蒙在家里呱呱落地，这年我15岁。

翌年春天，在文法学校的最后一个学期，我依旧把克里斯·舍温当做最亲密的朋友。他对西蒙很好，我也知道他有颗柔软的心，可他开始喋喋不休地拿我不会泡妞说事。一次，走在放学回家的路上，我的火气一下子蹿升上来，扬言要跟他打一架。克里斯是个大块头，听到我的话后呵呵一笑，扭过头去。

我抡起书包朝他头上砸去。让我惊讶的是，他倒了下来。我觉得他在装傻，便忿忿地走开了。几秒钟后，一记重拳从后面飞来，狠狠地击中了我的头部。“你知道我得过脑震荡！”他吼道。他在学校里到处坏我的名声，散播我的“懦夫行为”，一时间，全校就剩下约翰·恩特威斯尔一个愿意和我来往。

之后发生的一件事让我在学校里的地位更是降到不能再低。有天我骑车回家，见几个同校的孩子在对一个老头家的窗户扔石子。一个警察突然出现，那几个家伙作鸟兽散，结果和他们穿着同样校服的我被抓了个正着。他威胁说要把我送进大牢，除非我供出那几个家伙的名字。

翌日上午，校长当着全校同学的面大声报出了那几个家伙的名字。顿了一会儿后，他也点了我的名。我们全都被校长藤条伺候。我是卑鄙的告密者这件事在学校里传开了。妈妈看到我一脸羞愧地站在学校旁的小公园里，外面下着雨，但我就是不肯走进校门。爸爸担心坏了，问我发生了什么事，然而我羞愧得难以启齿。

学期接近尾声的时候，我把那把捷克造吉他改装成了电吉他，还买了台电吉他小音箱。约翰自制了一把贝斯，我去他家和他一块排练。我们常结伴去阿克顿的一家炸鱼薯条店，大快朵颐后再返回伊灵。有的时候，我们的舌头几乎已被热油烫伤，但一路上我们还是不忘畅谈梦想。

一天，约翰和我正合奏得起劲，邓妮突然闯了进来。“把那可怕的噪音弄小点。”她大喊道。

我冷冷地瞥了她一眼，举起我那台蓝色的电吉他小音箱，猛地朝墙上掷去。“滚开。”我说。音箱被摔得稀巴烂，我的心却无比平静。

邓妮脸色煞白地走了出去。

“很棒。”约翰面无表情地幽默了一句。

约翰也在皮特·威尔逊创建的乐队里弹贝斯。皮特是我们的同窗，崇拜克里夫·理查德[1]（Cliff Richard）和“影子”乐队[2]（The Shadows）。他的吉他弹奏虽激情四溢却笨拙迟钝，所以当我接到加入他们的邀请后既深感荣幸又倍觉矛盾。我从小就觉得自己将来会成为一个艺术家，加入一支拷贝“影子”的乐队着实让我激动不起来。但皮特是个天生的领导者，善于鼓动人心，所以我接受了邀请。

我们的鼓手米克·布朗不但是个出色的乐手，还是我见过的最风趣的人之一。他还有一台录音机，那是我第一次见到这玩意儿。我弹奏《谜一样的男人》（Man of Mystery）的吉他 solo 时，米克为我录了下来，那是我的处女录音。听上去真不错，我很快就去买了一台。

我爱画漫画和图画。我小时候画的巡演巴士赢得了邻居亚历克斯·格雷厄姆的赞誉。格雷厄姆是英国著名的报纸连环漫画《弗雷

1　克里夫·理查德（1940—　），英国天王级流行歌手、演员和慈善家，在 20 世纪 50 年代末和 20 世纪 60 年代初（“披头士”崭露头角之前）的英国乐坛有绝对的统治力。

2　英国老牌超级乐队，同时也是克里夫·理查德的伴奏乐队。“影子”是英国单曲榜史上第三成功的乐队，仅次于埃尔维斯·普莱斯利和克里夫·理查德。

德·巴西特》(*Fred Basset*)的作者。在阿克顿郡文法学校，我美术学得很好，美术老师鼓励我上校外班。就这样，在文法学校的最后一个学期，我成了伊灵艺术学院(Ealing Art College)的业余学生。每周六上午，我装扮成自己想象中的波西米亚范儿，赶去伊灵艺术学院上入门课程，期望着能画裸体模特和做陶罐。

为了赚钱，我到爸妈的旧货店里打工。妈妈和我经常一道挪家具，有时整屋整屋地挪，我变得精瘦而结实。我也开始了解人性。大多数顾客爱砍价，有些人捡到便宜后，会得意洋洋地拿来夸耀。商贩都是来捡大便宜的。

在文法学校的最后几周，大家对我的态度有了改观。除了克里斯外，似乎每个人都原谅了我，甚至克里斯也不再对我怒目而视。阿尔夫那支玩"迪克西兰"的乐队曾将我排除在外，而这个时候，由于阿尔夫已经工作，不准再进校园，我顶替他成了乐队的班卓琴手。时隔数月重返乐队之后，有件事再清楚不过：我的琴技比他们进步得快。破天荒第一次，我在学校里感觉像个人了。

罗杰·达尔特雷因为抽烟被学校开除，但仍会肆无忌惮地回来找他的老友。我第一次见到他是在操场，当时他在跟一个华裔男孩打架。我觉得罗杰的招数很阴，就大声说了出来。罗杰见状走到我身边，逼我收回刚才的话。之后我经常在阿克顿山脚下看见他，他背着一把自制的白色电吉他，身边通常站着罗格。罗格几乎是我刚出生就认识的发小，他手里提着一台 15 瓦的 VOX 电吉他音箱。很猛的玩意儿。

令人敬畏的班主任哈姆林先生在教室外跟我谈话时，一身"泰迪男孩"(Teddy Boy)打扮的罗杰大摇大摆地走了过来。他梳着猫王头，穿着绷得不能再紧的裤子。哈姆林先生有点不耐烦地对罗杰表示了欢迎，他没有问罗杰为何回来，问了也是白问，而学校对这家伙也是避之不及。被开除之前，罗杰一直是个好学生，我觉得哈姆林还是尊敬他的。

见罗杰冲着我走了过来，几个男生来了劲头，以为罗杰还没忘记那件旧事。然而罗杰只是开腔说道："约翰说你吉他弹得很好，有兴趣加入我的乐队么?"我大吃一惊。罗杰的"迂回"是一支派对乐队，演奏《让我们欢乐》[1]（Hava Nagila)、霍基科基舞曲（Hokey-cokey)、康茄舞曲（Conga)、乡村歌曲、克里夫·理查德的歌及排行榜上的热门曲。罗杰对"迂回"实行铁腕统治。从周围几个男生的表情来看，光是罗杰来找我这件事就已经意味着我的生活将大为改变。

我强作镇静地说我有兴趣。罗杰点点头，转身而去。数月之后，我才接到了他的电话，这时我已是伊灵艺术学院的正式学生了。

1　一首传统的希伯来语犹太民俗音乐，它是犹太婚礼和犹太成人礼中经常演奏的一首乐曲。

5

“迂回”

在创造和音乐，乃至社交和性等方面，伊灵艺术学院都让我大开眼界。第一件击中我的大事，是在人头攒动的教室里看到一位超级大美女。而我很快就开心地发现，她不但钟爱爵士名伶艾拉·菲茨杰拉德（Ella Fitzgerald），对我似乎也有好感。

我的音乐品味比身边的大多数人都要多元。我对商业音乐的新趋向印象深刻，但并未趋之若鹜。埃尔维斯·普莱斯利不错，但他不是弗兰克·辛纳屈（Frank Sinatra）。康妮·弗朗西斯（Connie Francis）性感风情，但她和艾拉·菲茨杰拉德不能同日而语。伊灵艺术学院的午间社团（Lunchtime Clubs）在演讲厅搞演讲活动时，高品质的扬声系统放的是“比波普”[1]（Bebop）、“迪克西兰”、管弦乐和歌剧。我能在脑海里创造音乐，编织音乐动机。经过近六年的休眠后，我的这一天赋因再度听到管弦乐而恢复。

当时我既不懂这些音乐是怎么回事，对不同的作曲家也没有辨识力，但杰瑞·卡斯的广播和父母的影响已经滋养了我的音乐想象。

我会弹一点爵士吉他，不过面对我喜欢的那个女孩，我说的是“我有时在一支爵士乐队里演奏”。的确，我在当地演过几场，但仅限于在流行乐队里演奏蹩脚的爵士乐，怂恿听众在深夜时分尽快回家。

1　兴起于 20 世纪 40 年代初中期的爵士乐演奏形式，奠定了现代爵士乐的基础。一译“咆哮”。

有一次，女孩和男友拌嘴后找到我，打算和我温存一番。可当她把头靠过来吻我时，我却没了主意。对女孩子缺乏自信让我困惑不已。当她跑到班上另一个男生那儿寻求慰藉时，我的天都塌了。在我的想象中，她是完美无瑕的。当然，那是我的问题。我活在自己的想象中。而她就像其他真实的女孩一样，也有需求和欲望。

1962年初，接到那个我盼着响起的电话后，我马上动身去罗杰家参加“迂回”乐队的面试。快到他家门口时，就见一个金发女孩走出他家前门，缓缓地朝我走来。她在啜泣，但当她看到我的吉他盒时，她停住脚步，稳了稳自己的情绪。

“你是去罗杰家?”

“是的。”

“噢，你可以帮我问下他：到底是要我，还是要那把该死的吉他。”

我敲开罗杰家的门，把女孩的口信传给了他，满以为他会泣不成声地夺门而出，向她保证这辈子再也不会碰吉他。

“让她滚蛋，”他说，“你进来。”

我们直奔罗杰的卧室。他看上去心神不宁，后来我才知道，他的一个逃犯哥们就藏匿在我坐的那张床下。面试快极了。“会按E和弦么？会按B和弦么？会弹“影子”乐队的《谜一样的男人》么？《让我们欢乐》呢？那好，咱们哈里家见。”

1962年初的一天，我作为“迂回”成员首次登台亮相。我顶的是吉他手雷格·鲍文的位置——他想做乐队的巡演经理。罗杰当时是钣金工，那天早晨手指严重割伤，所以我一到场他就开溜了，留下我笨手笨脚地司职主音吉他。

最初的时候，我们的演出机会大多由鼓手哈里·威尔逊（Harry Wilson）或他父亲争取而来。我们都喜欢哈里。他打错鼓点时先是会脸红、愠怒，接着又开始致歉，继而分析错在哪里，最后又乐呵呵地继续。我们在哈里位于西阿克顿的家中排练，他父亲的面包车载我们前去演出。

我有一把单拾音器的实体 Stratocruiser 电吉他，罗杰为我喷成了红色。演绎克里夫·理查德和“影子”乐队的歌曲时，我们会跳精心编排过的花哨舞步（约翰特别在行，罗杰特别不在行）。我们在大伦敦地区四处游走，偶尔也会冲出大伦敦。我们在婚礼宴会上演，在公司聚会、生日派对上演，也去酒吧里演。在一场婚宴上，新娘的父亲给了我们 50 英镑，这在当时是个天文数字，我们也第一次开始考虑买辆属于自己的面包车。

“迂回”是罗杰的乐队，不过主唱另有其人。科林·道森（Colin Dawson）年轻英俊，有一把传统的劲嗓。一次订婚宴上，微醺的准新娘对科林一见倾心，准新郎见状扬言要揍他。我们看到了太多的斗殴，不过从没有人敢动我一根毫毛。这要感谢罗杰——即便是最爱挑衅的醉汉都知道罗杰招惹不得。

周围的“迂回”团员都喝酒。科林的女友安吉拉十八岁生日那天，我生平第一次参加青春派对（Teenage Party）。男孩子们半瓶啤酒下肚就开始装醉，这样他们就能和够得着的女孩子肆意亲热。这招对我不管用。

班上那位大美女好这口。一天，我们一起去青春派对，没一会儿她就醉了，开始用力吻我。这是我的初吻，然而我好像并不享受。我像是在被生吞活剥。片刻工夫后，她转而吻起班上的一个男生，然后她俩就不见了。

归途的列车上，孤零零的我痛苦万分。她是个好女孩，可她的背叛刺得我那么生疼。

第一学年快结束时，我们走进了派克汉姆区（Peckham）的“天堂”俱乐部。这是“迂回”第一次走进俱乐部为舞会伴奏。我们带上了比我们年长十岁的新鼓手道格·桑登（Doug Sandom）。请哈里走人让我们过意不去，但道格俨然是个职业乐手。那个仲夏夜，当我们把设备紧紧簇拥在架子鼓周围，同时调低总音量时，我们第一次感受到了整体的平衡感。我感觉“迂回”这下有“钱途”了。

爸爸的音乐家朋友莫里斯·普拉凯充当我们的经纪人，为我们安排了一次演出。1962 年 9 月 1 日，在阿克顿市政厅为罗恩·卡文迪什的爵士乐队作暖场表演后，我们上了报，被称作“爵士乐队‘迂回’”。配图上，我们穿西装打领带，脸上露出职业性的微笑。这是我那一时期最棒的一张照片，而我很快就意识到了形象的重要性：罗杰美丽的妹妹卡罗尔·达尔特雷（Carol Daltrey）看到这张照片后，开始缠着哥哥把我们撮合在一起。

伊灵艺术学院的廊道陈列着我们的教学负责人、艺术家兼理论家罗伊·阿斯科特（Roy Ascott）的木制抽象拼贴作品，每一个作品都由多个部分组成，参观者可以对它们进行重新组合。我们需要花上一学年的时间来纠正对艺术、艺术学院、艺术教学和各种设计形式的先入之见。

学校里既有革新派也有保守派。保守派是那些爱穿粗花呢服装的绘图员、书法家、装订师之类，通常比较挑剔。革新派则是群二三十岁的年轻人，爱穿牛仔衣裤或波西米亚服饰。第一节制图课的老师是个保守派。他教我们如何削铅笔、如何选用铅笔、如何将纸夹在纸板上、如何坐、如何握笔以及如何丈量刻度。

“画一条线。”

每个人都画了。他看过后，给了我们最严厉的批评。他说，第一条线应该自上而下画、应该六英寸长、应该粗细均匀、应该用 3B 铅笔画、应该不用直尺……任何偏差都意味着自我放纵，都意味着不配当伊灵艺术学院的学生。

第二节制图课的老师是个革新派。

“画一条线。”

没问题。我们自上而下画、确保六英寸长、确保粗细均匀，我们用的是3B铅笔，而且没有用直尺。年轻的老师安东尼·本杰明[1]（Anthony Benjamin）见状掉头离开教室，把雕塑家布莱尔·沃尔（Brian Wall）请了过来。他俩大发雷霆，对着我们大呼小叫。一度，本杰明掏出一把小刀扎破他的手指，在白纸上画了一条血线。“这是一条线。你们明白了?”我们当然明白。我们是新旧思潮斗争的无辜受害者。

美国同志画家拉里·里弗斯（Larry Rivers）是客座讲师之一，里弗斯是瘾君子，另外还是萨克斯演奏家。他让我和杰克逊·波洛克[2]（Jackson Pollock）的心灵前所未有的贴近。事实上，波洛克的一组混乱无序又震撼人心的作品曾在学校的走廊里展览了几周。我最爱的画家是彼得·布莱克（Peter Blake），当我发现他有间工作室就设在学校旁的贝德福德公园里时，我对他的认同感进一步加深了。

我用颜色和符号语言进行着实验。我们一组人在教室内搭了个大结构体，旨在创造一种“体验棚”。我的首个装置雕塑作品就像游乐场里的幽灵列车。

1962年的那个秋天，不仅“迂回”的队友不知道我在艺术学院里搞什么名堂，我对学院的朋友也难以启齿“迂回”的事情。“迂回”的收入不错，但我觉得它不够酷。我仍与父母同住，但已经到了“出来”的时候。我得“出来”了，得走近“迂回”的队友和我艺术学院的朋友。

1　安东尼·本杰明（1931—2002），英国抽象艺术家。

2　杰克逊·波洛克（1912—1956），对当代绘画产生巨大影响的美国画家，抽象表现主义运动的主要力量，以独特的滴画而著名。

10月，第二学年的第一学期过半，古巴导弹危机爆发。记得局势急转而下的那一天，我在去学院的路上边走边想，我的命都快没了，还去上课干嘛？当一切化险为夷的时候，我为自己没有像别人一样惊慌失措、哭哭啼啼或喋喋不休而倍感欣慰。

这一几近天启式的事件过后，我决定给执着的卡罗尔·达尔特雷一次机会。我带卡罗尔去散步，跟她讲我在学校里做的事，在她家门厅与她倾情长吻。通过和卡罗尔的姐姐吉莉安及她的时髦男友闲聊，我得知西伦敦新崛起了一个青年亚文化群体——工人阶级出身的“摩斯族”。20世纪60年代初的英格兰，青少年的“泰迪男孩”亚文化开始让位给“摩斯族”和“摇滚帮”(Rockers)。“摩斯族”热衷于时尚、节奏布鲁斯、踏板车和展示新潮的舞步，而“摇滚帮”则着迷于彰显男子气概，《飞车党》(*The Wild One*)中马龙·白兰度骑在重型机车上的不羁形象是他们效仿的对象。

吉莉安的男友穿黑色PVC外套，像个罗马妞一样骑黄蜂牌(Vespa)踏板车。卡罗尔说我的外形很“现代主义”，怂恿我也买一件PVC外套。圣诞节的雪花飘飘扬扬，为我们长达数小时的亲吻增添了些许浪漫气氛。“摩斯族”的阴谋正在更“摇滚帮”的罗杰·达尔特雷眼皮底下酝酿。那个飘雪的夜晚，走在回家的路上，我感到从未有过的高兴，尽管我知道卡罗尔并不适合我。她年龄小不是问题，十七岁的我也就比她大两岁。但我知道，她无法融入我在艺术学院的生活。我甚至不知道自己能否跨越视觉艺术和音乐这两个截然不同的世界。

“迂回”演出不断。圣诞节后，莱斯利·道格拉斯帮我们打入了伦敦金钟道上的美军俱乐部。我们的表演时段是周日下午，报酬相当丰厚。妈妈20世纪40年代末曾在道格拉斯的爵士大乐队里唱歌。与我们一同驻场的是几支优秀的本地乐队：克里夫·班尼特和“叛乱煽动者”乐队(Cliff Bennett and the Rebel Rousers)、“拾海人”乐队

(The Beachcombers) 和"贝尔艾尔"乐队 (The BelAirs) 等。当罗杰唱起他最喜欢的"黑衣人"约翰尼·卡什 (Johnny Cash) 时，我挑起了弹奏主音吉他的重任。犯乡愁病的美国佬爱听卡什。

罗杰买了辆面包车，我在车身涂上了"迂回"的标识。在一张照片里，我们四个站在车旁，看上去像穿着黑色无领皮夹克的清洁工。1963 年 1 月，我们演了五六场，但到了 2 月，这个数字就翻了一番，其中还包括我们在奥德菲尔德酒店的突破性首秀。3 月，我们更是演了十七八场。接下来好长一段时间，我们都维持着这样的演出强度。

有个礼拜我带了 30 英镑回家，这在 1963 年可是个大数目。要知道，那时我一学年（三个学期）的助学金加起来不过 140 英镑。钱包鼓了后，我有底气走进塞尔默琴行 (Selmer's)，买下一台芬达 Fender Pro 电吉他音箱。15 英寸的喇叭，音色嘹亮、高亢而性感。说服我买下它的销售员叫约翰·麦克劳林 (John McLaughlin)，后来成为一代"融合爵士"吉他大师。

1963 年初春，我结识了人称"巴尼"的作家理查德·巴恩斯 (Richard Barnes)。我俩一见如故，最终成为一生的朋友和盟友。他还成了"谁人"授权传记的主要作者。我喜欢他的冷面滑稽和话中带刺的幽默方式。他宽容我所有的缺点。他知道我极具音乐天赋，甚至比我自己还要清楚这一点。

一次例行演出后，在"白鹿"酒吧，我们的鼓手道格让我初次尝到纵饮啤酒的威力。第二天，我经历了人生第一次无可救药的宿醉。在这之后，我的李维斯牛仔裤后兜里开始出现一瓶威士忌，为的是在同学们面前表现自己。不过，几乎在各个方面，我都要落后于同龄人。队友们都有固定女友甚至妻子。我偶尔会跟妞们在面包车后座亲吻爱抚，但想要更进一步的企图总是被无情地浇灭。

3 月 29 日，"迂回"在一所大学演出时，我的同窗好友尼克·巴特利特和巴尼第一次过来看我们表演。巴尼的女友简漂亮极了，黑色中长波波头，眼影是埃及艳后式的，使得她的眼睛更为妩媚动人。是她第一次提到一支叫“滚石”的乐队正声名鹊起。“迂回”忙得没工夫看其他乐队表演，所以“刺探军情”的任务就交给巴尼和简了。

要“刺探”的乐队真不少，“滚石”乐队是重中之重。一年前，英国的节奏布鲁斯乐诞生于伊灵区。亚历克西斯·科纳（Alexis Korner）是这一音乐类别的教父，他领导的乐队在伊灵爵士俱乐部（Ealing Jazz Club）定期表演，乐队成员包括大师级的贝斯手杰克·布鲁斯（Jack Bruce）和口琴手西里尔·戴维斯（Cyril Davies）等。布莱恩·琼斯（Brian Jones）时常在这支乐队里客席弹奏滑棒吉他，米克·贾格尔（Mick Jagger）有时也会加入进来主唱查克·贝里（Chuck Berry）的歌。1962 年秋，“滚石”乐队形成了今天的阵容。1963 年，我们听说“滚石”火了。我们很清楚，除了“披头士”，最值得一探究竟的就是“滚石”。

学院对面的希德咖啡馆里有台自动点唱机，1963 年春，两个摄影系的学生开始将他们收藏的 7 寸节奏布鲁斯黑胶放入这台机子。其中一张 Booker T. & the M. G.'s 乐队的《青葱》（Green Onions），我点播了不下五十次。最终，我把里面的管风琴改编成电吉他，将其纳入“迂回”的保留曲目。1963 年 5 月 17 日，“迂回”走进百乐酒店（Park Hotel）的嘉年华舞厅表演。百乐酒店就坐落在伊灵旁边的汉威尔（Hanwell），所以我的大学好友全来捧场了。站在最前面的漂亮妞们歇斯底里地大喊大叫——她们是时装学院的，在恶搞“披头士”的女粉丝。每个人都很激动，尤其是我们演奏加了点放克味的节奏布鲁斯时。

对我来说，这是一个重要的时刻。我的大学好友们亲身感受到了我一直不愿多谈的“迂回”；约翰、罗杰和道格看到了我的大学好友们，见识到了我在艺术学院的群众基础有多么广泛。不过，我还是感到不大自在，因为我们的保留曲目里有一些“披头士”、“格里与步行者”（Gerry & The Pacemakers）、约翰尼·基德（Johnny Kidd）和巴迪·霍利（Buddy Holly）的上榜金曲。当然，为了让学校里那拨品位上乘的挑剔乐迷满意，我们演奏了足够多的节奏布鲁斯。

积累了六十场的演出经验后，我们得到一次为约翰尼·基德和他的“海盗”乐队暖场的机会。他们配合得丝丝入扣、相得益彰，用主音吉他、贝斯和鼓制造出强劲的声量。我们决定朝他们的路子走。罗杰容许由我担任主音吉他手，这样他就能专注于演唱。他把他的依普芬（Epiphone）实体电吉他卖给了我。通过研习切特·阿特金斯（Chet Atkins）的作品，我掌握了“海盗”乐队吉他手米克·格林（Mick Green）的“山地摇滚”（Rockabilly）指弹技巧。我开始将节奏和主音“混为一弹”，并经常通过弹奏开放弦来给音色增添色彩（这在后来被称为动力和弦）。

这场演出中，我们遇到了我们未来的录音师兼制作人格林·琼斯（Glyn Johns）。琼斯时任“总统”乐队（The Presidents）主唱。同样是在这场演出中，罗杰邂逅了他的首任妻子杰姬，开始与她频频约会。我和杰姬最好的姐妹好了一阵子，当我第一次把手伸进她的衬衣，我感觉都快升天了。一天，我们试着做爱。她带我来到她表姐家，当时她舅舅正在装修房子。我穿着我最好的一件“摩斯族”外套，蹬着一双崭新的山羊皮沙漠靴。我把她压在身下，就在她手忙脚乱地脱我的裤子时，我突然感到双脚凉飕飕的。我崭新的山羊皮沙漠靴浸在了贴墙纸的浆糊桶里。

这年冬天，杰姬有了身孕。翌年 3 月，罗杰和她奉子成婚，5 个月后，他们的长子西蒙降临人世。尼克·巴特利特交了个新女友，名叫莉兹·里德，是个在时装学院上学的苏格兰金发美女。几个月前，尼克和一个美若天仙的爱尔兰妞断了，那妞也是时装学院的。一天晚上，刚刚又结束一段感情的爱尔兰妞和我们三个一块去吃中国菜。回家的地铁上，爱尔兰妞在我耳边轻声说，她想和我上床。出了地铁站，我们一起吸了大麻，那是我的处女吸。我感觉自己发现了一些很重要的东西，但不能确定是什么。

回到我的卧室后，尼克和莉兹爬上了我的床，我和爱尔兰妞则躺到了地板上。这是我第一次插入——性、毒品和摇滚乐三位一体了。没几下我就射了。第二天上午，在希德咖啡馆，我无意中听到几桌之隔的爱尔兰妞在拿我的性经验开涮。我不在乎。技巧不行无所谓，来日方长。重要的是，我终于有了头一遭。

我想成为雕塑家，致力于创造将色彩、灯光、电视屏幕和音乐等元素融为一体的动态雕塑（Kinetic Sculpture）。但伊灵艺术学院丧失了颁发美术和雕塑文凭的资格，爸爸妈妈担心我拿不到大学文凭，加上“迂回”乐队依然像是副业，所以我有心转到其他学校。不过，由于不愿离开同窗好友，我最终只是转入了平面设计系。

当我认识汤姆·莱特后，一切都改变了。汤姆的继父是一位美国空军军官，就驻扎在学校附近。原来，将 7 寸节奏布鲁斯单曲黑胶碟放入那台自动点唱机的就是他和他的死党凯姆。他俩臭名昭著，不但把大麻引入他们的圈子，还拥有羡煞人的唱片收藏。一天，他俩的一个哥们听到我在教室里弹布鲁斯后，赶忙跑去把汤姆喊了过来。

我买过“铅肚皮”（Leadbelly）、“桑尼·特里和布朗尼·麦克金”（Sonny Terry and Brownie McGhee）和大比尔·布鲁兹（Big Bill Broonzy）等人的布鲁斯唱片。我还听过查克·贝里的歌，但仅限于他的流行排行榜金曲。汤姆和凯姆拥有“闪电”霍普金斯（Lightnin' Hopkins）、“嚎狼”（Howlin' Wolf）、约翰·李·胡克（John Lee Hooker）、小沃尔特（Little Walter）、斯努克斯·伊格林（Snooks Eaglin）、莫斯·艾利森（Mose Allison）、波·迪德利（Bo

Diddley)、吉米·史密斯（Jimmy Smith)、朱莉·伦敦（Julie London)、琼·贝兹（Joan Baez)、雷·查尔斯（Ray Charles）及一批我闻所未闻的布鲁斯艺人的唱片。每一张都让我大开眼界。

吉米·里德（Jimmy Reed）的唱片是里面的大头。他俩有里德的每一张单曲唱片，从《大老板》(Big Boss Man）到《羞、羞、羞》(Shame，Shame，Shame)。里德的节奏布鲁斯单曲在20世纪50年代末的美国红得发紫，但在英国却鲜有人知。简练的电吉他连复段、简洁的歌词、缓慢前进的节奏、尖锐刺耳的口琴solo，映衬着他那把痛苦哀怨、晃晃悠悠的老嗓子。但里面有东西深深地进入了我的内心，这感觉在我吸了点大麻，一首接一首地聆听下去时尤为明显。

我也为节奏布鲁斯里的爵士元素所吸引，尤其是早年间。我是听着艾拉·菲茨杰拉德、弗兰克·辛纳屈、艾灵顿公爵和康特·贝西（Count Basie）的歌长大的，自然会喜欢雷·查尔斯、吉米·史密斯和莫斯·艾利森。我不像他们几个会弹键盘，吉他技术也只是凑合，但我知道，弹节奏布鲁斯拼的不是速度和聪明，而是有没有用心去听去感受。学弹布鲁斯对我来说并不费劲，节奏布鲁斯更是如此。我爱模仿吉米·里德、约翰·李·胡克和“嚎狼”的吉他手休伯特·萨姆林（Hubert Sumlin)，渐渐地，在融合他们风格的基础上，我形成了自己的弹奏风格。

未来该何去何从，“迂回”的每一份子都难以作出抉择。他们都有工作。道格是瓦匠，也是父亲。罗杰在工厂上班，工作是切割镀锡铁皮。约翰供职于税务局。我是艺术生，正在成为瘾君子，一周会吸上几回。最近，罗杰不得不逼我起床去演出。我时不时对他们想翻唱的歌说风凉话，有那么两三次，罗杰和我因为音乐方向的分歧就快互殴时，道格及时出手救了我。我不断向罗杰施压，要求做出改变，因为艺术学院的那些朋友觉得我们乐队不够酷。另一方面，我初试牛刀创作的几首排行榜式歌曲又老套得不行。

1963年底，在作曲家巴里·格雷（Barry Gray）的家庭录音室里，我们录下了我的处女创作——《是你》（It Was You）。“披头士”的版权管理人之一迪克·詹姆斯（Dick James）听到这首歌后，将其收入囊中。

> 我以为爱情会与我擦肩而过
> 然后我遇见了你
> 现在我知道，是你，让我的心跳加快
> 我从未知道，爱情，随我们的邂逅而来

“天才”（The Naturals）等数支乐队灌录过这首歌。“天才”是“默西之声”[1]（Merseybeat）风格的乐队，虽然他们来自埃塞克斯（Essex）。《是你》没火，但它的发表却让我信心爆棚。我觉得自己对乐队的音乐方向有了发言权，甚至还可以发号施令，可实际上乐队还是罗杰说了算，所以我们之间又多了一份紧张。我们都渴望玩出名堂，对该怎么玩也都有自己的想法。虽然有点不情不愿，但我们依然彼此尊重，这种“勉强的尊重”贯穿了我俩一生的合作。

工作或上课之余，我们每隔两三天就有演出，有时会连演数晚。我们的观众多为“摩斯族”。苏荷区（Soho）的圣母院会堂和森丘区（Forest Hill）的格伦林舞厅等几个场子是“摩斯族”的据点。“摩斯族”的上层群体兼时尚风向标被称作“脸”（Faces），他们在这些据点展示着自己的潮装，像时装模特儿那样跳舞。罗杰和我可能还要潮过他们，因为他姐姐吉莉安和她男友依然走在“摩斯”潮的最前沿。历史悠久的音乐表演场所金贩社交俱乐部（Goldhawk Social Club）

1　一种融杂摇滚乐、节奏布鲁斯和噪音爵士的音乐类型，形成于20世纪50年代末、20世纪60年代初的英国。默西河畔的利物浦和曼彻斯特是“默西之声”乐队的重镇。

里常能看到爱尔兰“摩斯”美女，我偶尔也能有所斩获。

汤姆和凯姆因为贩卖大麻被驱逐出境，临走前，他们将庞大的唱片收藏交由我们照管。我和巴尼假装成汤姆和凯姆的继承人，搬进了他们租住的公寓。我总算有了自己的天地。头两周，我们自认为把自己照顾得很好，然而好景不长，在房东的示意下，妈妈开始天天过来，洗衣服洗餐具，收拾房间，用吸尘器打扫卫生。我已经离家独立生活，可她还是想保护我。我不要她帮我打扫卫生的，不过洗衣服我倒是不反对。

吉米·里德的音乐放个不停，一些漂亮的大妞开始光临。和父母住一块时，罗杰想控制我已经不易，现在他更头疼了。我只想吸大麻、听唱片、弹吉他，等妞按响门铃。在学校里劳累了一天后，我常常不想外出演奏了。如果不是罗杰那么强势，我会继续沉醉在大麻的烟雾中。

1963 年 12 月下旬，我们在帕特尼（Putney）为“滚石”暖场。没一睹他们在舞台上的神采前，我对他们有些不屑，觉得他们名气大是因为发型酷。我们的制作人格林·琼斯把我介绍给布莱恩·琼斯和米克·贾格尔，他俩彬彬有礼、魅力十足。而让我始料未及的是，他们才开始表演，站在舞台侧翼的我就成了他们的粉丝——终生的粉丝。米克性感撩人，迷人得不可思议，埃尔维斯·普莱斯利之后就没见过那么有魔力的艺人。幕布拉开之前，基思·理查兹（Keith Richards）做起了准备活动——他抡起手臂做转圈动作，膀子犹如大风车一样转动着。几周后，我们在格伦林舞厅再度为他们暖场，这次我注意到，基思没有转“大风车”。我决定将这一招占为己有。

一支叫“新兵”（The Yardbirds）的乐队炙手可热，主音吉他手是“慢手”埃里克·克莱普顿（Eric Clapton）；罗杰看过“三叉戟”乐队（The Trident）的排练，他们的主音吉他手叫杰夫·贝克（Jeff

Beck)，罗杰对他赞不绝口。我们的后院闯进了真正的对手。

翌年 2 月，在金贩社交俱乐部，我们第一次为“奇想”乐队（The Kinks）暖场。他们清一色的长发、滑稽的双排扣礼服和多褶边衬衫，但“摩斯”女孩一样为他们尖叫。他们的音乐强劲有力，吉他手戴夫·戴维斯（Dave Davies）的弹奏非同凡响。我展示了刚会的回授技巧，谁料想他也会这么玩。主唱雷·戴维斯（Ray Davies）的魅惑力与米克·贾格尔几乎难分伯仲——和米克一样，他柔软优雅，雌雄难辨，引人遐想。“奇想”演奏的不少节奏布鲁斯歌曲也是我们的保留曲目，然而他们却能将诗意、惆怅、风趣、解嘲和暴躁同时传递出来。我始终认为，在我初出茅庐时，他们和“滚石”对我影响最大。

就在这一月，约翰·恩特威斯尔听说有支乐队也叫“迂回”。一次演出后，为了定下新团名，我们聚在一起集思广益了好几个钟头。巴尼建议叫“谁人”，我建议叫“毛发”（Hair）……情人节这天，我们作出了选择。

我们成了“谁人”。

6

“谁人”

1964年，我开始以自己的方式弹奏吉他。在这之前，我偏爱的是史蒂夫·克罗珀[1]（Steve Cropper）在《青葱》里弹的那种寒意逼人、来势汹汹、撩人心魄的吉他连复段。我把里肯贝克345S中间的拾音器调高到几乎就要触到琴弦，随着我轻轻拨动一个切换开关，声音信号瞬间就变得强劲无比。这型电吉他是半原声琴体，我将报纸从音孔塞入琴体以削弱琴弦自身振幅，如此，我得到了我想要的回授音效。

4月，平面设计课的主管老师找我谈话，询问我的健康状况。我的疲惫不堪和心有旁骛被他看在眼里。我在伊灵艺术学院的学习已经进入第四学年，学平面设计则是第二年。他说我的专业成绩不错，我说搞乐队让我精疲力竭。

“你喜欢搞乐队?”他问。

“喜欢。”

“嗯，挣得多么?”

当我告诉他我一周挣30英镑的时候，他呆住了。他不光教平面设计课，还是一位广告界的红人，但19岁的我挣得比他还要多。他

1　史蒂夫·克罗珀（1941—　），美国吉他手兼制作人，Booker T. & the M. G.'s乐队吉他手，曾为奥蒂斯·雷丁、罗德·斯图尔特、杰夫·贝克、约翰·列侬、林戈·斯塔尔等巨星的专辑担纲制作及录音乐手。《MOJO》杂志认为他是在世最伟大吉他手。

建议我走音乐之路。演出后的第二天，我越来越爬不起来去上课。1964 年的暑假到来之前，我辍学了。

比起循规蹈矩的平面设计师之路，我更爱探行前路未卜的摇滚乐手之路，虽然这与学院里灌输的价值观背道而驰。我没打算为观众演奏优美的音乐，我要用令人敬畏的、发自肺腑的声音冲击他们不堪一击的生活——有一天，一架装载着炸弹的飞机会将我们瞬间毁灭。它随时都会发生。两年前的古巴导弹危机已经证明了这一点。

舞台上，我踮起脚尖，张开双臂，像飞机一样向下俯冲。我将突突作响的吉他举过头顶，仿佛自己在延展着永无休止、愚蠢无聊的血腥战争。爆炸。战壕。尸体。阴森恐怖的风声。我做出了选择。音乐之路。

我们意识到必须成为全职乐手，否则我们将无法与“滚石”、“披头士”或“奇想”抗衡。业余做音乐远远不够。与此同时，我们也需要得到正确的声音。

我去听吉姆·马歇尔[1]（Jim Marshall）的高见。吉姆后来发明了超级强劲的电吉他扩音系统——“马歇尔音墙”（The Marshall Stack），20 世纪 60 年代后的大多数重摇滚吉他手都使用这一系统。吉姆在西伊灵经营一家琴行，约翰·恩特威斯尔是他最早的客户之一。一天，约翰为自己的贝斯配了台内置四只 12 英寸喇叭的马歇尔音箱，可把他爽坏了。我不爽了。约翰的声音原本已经够响了，现在震天响了。我去买了一台马歇尔音箱和一台芬达 Bassman head 外置放大器。约翰又去买了一台马歇尔音箱以保持领先地位。我赶紧又去

1 吉姆·马歇尔（1923—2012），电吉他音箱先驱，著名的马歇尔牌电吉他音箱创始人，在摇滚乐发展史上享有重要地位。据马歇尔说，在他还只是经营一家小琴行的时候，Ritchie Blackmore（深紫乐队吉他手）、Big Jim Sullivan 和皮特·汤森三人经常要求他为他们定做电吉他音箱，他的电吉他音箱设计、生产事业就此起步。

买了一台芬达 Bassman 和一台芬达 Pro，用来驱动两台各内置四只12 英寸喇叭的马歇尔音箱。我和约翰展开了一场军备竞赛。

我是我们那拨吉他手中第一个同时使用两台电吉他音箱的。后来我听说，我当时的吉他英雄，Booker T. & the M. G. 's 乐队的史蒂夫·克罗珀录音时也会同时使用两台电吉他音箱——他将它们背靠背摆放。当两台电吉他音箱交互回授时，其各自的失真度会变得更加复杂和丰富。我开始将两台又大又重的马歇尔叠放在一起，就像我在奥德菲尔德酒店演奏时，第一次把马歇尔摆放在钢琴上——我站在离钢琴咫尺之遥的地方弹奏吉他，创造回授音。这就是"马歇尔音墙"的雏形。一开始的时候，吉姆劝我别这么干，理由是这么大的家伙倒下来会把人砸死。几个月之后，吉姆和他的团队听从了我的建议，在制造更响的声音的同时，也开始追求更亮的声音和更失真的效果。

电吉他正在成为摇滚乐的主要旋律乐器，扮演着萨克斯在爵士乐、小提琴在"克莱兹默"[1]（Klezmer）里的角色。我创造性地制造着回授音，我的吉他 solo 成了刺耳的长嗥，里面充斥着不断演化的和声和啸叫。而就在这种刺耳的长嗥里边，我发现了一些令人欣快、充满着动感，如瀑布般奔腾而下的旋律。后来的电吉他回授音大师将这一招发扬光大，尤其是吉米·亨德里克斯。

奇怪的是，在我如此这般制造延绵不绝的轰鸣时，我的心中会升起一股羞耻感，而它并非源自我纵容自己亵渎音乐的行为。事实上，当我创造这种战争之声时，我对所有这些矛盾情绪的起因一无所知。我的潜意识里有东西在沸腾。

吉姆·马歇尔渴望他的拳击手父亲能以他为傲，然而每每无功而返。吉姆在他组建的一支小爵士乐队里打鼓，我爸爸也是其中一员。他们有次演出时，吉姆的爸爸醉醺醺地来了，开始奚落他的儿子。吉

---

1 东欧阿什肯纳兹犹太人的传统音乐，犹太民间音乐的主要类型。

姆突然情绪失控，把他父亲暴打了一顿，也不管老人家比他强壮得多。这是吉姆最后一次司职鼓手。

我一直在实验着吉他演奏的可能性。爵士贝斯手马尔科姆·塞西尔（Malcolm Cecil）对我有着直接的影响。他弹奏立式贝斯的路数很不寻常，有次他用木锯把琴弦全部锯断，面板也没能幸免。我猛擦、猛敲、猛推、猛拧着自己的里肯贝克，制造着啸叫式的原声回授音。自毁艺术先锋古斯塔夫·梅茨格（Gustav Metzger）的作品也激励了我，我秘密计划着待时机成熟时彻底捣毁我的吉他。

在我当时的个人计划里，“谁人”依然是个随时可以丢弃的项目。我们会固步自封。对我来说，节奏布鲁斯不是什么新鲜玩意儿，只不过是音乐报纸预测的下一波热潮罢了。舞台上的我愈发无法无天，愈发自我迷恋。从当时的影像记录中可以看到，我扭动胯部的时间比弹奏吉他的时间还多。当然，我也拷贝了爵士吉他手肯尼·布瑞尔（Kenny Burrell）那些干净的 solo。现在回想起来，那些年要是照传统套路好好练，我的弹奏技术会更上一层楼，但舞台张力就要打些折扣了。

这一时期的我看起来很娘，而由于我一直以来都没有固定女友，关于我是同性恋的传言尘嚣直上。我心里美滋滋的。拉里·里弗斯证明了同性恋者可以和狂野、勇敢和魅惑挂钩。总之，性取向不同常人越来越不引人侧目。不列颠“摩斯”运动的一个伟大之处是，阳刚之气不再是衡量男子气概的唯一标准。我没打算在舞台上散发魅力，更不消说散发性感，最终，我童年时的不安经历汇成了我的作品。

一天，一个受凯姆之托登门造访的女孩把他的黑胶唱片统统拿走了。没过几天，汤姆也捎来了信，要我把他的唱片打包寄到伊比萨岛。我的唱片收藏大幅缩水，我心里既不是滋味又难以接受。我开始扩充自己的收藏。巴尼和我发现了鲍勃·迪伦，专注地聆听了他的前两张专辑。那里面有异乎寻常的东西，但我不确定那是什么。

巴尼和我不爱打扫卫生，一直邋里邋遢地住着，最后终于被房东踢出门外。妈妈很快就帮我们租到了一套大公寓——就在我家楼上，巴尼和我搬了进去。每周租金8英镑，包括五个令人愉快的房间、一个卫生间和一个厨房。我憧憬着将它们改造成画室、录音室和娱乐室，然而摆脱既有的生活习惯谈何容易。我俩一件家具都没买，就合睡在放在地板上的一张床垫上。我们发现一种很重的薄板，便计划用它给一间屋做隔音。薄板是堆了一屋，然而隔音的事再也没了下文。

我们躺在床垫上，边吸大麻边听唱片。旧报纸、空罐头、烟蒂和脏兮兮的咖啡杯凌乱地散落在屋里，等着别人来收拾干净。肚子饿了，我就下楼到爸妈的橱柜里找吃的。公寓里人来人往——艺术学院的同窗、相识的大妞，偶尔还有演完后跟过来的女粉丝。我在床上还是很青涩，根本没法和乐队那几个老手相提并论，不过姑娘们并没有埋怨我。

这段时期，我变得愈发愤世嫉俗，争吵中经常歪曲事实以顺应自己的理论。巴尼也一样，也许是我们吸了太多大麻的缘故。公寓笼罩在一片灰色的烟雾之中。我们开始购买效力更强的大麻。

道格·桑登的小姨子罗丝帮我们找到一位叫赫尔莫特·戈登的赞助人兼经纪人。他给我们买了辆面包车，把我们介绍给一些重要的演出商。这些演出商为我们安排了不少演出，如果没有他们，我们只能在附近的俱乐部演。最终，操办了我们大部分演出的“商业娱乐”（Commercial Entertainments）递给“谁人”一纸合约，然而爸爸妈妈却拒绝代我签字。

戈登为我们争取到了丰塔纳唱片（Fontana Records）的试镜机会。他有所不知：这家厂牌的头儿杰克·巴沃斯托克（Jack Baverstock）是我母亲的密友。她帮我们美言了几句。丰塔纳的艺人主管克里斯·帕米恩特（Chris Parmienter）对我们的试镜很满意，但他觉得鼓手道格·桑登太老了。

眼看到手的唱片约就要打水漂，我冷血地宣布道格必须离队。道格被深深地伤害了。当时我还不知道，就在几个月前，由于另一家厂牌的艺人主管认为我身材瘦长、长相难看、制造出的声音过于吵闹，乐队的队友们曾想要开除我。在那个节骨眼上，是道格站出来竭力为我辩护。道格带着尊严抽身退出“谁人”，然后我们就得到了突破性的合约。这是我音乐生涯中做出的最让我感到后悔的举动之一。道格对我来说亦师亦友，更何况他还是我酒鬼之路的引路人。

我们面试了几位鼓手，其中包括后来成为吉米·亨德里克斯御用鼓手的米奇·米切尔（Mitch Mitchell）。但有次我们在奥德菲尔德酒店演出时，基思·穆恩出现了。他才敲了几下我们就意识到他就是我们要找的人。基思说他最爱的鼓手是巴迪·里奇[1]（Buddy Rich），另外他也喜欢使用两个低音鼓的埃里克·迪兰尼[2]（Eric Delaney）。一段时间后他才告诉我们，他是加州冲浪音乐的忠实拥趸，难怪他自己的乐队叫做“拾海人”。

基思在跟卡罗·利特尔（Carlo Little）学鼓。卡罗是热衷于政治的音乐人“嚎叫的上帝萨奇”（Screaming Lord Sutch）的鼓手。基思是个奇怪的鼓手，仿佛永远都在忙着飙技。鼓槌指向空中，身体倾向前方，脸都快凑到台下了。鼓点强劲急促，鼓声震耳欲聋，鼓击水银泻地。渐渐地，我们发现基思也有耳听八方的天分，飙技的同时也在跟着整体走。

罗杰想和基思做朋友，但基思跟他保持了距离。罗杰泡女观众的

1　巴迪·里奇（1917—1987），美国爵士乐鼓王、大乐队领班，有“世界上最伟大的鼓手”之称。

2　埃里克·迪兰尼（1924—2011），英国爵士乐鼓手、大乐队领班。除了架子鼓，他还擅长演奏木琴、钟琴、管钟、中国锣等多种打击乐器。

好本事对他构成了挑战。早年间，他们不时会盯上同一位女观众，我也不清楚到底谁是赢家。基思成为“谁人”一员的头几个月里，我既不知道他对我是什么感觉，也不知道他是否支持我的艺术宣言。时间会说明一切。约翰成了基思在乐队里的好友。他俩插科打诨个没完，有段时间两人还住一块儿。在罗杰和我的印象中，这两人几乎什么事都一起干，包括一起干姑娘。多么混乱的场景。

背叛道格给我带来了痛苦，但有了基思·穆恩和一张唱片约，我们的音乐生涯迎来了真正的机会。我已经写出了几首好歌，还用老式录音机创作起了鲍勃·迪伦式的新歌。通过戈登的一个朋友，我们认识了彼得·米登（Peter Meaden）。米登是个企宣，流行音乐杂志的编辑就没他不认识的。米登欣赏举止滑稽怪异的“滚石”经纪人安德鲁·鲁格·奥德汉姆（Andrew Loog Oldham），奥德汉姆有个凶悍的跟班兼保镖，所以米登也给自己配了一个。那家伙人称“希腊佬菲尔”，外形英俊时尚，个性凶狠残暴。我和“希腊佬菲尔”成了哥们。

米登成了我们的经纪人。他的论点与巴尼和我在艺术学院拾得的论点一致：形象是每一件新产品、每一支新乐队迈向成功的重要因素。换言之，我们需要一种有辨识度的风格——服装、发型，如果可能的话，一种新的做音乐的方式。我和巴尼及其女友简彻夜长谈，热烈地讨论着如何把握这个非凡时代的脉搏，激动地憧憬着“谁人”的美好未来。

米登也强调了“摩斯”运动对我们的重要性。他希望我们拥抱这种风潮及形象。米登是“摩斯”亚文化的中坚人物，被称为“摩斯”教父，“摩斯族”使用的许多词汇就是他发明的。我渴望学“摩斯族”的行话——我和卡罗尔·达尔特雷恋爱时只学到点皮毛。音乐上，我感觉自己已经走上了正轨。巴尼和简不断敦促我找到自己的音乐风格和吉他 solo，并且充分利用从伊灵艺术学院拾到的所有那些最狂野、最矫饰的想法。

约翰·恩特威斯尔也开始拓展他的贝斯音色。他已经弹得比大多数贝斯手都要响，现在他开始更多地弹奏泛音。当他发现绕线式（Wire Wound）贝斯弦后，他的音色便进化为今天我们听到的样子。他的贝斯愈发具有表现力和创造力，几乎一跃成为一把主奏乐器。时至今日，约翰对贝斯弹奏技术和贝斯弦发展做出的贡献早已有目共睹。舞台上，我俩占据着声谱中的不同频率，尽管偶尔会试图主宰对方，但结果总是相得益彰。

在约翰滔滔不绝的贝斯旋律线（Bassline）和基思行云流水的鼓击映衬下，我甩动手臂，像从前一样击扫出强劲有力的动力和弦。我的吉他 solo 有时完全就是啸叫的回授或尖利的噪音，但我还是觉得不够躁。1964 年的一天，吉姆·马歇尔发来一款 45 瓦的外置放大器，音色浑厚又清脆，是美国货的味道。但当你将音量逐渐扭大，它会发出喷火般的尖叫，英国战争机器式的，优美、简单、不可战胜。我买了两台，用来驱动我的两台各内置 8 只 12 英寸喇叭的巨型马歇尔音箱。

我的吉他之声独一无二，还能把小礼堂震得地动山摇。吉姆没料到他的设计能让他变富，我也没料到它会让我变强。

尽管我喜欢写歌，米登还是决定由他来创作我们将为丰塔纳唱片录制的两首歌曲。米登认为“谁人”这个名字蹩脚俗气又哗众取宠，而且一点也不酷，我们听信了他的话，遂以“高数”乐队（The High Numbers）为名进棚录音。在“摩斯族”里，“数”（Numbers）这个群体的地位低于处于时尚领导地位的“脸”（米登就是“脸”的核心成员），但要高于由普通孩子构成的“票”（Tickets）。

“摩斯”运动的主要景象，是“票”第一时间跟风模仿“脸”的新潮装扮和舞步。米登希望通过我们的歌曲来传递时尚密码。这一想法与我在伊灵艺术学院学到的理念不谋而合。我们去了趟盖伊·史蒂文斯（Guy Stevens）家。史蒂文斯是一张“脸”，当时是全伦敦最“摩斯”的俱乐部“场景”的首席DJ。盖伊借给米登两三张市面上买不到的节奏布鲁斯单曲唱片。米登全盘借用了它们的旋律，填上自己的歌词，就这样写出了两首歌。

那时，我们的灵感多来自波·迪德利和“嚎狼”的咆哮式节奏布鲁斯歌曲。米登的两首歌够酷，但电吉他的硬朗音色和节奏布鲁斯的汹涌律动几乎消失不见，我们演出时的拳头产品吉他回授音更是踪影全无。我们的首张单曲唱片A面的歌叫《阻特装》（Zoot Suit），“改编”自“力度”乐队（The Dynamics）的《痛苦》（Misery）。我懦弱无力的爵士吉他穿插其间，我不够娴熟的solo技术一览无遗。米登猛攻了一阵音乐杂志，然而无济于事。只卖了400张。问题出在不是原创上。米登帮我们建立了形象，但指错了音乐的方向。

今天回头看，“摩斯”运动主将米登竟然没有留意到我们的风格将创造历史，这简直有些不可思议。但他的确错过了。他讨厌我的吉他回授音，讨厌基思疯子般的猛烈敲击，讨厌罗杰黑人囚徒般的咆哮，讨厌约翰哐当哐当、听上去像是杜安·埃迪（Duane Eddy）奏出来的琴声。他一定觉得我们不够酷。但当我们开始在“水族馆”、“场景”等“摩斯族”巢穴演出时（那些地方安非他命公开售卖、年轻的男妓公开卖淫），我们的“摩斯”行头加上侵略性的噪音让我们与流行文化中一桩强有力的新生事物——举止优雅、荷包鼓鼓、遵守纪律、衣着光鲜、粗野危险又雌雄难辨的新工人阶级青年结成了盟友。

是什么驱使我去创造一支成功的乐队？除了艺术愿景外，18岁的我也做着拥有金钱、名气、豪车和漂亮女友之类的流行明星之梦。我们刚为一家大厂牌做了我们的处女唱片，我已于不久前告别了处子之身。罗杰、约翰和基思的性猎物们之于我，就如同我的自毁理论之于他们一样，既不可亲近又难以置信。巴尼和简常常在里屋打完漫长的一炮后汗涔涔地走出来，与我一道为“谁人”的明天献计献策。一个多小时啊，怎么做到的？

我童年时埋下的阴影依旧折磨着我，我的密友和队友都没有这方面的问题。邓妮对我的虐待让我对性有了深深的羞耻感，尽管我已经能够抑制住不去回忆那些细节。为什么童年受虐会让我对性产生羞耻之感？我至今没搞明白。也许根源在于我们小时候习惯于把错怪到自己身上，仿佛这样就能某种程度上掌控自己的生活。若不是这样，我们没准儿会疯掉。

当时我还不知道，很多同时代的英国少年也试图从类似的心理挣扎中走出来。战后那几年，太多的孩子经历着可怕的心理创伤，深感茫然的他们随处可见。羞耻感导致讳莫如深，讳莫如深接着导致疏离感。对我而言，这些感受合并成了一个信念，就是所有附加于我们这些在战争余波中长大的孩子身上的伤害，都必须以流行艺术的形式去面对、去表达——不仅是文学、诗歌或毕加索的《格尔尼卡》[1]（Guernica）。还有摇滚乐。所有好的艺术必须直面真相之路上的否定。

有了“谁人”，我觉得有机会让我们的音乐成为人们生活中的一部分了。我们有形象，更能以一支乐队、一个秘密社团、一组颠覆分子和一群志同道合的伙伴的身份通过音乐来发声、来表达我们需要表达的一切。在我眼中，艺人是粉丝的镜子，需要找到无惧地反映真相、说出真相的方式。

相较自己想表达什么，我对用什么手法去表达它们更为确定。当然，上帝在帮助我们所有人，我们不会只写坠入爱河或相思之苦吧？我们需要说些什么？

1　毕加索最著名的画作之一，作于 20 世纪 30 年代，是一件具有重大影响及历史意义的立体派艺术杰作。它描绘了经受德国和意大利空军疯狂蹂躏之后的西班牙小城格尔尼卡。

我已经找到了新的曲风，我还需要找到新的歌词。

无巧不成书，同一时期，基特·兰伯特（Kit Lambert）和克里斯·斯坦普（Chris Stamp）正在伦敦寻找一支来自街头的潜力新乐队——他俩在筹拍一部以一支新晋乐队为主题的电影。7月，基特在铁路酒店首度看到我们表演。在目睹我捣毁电吉他后，他形容我们“穷凶极恶”。基特把克里斯喊过来看我们。他俩很快做出决定，我们就是这部影片的主题。

这两位朋友（后来被媒体称为“谁人”的第五和第六位成员）来自迥异的家庭背景。克里斯来自伦敦东区[1]（East End of London），父亲是泰晤士河上的船夫；基特是皇家芭蕾舞团音乐总监康斯坦特·兰伯特（Constant Lambert）之子。克里斯帅得要人命，甚至帅过他的影星哥哥特伦斯·斯坦普（Terence Stamp）；基特长得酷似“披头士”经纪人布莱恩·爱泼斯坦（Brian Epstein），我们都觉得他是同性恋。最重要的是，他俩知道该怎么把事情搞定。

电影拍完后，他俩乘胜追击，提出做我们的经纪人。但米登和戈登没打算放手。谈判阶段，米登带“滚石”经纪人安德鲁·鲁格·奥德汉姆过来看我们排练。奥德汉姆喜欢我们，但当基特的名字被提及后，我们发现他和基特早就认识（他俩是邻居）。奥德汉姆不打算卷入这场米登已尽显颓势的经纪约争夺战。

一次排练时，基特和克里斯与米登狭路相逢，米登的保镖“希腊佬菲尔”亮出刀子威胁基特。最终，基特和克里斯支付给米登在当时堪称一笔巨款的200英镑，成了我们的新经纪人。他俩随即恢复了我们的队名——“谁人”。

这年夏天逢到周日，我们开始为一批大牌暖场，包括“披头士”、

1 英国伦敦一个非正式认定的区域，历史上曾是拥挤的贫民窟，临近码头，居民多是出卖苦力的穷人和外来移民。

“奇想”、达斯蒂·斯普林菲尔德（Dusty Springfield）、戴夫·贝里（Dave Berry）和露露（Lulu）。“披头士”的粉丝几乎清一色是姑娘，音乐一响起，她们就陷入自己的幻想中了。“披头士”演完后剧院里总有一股尿骚味。和“滚石”不同，“披头士”看上去高贵冷艳。他们急匆匆地离开剧院后，基特会被“披头士”的粉丝团团围住——她们以为他是布莱恩·爱泼斯坦。

我们在格拉斯哥与露露同台时她才 15 岁，之后我们参加了她的 16 岁生日派对。她那深情有力的嗓音仿佛能够触及灵魂；戴夫·贝里的大热金曲叫《哭泣游戏》（The Crying Game），他的表演与其他艺人背道而驰。他慎重而缓慢、冷静又节制地舞动，几乎像是一位默剧艺术家，但他同样能让姑娘们疯狂。

远离大城市的“摩斯族”据点，这些演出就像是表演热门金曲的小型音乐节。我们都还年轻，但就如爸爸那一代乐手一样团结一心。我们向所有同台的乐队偷师，同时一点也不担心他们偷师我们。我们嘶吼的吉他声和自毁式的行为是我们不受侵犯的疆域。

最终，我们取得了一定的突破，这个过程有些艰难，有些缓慢，比米登说的我们会一夜蹿红要缓慢得多。我们通过了 BBC 电台的试镜，但另一次试镜及百代唱片提供的一次通过即可拿到唱片约的试镜都砸了。我们暴戾的风格把年长些的唱片高管搞糊涂了，而且我们几乎全是在重新诠释节奏布鲁斯经典。厂牌要的是能写歌的乐队。

“谁人”砸毁吉他的时刻尚未进入全国大报，我们仍需努力。百代唱片的那次试镜是基特的哥们拉斯·康威（Russ Conway）安排的，他还跟百代的艺人主管约翰·伯吉斯（John Burgess）打了招呼。康威是英国流行钢琴家，擅长演奏“布吉伍吉”（Boogie-woogie），同时也是基特和克里斯的经纪公司的主要投资人。基特和克里斯事后告诉我们，我们没通过百代的试镜是因为我们没有唱自己的歌。他俩知道我会写歌，于是鼓励我为乐队量身写几首。

这是我遇到过的最为关键的挑战。我把自己关在伊灵公寓的厨房里，一遍又一遍地聆听几张专辑及几首歌曲：鲍勃·迪伦的《放任自流的鲍勃·迪伦》、查尔斯·明格斯（Charles Mingus）的《最好让它进入你的灵魂》（Better Get It in Your Soul）（此歌出自专辑《明格斯啊哈》（*Mingus Ah Um*），我爱查尔斯·明格斯，也迷查理·帕克（Charlie Parker）和“比波普”）、约翰·李·胡克的《魔鬼之跳》（Devil's Jump）和 Booker T. & the M. G. 's乐队的《青葱》（虽然这张都快被我听废了）。我想找到完全浸泡在音乐中的确切感受。一个念头不断进入我的脑海：我无法解释（I can't explain）。我无法解释。它将是我创作的第二首歌的歌名。

油然升起一种感受，我无法解释
某一种感受，我无法解释
忽冷忽热，我无法解释
在我灵魂深处，我无法解释

当时我依然是用一台老式录音机来录小样。巴尼听完这首歌的小样后，形容它是“带点莫斯·艾利森的鲍勃·迪伦”。

基特和克里斯的私人助理叫安雅·巴特勒，是一个迷人的女子。通过安雅的一个朋友，基特和克里斯跟“奇想”乐队的制作人、“奇想”最近几首热门歌的幕后推手舍尔·塔尔米（Shel Talmy）搭上了线。这位迪卡唱片的首位独立制作人同意听听我们的弹奏。

我用录音机播放“奇想”的《你俘虏了我》（You Really Got Me），尽管电台一天到晚都在放这首歌。我改动了《我无法解释》的歌词，让它关于爱情而非音乐，与此同时，为了投舍尔所好，我努力让它听起来更像“奇想”。接下来的一首歌我也已经有了，歌名叫做《任何方式、任何原因、任何地点》（Anyway，Anyhow，Anywhere）——听查理·帕克时，我在一张纸上潦草地写下了它的歌词。

听罢我们演奏的修正版《我无法解释》，舍尔·塔尔米当即决定灌录这首歌。录音当天，不出基特所料，舍尔召来了几名客座乐手。基思友好地请录音鼓手立刻消失，后者照做了。舍尔最爱的录音吉他手吉米·佩奇（Jimmy Page）也来了，看来舍尔担心我弹不好 solo。舍尔还请来男声三重唱组合“常春藤联盟”（The Ivy League），因为我们排练这首歌时加的“海滩男孩”式伴唱还不够娴熟。

舍尔·塔尔米做出了很棒的音乐，艺术性和商业性兼而有之。为了得到一首热门金曲，我作出了让步，没有使用吉他回授。这次冒险到底值不值得，翌年初才能见分晓。

11 月，基特和克里斯为我们争取到了“华盖”（Marquee）俱乐部的驻场机会，每周二晚是我们的表演时间。“华盖”在苏荷区，主打爵士和布鲁斯现场。为了确保我们的首演之夜能一炮打响，基特和克里斯发起了一场轰轰烈烈的宣传战。在我艺术学院的一本笔记本上，基特和克里斯看到了一个涂鸦，觉得可以作“谁人”的 logo 用——我在“谁人”的字母 O 顶上加了个箭头，捣鼓成一个火星标志。我们为一些杂志拍过不少大片，但基特和克里斯还是专门找摄影师给我拍了张大风车式扫臂的照片。

一位平面设计师朋友为我们设计了名为“极限节奏布鲁斯”（Maximum R&B）的海报，如今它已是“谁人”周边藏品中的珍品。基特和克里斯将它贴遍了中伦敦。接着他们更进一步，印了 150 份邀请函，连同卡片一道分发给未来的“100 张脸”（The 100 Faces）。“100 张脸”是一个“摩斯族”精英组织，成员由我们亲自挑选。“谁人”在“华盖”表演的头几周，他们可凭卡片免费入场。卡片上只印有我的照片，比我更帅的队友们都缺席了。

克里斯的同窗迈克·肖受雇担任制作经理。与“谁人”并肩作战过的人中，只有迈克是无可指摘的。我们在哪儿演他就跟到哪儿，我们在台上表演时，他就在台下寻找范儿最正的“摩斯”男孩，发给他们邀请函和卡片。我们的观众九成是男性，不过“华盖”的前排还是站着一些妞的。没多久，我们在“华盖”表演时台下就摩肩接踵了。

整个冬天我都在热切期盼着每周二的“华盖”之夜。我穿着麂皮夹克，拎着一把里肯贝克，在皮卡迪利广场地铁站下车后从地下深处走上地面，感到自己正在做这个世界上自己唯一想做的事情。我是个有舞台的节奏布鲁斯乐手了。这是一次伟大的冒险，我满脑子都是主意。我在笔记本上设计波普艺术 T 恤图案，用勋章、臂章和米字旗装饰我的夹克。我和台下的许多观众有着同样的感受：“摩斯”不只是范儿，还是一种声音，而“谁人”就是释放它的出口。

一天，一本杂志的摄影师来我和巴尼的住处拍片。为了让自己的设备通过满屋子没膝的垃圾，他不得不借助折梯。巴尼和我对垃圾视而不见。照片拍完后，基特把我拉到一边，悄声说他和克里斯在贝尔格莱维亚区伊顿广场搞了处漂亮整洁的住所兼办公室，我应该搬过去。我有点担心，因为搬过去似乎意味着我和基特将发生性关系。不过翌日上午，我依然挥别不知所措的巴尼，搬到了伊顿广场。我的新卧室精致整洁，和基特的卧室就隔着一扇玻璃门。高高的天花板，乔治王时代风格的建筑，伦敦最昂贵的街区。贴好从杂志上剪下的波普艺术图案，摆好录音机，我感觉自己活得像个王子一般。

原来克里斯并不住这儿。让我失望的是，基特没有勾引我，虽然我也许不会就势和他滚在一块。幸运的是，安雅的确勾引我了。我 19 岁，她 30，和她做爱太能学到东西了。当她用又尖又长的指甲把我送进极乐世界里时，她告诉我她轻蔑地拒绝了我的三名队友的追求。

有那么一段时间，活在基特眼皮底下的我过得无忧无虑。我感到无比的安全，无比的受保护、被重视、被珍爱。但我依旧滥用大麻，虽然基特并不乐见。一天晚上，我决定做一个实验。平日里我都是边吸大麻边听音乐，这次我决定边喝上好的苏格兰威士忌边听。我挑出几张最爱的唱片。醉意渐浓时，我在纸上记下了脑海中的念头：

> 我开始感到害怕。少年时的自怨自艾逐渐呈现。音乐在我里面。不怕让它进来。在寻找新的感知层。我在水下，不会沉得太深。将闭着眼写。与鱼同游。强烈而费解的情感。死亡。

心魔还在，但我开始学着用它来激发创作。

7

《我无法解释》

在罗杰看来，《我无法解释》是首“轻柔、商业的流行歌”。他说他不会再录这种不痛不痒、除去锋芒的东西了。我们的录音室作品得展现我们表演时的原始冲击力，他说。罗杰的愤怒让我感到有点委屈，不过我和他看法一致。我们的舞台表演越来越生猛激烈，我们的唱片需要这些。

基特和克里斯为我们拍摄的影片（“谁人”在铁路酒店的现场演出记录）博了个满堂彩。“谁人”在 BBC 音乐现场节目《节拍室》（*The Beat Room*）上的表现也是可圈可点。而激起最大反响的则是“谁人”在《各就各位，预备，跑！》（*Ready, Steady, Go!*）上的表演。在基特的朋友、该节目制片人维姬·威克汉姆（Vicky Wickham）默许下，我们的歌迷团体“100 张脸”涌进录制现场充当观众。他们功不可没。我们一上台他们就炸了锅，疯狂挥舞起色彩鲜艳的学院风围巾——那是“摩斯族”当周最流行的元素。

我们在《流行之巅》[1]（*Top of the Pops*）上演绎了《我无法解释》后，这首歌一鼓作气挤进了排行榜前 10。每家海盗电台都在播这首我为“谁人”写的第一首歌。开车行驶在我家附近，听着电台里

1　英国BBC电视台的一档现场直播的流行音乐节目，播出于 1964 年 1 月 1 日至 2006 年 7 月 30 日期间。《流星之巅》的影响极大，最多的时候在上百个国家有其翻版节目在播出。

放着我自己的歌，想象着电波信号从轮船上向外发出，我不禁心花怒放。那些来自艺术学院的想法倒显得有点过火了。乐队发展不顺时我曾安慰自己，反正这乐队也长不了的，要是玩完的话我可以说这就是我的自毁计划之一。但现在情形不一样了。我真的需要成天绷着脸、做出一副庄重严肃的样子么？做个成功的流行明星也许并没那么糟。也许我并不需要以艺术之名把什么都砸得粉碎。

3 月 12 日是个周五，这天晚上，“谁人”荣归我们的音乐故里——金贩社交俱乐部。这场演出对罗杰和我来说还有一层意义——我俩十一二岁时，在位于同一条街的萨尔格雷弗男孩俱乐部里厮混过。萨尔格雷弗的许多老会员也来了。他们炫耀着簇新的“摩斯”服装、喝啤酒、嗑嗨药、打架、泡妞。我们一遍又一遍地演奏《我无法解释》，他们气得暴跳如雷。

演出结束后，一帮人来后台找我，为首的是个叫杰克·里昂斯的爱尔兰男孩。他们说非常喜欢这首歌。我问他们喜欢它哪一点。杰克结结巴巴地说他真的无法解释。我试着帮他：“这首歌写的是想说但说不出来。”

“就是它!”杰克大喊道。他的人全都点头称是。

倘若没有经受过艺术学院的训练，这一刻不会如此触动到我。

他们的信息很简单：我们需要你来解释我们无法解释的事情，我们需要你来说出我们无法说出的东西。尽管我依然沉醉于一夜蹿红、上了电视和电台、写了首金曲的欣喜中，但我已经明白，“谁人”还有比追名逐利更重要的使命。

我无比确信（虽然显得有些自命不凡），我们正在做的终将成为艺术。

基特不在的时候，我和安雅又搞了一两次。安雅风趣入时，我很喜欢她，但我们从没深入聊过，也从没一块出去吃过饭，搞得我像她的性玩物似的。基特怕安雅把我“榨干”，就叫她在附近帮我找套公寓。4 月，安雅找到一套位于切斯汉姆街的顶层公寓，我搬了进去。

这是我头一回一个人住，我保持公寓干净整洁，将一个房间改作录音室。这是我生命中最忙碌的时期之一。置身外交官和贵族云集的贝尔格莱维亚区，我时常感到孤独，而这种孤独成了我创作的驱动力。我基本都是晚上干活，夜阑人静的时候，强劲的音乐会从两台内置 4 个 12 英寸喇叭的大音箱里轰出。它们是我的自毁行为的受害者，不过已经修好了。楼里其他公寓都没人住，录音室的窗外对着莱索托王国使馆。破天荒第一次，我做起音乐来感到无比自由。

基特常来听我录的小样，他成了我写歌的导师。他在房间里踱来踱去，边听边吞云吐雾。把我放的几首小样一并听完后，他才会发表意见，说自己最喜欢哪一首。他从不会说我的作品一句不是，或是说还可以更好。他就是不喜欢，也会找出点理由来夸赞。他是个亲切体贴的人，我很高兴他是以创作伙伴的姿态来对我进行投入。他把我当重要的作曲者对待。

罗杰卖掉我们的面包车，新买了一辆塞得下我们设备的大货车。像是那种运送家具的封闭式厢式运输车，没有车窗，也没有座椅。这车速度太慢了，在高速上也只能开到 55 英里，到黑潭（Blackpool）得开 10 个钟头。罗杰的女友坐副驾驶座，所以基思、约翰、迈克和我只能闷在黑咕隆咚的车厢里呕吐。他开长途时不希望我们烦他。

我们继续着密集的巡演。7 月 30 日，我们来到肯顿的芬达俱乐部。我的大学女同窗凯伦·阿斯特利（Karen Astley）前来探班，连英俊的克里斯都大赞她美丽动人。凯伦带来了她的死党，一个为约翰·恩特威斯尔痴狂的女孩。散场后，我们在俱乐部外面等出租车，凯伦突然搂住我的脖子吻我。

《我无法解释》被弃用的那部分歌词里也许含有《我们这一代》（My Generation）的精髓。《我们这一代》的雏形有点“说唱布鲁斯”

(Talking Blues)，歌名来自剧作家大卫·莫瑟尔（David Mercer）作品《世代》(*The Generations*)——我在艺术学院上学时很欣赏莫瑟尔。他和另一位剧作家阿诺德·威斯克（Arnold Wesker）都是社会主义者，他对工人阶级"反英雄"人物的塑造给我提供了一条纽带，将我和"谁人"的西伦敦粉丝连接了起来。

基特借给我的捷克唱片《巴洛克大师》改变了我的作曲生涯。我听着它做起了由苏格兰威士忌助燃的聆听实验。这张唱片收录有亨利·珀塞尔[1]（Henry Purcell）的巴洛克室内乐组曲作品——《戈尔迪之结松了》(*Gordian Knot Untied*)，其中以乐章《恰空》（Chaconne）最具感染力。演奏充满激情和悲怆，有着动人心魄的力量。珀塞尔对延留音（Suspension）独特而大量的使用让我极为惊艳。延留音是大键琴奏出的巴洛克装饰音的重要组成部分，但经由珀塞尔之手，延留音被拉长成令人心碎、蜿蜒曲折的调式，尤其当乐曲是小调时。我开始尝试使用延留音，在《孩子们都很好》(The Kids Are Alright）里，我第一次成功地借它为歌曲增添了一丝巴洛克氛围。

1965 年夏天，我巡演的同时一直在完善《我们这一代》。我新写了几版歌词，录了三版迥异的小样。住在身穿裘皮大衣的贵妇对我视若空气的富人区贝尔格莱维亚，我试图描绘的世代鸿沟只会显得更加分明。不过，与其说我憎恨四周的权贵，倒不如说我害怕他们把疾病传染给我。

他们得了什么病？这种病更关乎阶级而非年龄。贝尔格莱维亚的大多数年轻人在为成为统治阶层的一员而努力着。他们成人式的做派和攫取与死人无异，然而我却有活着的感觉，不仅仅因为我年轻，还

1　亨利·珀塞尔（1659—1695），巴洛克时期的英格兰作曲家，吸收法国与意大利音乐的特点，创作出独特的英国巴洛克音乐风格。珀塞尔被认为是英国最伟大的作曲家之一。一直到 20 世纪初爱德华·埃尔加成名之前，没有一个英国作曲家达到他的成就。

因为我不受传统、财产和责任的束缚。

这个夏天，“谁人”马不停蹄地在英国巡演，其中一些目的地是海滨小镇，唤回了我童年时随爸爸的乐队一道出征的快乐记忆。我们还去了荷兰和斯堪的纳维亚半岛。奔赴瑞典前，克里斯觉得我们不需要带上自己的设备，这在后来被证明是个愚蠢的想法。向为我们暖场的当地乐手借设备，同时跟这些几乎不会说英语的家伙解释说观众期望我们把他们的设备砸得粉碎，显然行不通。这是一次令人沮丧的巡演。没目睹到我砸吉他的瑞典媒体乘兴而来，败兴而归。

10 月，我们重返瑞典，计划于一天之内连演三场。霉运再度降临，这一次设备运错了地方。我们又用借来的设备制造了几场平淡的演出。这趟北欧之旅途中，基思、约翰和我嗑了大量的安非他命，由此喋喋不休地说了太多不经大脑思考的蠢话。在丹麦时，被我们的极端亢奋搞得意志消沉的罗杰终于发起了牢骚。当基思质疑他时，罗杰突然挥拳猛击基思。基思的鼻子被打出了血，一场小口角演变成了一出情节剧。

耐人寻味的是基思的反应。他没觉得丢脸，反倒似乎清醒了过来。很明显，他打算划出一条罗杰永远都无法逾越的界线。

基思和约翰两人挑明了不想跟罗杰一块干了。难以驾驭的局面持续了很长一段时间，直到克里斯要求罗杰永远不要再用拳头来解决争端。罗杰同意了，基思和约翰决定不计前嫌。

从瑞典回来后，我们录下了《我们这一代》的第三版也是最后一版。第一版受我们的保留曲目、莫斯·艾利森的《年轻人布鲁斯》(Young Man Blues) 影响很大，声线是莫斯式的，慵懒松弛、漫不经心又充满自信。基特没听出第一版的潜力，不过克里斯希望我再录一版，把吉他连复段搞重一点。这时候基特插进来说，音乐有点重复乏味，需要转几次调让它焕发生机。

我有点纠结，因为我不想被人落下口舌，说我是在拷贝“奇想”的雷·戴维斯（雷是我心目中的转调大师）。听第二版小样时，克里斯对我的结巴式唱腔产生了兴趣，于是我把约翰·李·胡克的《结巴布鲁斯》（Stuttering Blues）放给他听。我们在“华盖”表演时，美国布鲁斯口琴手及歌手“桑尼男孩威廉姆森二世”（Sonny Boy Williamson II）曾吹着口琴，故作结巴地唱着词儿加入进来。受他启发，罗杰开始进行自己的结巴唱腔实验。在第三版小样里，罗杰的结巴式唱腔已经足够到位。与此同时，我们也为恩特威斯尔创造了一个用来安放贝斯 solo 的空间。约翰正在成为贝斯界的革命者，他炉火纯青的弹奏功力需要尽情展露。

这段时间我听了大量新唱片。伦敦随处可见专业唱片店，我一家不落地全去了。这年夏天的盛事之一，是迈尔斯·戴维斯（Miles Davis）《卡内基音乐厅现场》英国版的发行。里面的一曲《我可笑的情人》（My Funny Valentine）被他诠释得令人啧啧称奇。循着这张唱片，我又发现了迈尔斯的《西班牙素描》（Sketches of Spain）。我还发现了卡尔海因茨·施托克豪森（Karlheinz Stockhausen）的《青年之歌》（Gesang der Jünglinge），并初次听到瓦格纳的歌剧。最棒的是，我听到了“艾弗里兄弟”（The Everly Brothers）二重唱的两张专辑，其中一张是节奏布鲁斯风格的《摇滚与灵魂》（*Rock and Soul*，*1965*）。20 世纪 50 年代末到 20 世纪 60 年代初，“艾弗里兄弟”曾推出一长串热门金曲，伴随我度过了少年时光。在看到“不列颠入侵”那拨乐队大玩节奏布鲁斯和灵魂乐后，“艾弗里兄弟”和他的一票来自洛杉矶和纳什维尔的乐手走进录音棚，向我们展示起怎么把这两种音乐玩到最好。

“艾弗里兄弟”翻唱过很多节奏布鲁斯经典，但我更爱他们的原创及一些令人费解的翻唱作品。他俩合写的《有钱人》（Man with

Money）是一首杰作，翻唱自罗伊·奥比森[1]（Roy Orbison）的《爱让人伤》（Love Hurts）同样也是。在《奇怪的爱》（Love Is Strange）里，哐啷哐啷的电吉他扫弦和带鼻音的声线抹去了原曲怪异可怕的蓝草味。罗杰、约翰和基思也大爱"艾弗里兄弟"的新歌，于是这三首歌就成了我们的演出保留曲目。我们四个一致尊崇的艺人没有几个，"艾弗里兄弟"便是其中的两位。

我和巴尼失去了联系。我想念艺术学院的朋友，虽然在我看来，我们只是暂时分开。我还是以为"谁人"走不远，不久后就会散伙，然后我将回到我的装置艺术，走上艺术家之路。这个时候，一件意外发生了。我们挚爱的制作经理迈克·肖在给基特和克里斯的另一支乐队送舞台灯的途中，居然躺在小面包车的车轮旁睡着了。他的脖子被车轮碾断，肩膀以下全部瘫痪。

我和克里斯的私人助理帕特里夏·洛克一起去医院看迈克。尽管颈部以下没有知觉，迈克仍执意要摸帕特里夏的奶子。她勇敢地凑过去，迈克也勇敢地试图摸起来。他的幽默感和对荒诞的认识让他得以挺过漫长而艰难的调整期。对"谁人"及基特和克里斯来说，这无疑也是一场灾难。我们全是头一回经历这么大的困难。

11 月 2 日，我们重返"华盖"，表演了"艾弗里兄弟"的那三首歌和《我们这一代》。单曲唱片《我们这一代》刚推出不久，这是我们在现场首唱。

我 20 岁了，身边的许多朋友已经结婚甚至有了孩子，但我依旧缺乏追逐女孩的勇气，不愿冒被拒绝之险。

---

1 罗伊·奥比森（1936—1988），极具影响力的美国著名创作歌手，风格跨越乡村、山地摇滚和摇滚乐，20 世纪 60 年代红极一时，埃尔维斯·普莱斯利和鲍勃·迪伦认为他的嗓音是他们听过的最伟大的，尼尔·杨、布鲁斯·斯普林斯汀也是奥比森的忠实拥趸。

基思、约翰和我花30英镑买了辆1936年的帕卡德V12灵车，将它从斯温顿开回了家，停在我公寓外面。不知何时，它不翼而飞了。我担心是被偷了，结果当我报警时，警察说，有位重要人士发了牢骚，所以车被拖走了。

接着我莫名其妙地接到一个电话，电话那头的男人说想买下这辆帕卡德。原来那位重要人士是伊丽莎白王后[1]（Queen Mother）。伊丽莎白王后每天都会途经我的公寓，她抱怨说，这辆帕卡德灵车让她想到了已故丈夫的葬礼。取回灵车需要200英镑，那会儿是天文数字，不过买家同意支付这笔钱以换取这辆车的所有权。我同意了，然后充满愤恨地将《我们这一代》献给伊丽莎白王后。

我买了辆1956年产的林肯大陆马克II。我爱车，虽然我不懂车。后来我才知道，埃尔维斯·普莱斯利和弗兰克·辛纳屈都是这款车的拥趸。

11月11日，“谁人”再度登上《流行之巅》的舞台，演奏了《我们这一代》。两天后，在巴黎“火车头”（La Locomotive）俱乐部，我们为台下星光璀璨的观众奉献了两场演出。11月27日，《我们这一代》在排行榜上已经飞速蹿升到第4位。这一天，我接到了凯伦·阿斯特利打来的电话。我们聊了很久，聊得美妙且有趣，当即决定开启恋爱模式。

手握一首热门单曲，加上不断的电视曝光，“谁人”炙手可热。基特把米克·贾格尔带到我的公寓，让我把当时正在做的《魔法巴士》（Magic Bus）放给他听。米克是我们的朋友，但也是我们最大的劲敌，我担心基特正在跟他合作。我也怀疑他俩有一腿，我有点吃醋。

---

1 伊丽莎白王后（1900—2002），现任英女皇伊丽莎白二世的母亲。

米克是我唯一想操的男人。他穿着宽松的睡裤式长裤，里面没穿内裤。他身体向后倾时，我没法不注意到那根又粗又长的鸡巴。米克的鸡巴真大。我想起一张鲁迪·瓦伦蒂诺（Rudy Valentino）的照片，也是以这种姿势展示他的阳具。此后，我们四个都开始以这种姿势展现我们的男根，尤其是演奏和拍照时。

基特和克里斯与舍尔·塔尔米间的法律纠纷开始发酵。原来舍尔和迪卡唱片签的是一份再授权合同，所以他支付给我们的版税少得可怜。这件事威胁到我的音乐生涯，我变得烦躁不安起来。

我对状况有些摸不清，所以不再支付房租。钥匙被收了也难不倒我，我能用两根细得几乎看不见的金属丝弄响一楼门口的蜂鸣器。我都是在深夜潜入潜出，所以没人知道我是怎么做到的。然后房东换了锁。还是难不倒我。隔壁是一栋在建的使馆楼，我能利用脚手架从升降口爬进那套位于顶层的公寓。

最终，我被当场撵了出来。基特帮我付了房租，我才得以取回我的东西，包括吉他和《魔法巴士》的小样。

单曲唱片高奏凯歌，我却陷入了深深的抑郁。更糟糕的是，我们在曼彻斯特演出时，《观察家》杂志派来一位摄影师为我们拍照片——“谁人”即将登上《观察家》封面。在酒店拍摄时，克里斯让穿着米字旗外套的我站在他们三个前面。当照相机离我越来越近时，我看破了他的意图。我上过摄影课，知道眼前那个超广角镜头推近我时会产生什么样的效果：我的在任何镜头下都不显小的鼻子，会显得更大、更加突起。我没能鼓起勇气要求他退后，我的自尊心太强了。不幸的是，“谁人”这一时期拍的照片中，这是生命力最持久的一张。

我在笔记本上列下想听的艺人与专辑：马文·盖伊（Marvin Gaye）、史蒂维·旺德（Stevie Wonder）、查理·克里斯蒂安（Charlie Christian）、比莉·荷莉黛（Billie Holiday）、艾拉·菲茨杰拉德、雷·查尔斯、“1—2—3”乐队；查尔斯·明格斯的《重访明格斯》(*Mingus Revisited*)、吉米·史密斯的《街头风琴手的摇摆》(*Organ Grinder Swing*)、妮娜·西蒙（Nina Simone）的《妮娜·西蒙音乐会》(*Nina Simone in Concert*)、塞隆尼斯·孟克（Thelonious Monk）的《午夜时分》(*Round Midnight*）和《光辉转角》(*Brilliant Corners*)。我还在笔记本上绘制演出用旋转音箱及家用高保真音响的设计图。另外我还写下了这样一段话：

> 我将花一年时间完成一本书。今年5月我就满21岁了，这本书说的就是我的21岁。我会说真话。我想记录下我在做的事情，不仅因为它们非常重要，还因为我缺少一个可以吐露烦心事的密友。

8

《替代品》

1966春，以“谁人”为封面的那期《观察家》上架后，我对媒体产生了不满。上国家电视台接受访问时，抑郁又偏执的我大大方方地承认自己吸毒，不过似乎也没人介意。《观察家》的封面故事对基特和克里斯极尽吹捧之能事，却把我们描述成一群爱吹牛、爱挥霍、爱打扮、惹人厌的家伙。之后至少一周，我对“谁人”的成功失去了兴趣。看起来有些幼稚，但当我看完那篇封面故事后，我的自大和自卑的确被一并激发了出来。

我在切尔西老教堂街新租了一套顶层公寓。隔壁是“声音技术”（Sound Techniques）录音棚，我觉得深更半夜时从里面传来的隆隆声能盖掉我自己录音时的动静。泰晤士河就在百码之外，我经常漫步河边，望着灰色的河水发呆。我也经常一个人开车去“圣詹姆斯威士忌”（Scotch of St James）俱乐部，跟布莱恩·琼斯和“沃克兄弟”[1]（The Walker Brothers）等人一起喝酒聊天。这完全不是我的风格，但我乐于和朋友们泡在一块。史蒂维·旺德头一回来伦敦演出时，布莱恩和我同去看了。在音乐、我们的吹捧和他的肾上腺素的刺激下，史蒂维乐不可支，以至于从舞台上摔了下来。

一个冷雨夜，我载着几个狂欢者回切尔西，出于炫耀心理，我开

1　活跃于20世纪六七十年代的美国流行组合，成员是Scott Walker、John Walker和Gary Walker。

得飞快，行至海德公园拐角处，林肯车一个优雅的打滑，轮轴断了。打的回来后，狂欢继续，我在凌晨五点高奏国歌，差点又被房东下逐客令。

《替代品》（Substitute）是一首向斯莫奇·罗宾逊（Smokey Robinson）致以敬意的作品，音乐上有“滚石”的《第19次精神崩溃》（19th Nervous Breakdown）的影子。斯莫奇在他的杰作《我的泪痕》（Tracks of My Tears）中用了“替代品”一词，使得该词迅速成为流行语。我在新公寓里放了两台立体声开盘式录音机。我从自己的声音里听到了骚动和不安。一个重新包装来自美国的黑人节奏布鲁斯的年轻人，以服装为噱头，扮演着狂野和自由，可在现实生活中还需要被母亲照顾。

基思和约翰与一个魅力超凡的巴黎毒贩走得很近。3月的几场演出，他俩眼睛通红、亢奋又颓废，与罗杰和我完全不在一个轨道上。我们还发现基思和约翰密谋退出“谁人”，写他们自己的歌，玩他们自己的冲浪音乐。身为1966年的“谁人”一员，我们既不舒服也不称心。基特和克里斯被舍尔·塔尔米提告了，而由于英国表演权协会只向词曲作者支付版税，“谁人”其他三名成员的收入大受影响。

4月，拿到第一张支票后，我换了辆1963年的林肯大陆跑车，买了艘28英尺长的汽艇。我把汽艇停泊在泰晤士河边的奇斯威克（Chiswick），那儿离我孩提时听到“天体音乐”的地方很近。我第一次航行，就带上了坐在轮椅上的迈克·肖。

舍尔·塔尔米走法律程序之前，基特和克里斯已经搬到了由罗伯特·斯蒂格伍德（Robert Stigwood）提供的办公地点。斯蒂格伍德是英国最早的独立唱片制作人之一。在新办公室，基特和克里斯成立了制作公司——“新偶像”（New Ikon），作为建立厂牌的前站。我感觉自己也是这个新项目的一分子，还花了好多时间给他们设计 logo。

《替代品》是“谁人”首支不是由舍尔·塔尔米制作的单曲。他们推举我担纲制作。3月4日，单曲唱片《替代品》由斯蒂格伍德的厂牌“反应”（Reaction）正式推出。《替代品》在排行榜上蹿升得很快。舍尔以起诉斯蒂格伍德的发行商宝丽多唱片（Polydor Records）作为回应。他向法庭提供了一份书面证词，称他理应拿到版税的大头，因为他对我们的音乐贡献最大。我也向法庭提供了一份书面证词，称如果法庭比较下我做的小样和经过舍尔制作后的终版，就会发现创造性的部分全都来自于我。

“谁人”忙着四处巡演，我开始臆想我美丽的新女友凯伦正在给我戴绿帽子。基思有过前车之鉴，他的妻子、平面模特金姆·麦克拉根（Kim Mclagan）早年曾背着他和罗德·斯图尔特（Rod Stewart）偷情[1]。正是这种疑神疑鬼激发我写下了我当时最好的歌曲之一——《千里眼》（I Can See for Miles）。第一版歌词被我潦草地记在那份书面证词反面。也许这就是这首恶歹地猜测自己的女人与别人通奸的歌曲，带着宗教审判的口吻的原因。

舍尔·塔尔米打赢了官司，基特和克里斯输了。我的小样证据被驳回。法官判定舍尔与我们签订的合同有效，这意味着我们依然和舍尔捆在一起，舍尔依然只需支付我们少得可怜的版税。我去向“滚石”经纪人安德鲁·奥德汉姆寻求建议。奥德汉姆带我沿着公园路兜风，他的座驾是一辆庄严的劳斯莱斯，有专门的司机为他开车。奥德汉姆说他的朋友艾伦·克莱恩（Allen Klein）也许有能力打破舍尔对我的控制，但先决条件是我得跟基特和克里斯说再见。克莱恩当时尚未接管“披头士”的演艺事务，但已经是“滚石”的美国版权管理人及伟大的山姆·库克（Sam Cooke）的经纪人。

1　这件偷情的见光极具戏剧性，罗德和基思各自从伦敦赶去伯恩茅斯约会金姆，居然登上了同一趟列车，两人一聊，原来去会的是同一个女孩。

艾伦·克莱恩寄给我一张飞往纽约的头等舱机票，6月，我与克莱恩秘密会面。克莱恩说得很明确，要想摆脱舍尔，就得先跟基特和克里斯中断合约。他说他和安德鲁·奥德汉姆会接手“谁人”。飞返伦敦途中，我辗转难眠。我真的在考虑炒掉我们的经纪人。友情撇开不说，我们跟舍尔签的合同真让人无法接受。

前“场景”俱乐部首席DJ盖伊·史蒂文斯改行当起了唱片制作人。听说“谁人”将转投艾伦·克莱恩后，他和他的老板克里斯·布莱克威尔（Chris Blackwell）敲开我的房门，恳请我让他们来引领方向。他们看起来真的很为我忧心。他们说克莱恩在版权管理方面喜欢绝对掌控——换句话说，就像任何版权管理人一样——所以我不知道他们大惊小怪个什么。

就在他俩跟我解释为什么要远离克莱恩时，门铃响了。是忧心如焚的基特。他也听说我刚从纽约回来。盖伊和他老板匆忙躲进我的书房，在里面待了足有半个钟头。我们面临的问题让基特痛苦万分，他要求我再给他一次机会。不久后，我因制造噪音被逐出公寓，为这一连串令人不安的事情画上了圆满的句号。

一个房地产经纪人给我找到了一处新公寓，位于苏荷区，在沃德街和布鲁尔街拐角处，同样是顶层，前身是电影剪辑室。如我要求的那样，隔壁没人住。一个木匠匆匆给我打了张床和几个放开盘式录音机和唱机的架子。它成了我的录音室和私人俱乐部，不过我一般都宿凯伦那儿。她父亲给她新买了一套地下室公寓，位于贝尔格莱维亚附近的埃克尔斯顿广场。

公寓楼旁边是一家犹太餐馆，贴心的老板让我下午四点还能吃到早餐。有那么一两次，我试图和私人饮酒俱乐部“殖民空间”（The Colony Room）的顾客打成一片。他们全是精明的文艺界人士。我看到天才画家弗兰西斯·培根（Francis Bacon）和《每日镜报》日记作者丹尼尔·法森（Daniel Farson）在深入交谈。他们酷毙了。吧台里一个衣着艳俗的女人拿我寻开心。我穿着“摩斯族”紧身裤和粉红衬衫，她以为我是鸭子。

有一次，我在公寓里和一帮人聚众吸大麻，还把音乐开得震天响。一个条子如神兵天降般突然站在我们面前。我以为这下完了，谁料他是在搜寻一个爬上楼顶的入室偷窃犯。法治在苏荷区不占支配地位，我爱这一点。

录音室够大的，我能在里面打鼓。我从吉姆·马歇尔那儿买了架和莱牌电钢琴，通过它学起了键盘。我努力创作管弦乐曲，并录下了一首我称之为《M》的器乐曲。《M》长约7分钟，由我的一段12弦吉他动机发展而来。叠录上去的鼓击和另一把吉他的加入让音乐力度的变化更显层次。我为《M》感到非常骄傲，它是最能展示我吉他作曲功力的曲子之一。

迈克·肖意外瘫痪，加上为基思吸毒的事与基思接二连三的争吵，罗杰终于扛不住了。他缺席了许多演出，我不得不暂时兼任主唱。到了5月，他似乎已铁了心要退出“谁人”。我的日记里充满了对他的怨恨，对乐队其他人，甚至对基特和克里斯也是一样。我对自己同样十分苛刻，不但敦促自己深入研究查理·帕克、约翰·柯川和亨利·珀塞尔，还要求自己形成个人化的吉他风格。字里行间透着坚定和不快。

那次北欧巡演期间，罗杰曾喂了基思一顿老拳，“谁人”就此生出一道分裂之口。接下来的一件事后，这道裂口又增大了几分。一天晚上，基思、约翰和吉米·佩奇走进录音棚，作为录音乐手与杰夫·贝克一道录制了后者的专辑《贝克的波莱罗舞曲》（*Beck's Bolero*）。有传言称，这几号人计划组建一支名叫“齐柏林飞艇”（Led Zeppelin）的乐队。不久后的纽伯里站演出，基思和约翰姗姗来迟，而且醉得不成人样。“谁人”不得不以两人阵容硬撑了一阵。我们吵了起来，黔驴技穷的我将吉他掷向基思。他试图抄起一面大鼓扔向我，结果绊倒在了鼓架上，腿被划了一道大口子。我们都对对方厌恶到了极点。

几天后的一个凌晨，我在 M1 高速公路上撞上了一场车祸。事故发生于 10 分钟前。他们没有亮警示灯，不过有个人在那儿挥舞手电筒。我以为那家伙想搭车。当我意识到他是在示警时为时已晚。我猛踩刹车，车子一个大漂移，撞上了一辆底朝天躺着的捷豹。两个老人还被困在里面，正在等救护车。他俩身上已经伤痕累累，我这一撞更是让他俩痛不欲生。我为自己爱开快车的习惯感到万分羞愧。我因疏忽驾驶被施以重罚，幸运的是，我的驾照没有被吊销。

我们输掉了跟舍尔的官司，但仅限于英国。艾伦·克莱恩还想与我会面。1966 年 6 月 27 日，我再度来到纽约，这次带上了我们的律师泰德·奥德曼。我们坐着克莱恩租下的游艇，绕着曼哈顿环游，一路听着巴里·曼恩（Barry Mann）的《曼蒂》（Mandy）等克莱恩控制的歌曲。这是我第一次坐上豪华游艇。纽约的夜空充满活力、光洁闪亮，我被这一切迷住了，尽管我还没有打消对克莱恩的疑虑。

这次的回程之旅同样令人煎熬，懊丧和疲惫开始将我吞噬。飞机一降落，我便驱车直奔谢菲尔德，那儿有一场演出在等着我。晚上 10 点左右我才赶到现场，队友们等我不及，那时已经自行回家了。我也掉头踏上了回家的路。好几个小时没吃东西没有合眼的我开着开着，趴在方向盘上睡着了。一个警察叫醒了我。我的车四轮朝天地躺在沟里，汽油滴滴答答地打在我的脸上。一个事故处理人员将我从沟里拖了出来，我把里肯贝克 12 弦电吉他送给他作为酬谢。

明眼人从我的纽约之行及克莱恩对我的兴趣看出，我们即将进军美国市场。泰德·奥德曼把克莱恩试图签下我们的企图告诉了基特和克里斯。他俩以最快的速度与舍尔达成了庭外和解。舍尔将不再制作我们的唱片，我们能自由选择厂牌签约；“谁人”将获得更多的股份，但我们日后做的每一张唱片所获得的收益，都得分一份佣金给舍尔；至于我们和他原先签的几张唱片约，他都可以参与，而且无需投入金钱和人力。

凭借这份和解协议，基特和克里斯重新掌控了“谁人”，不过在当时，我们对基特不得不和舍尔签的这份惩罚性和解协议一无所知。夏天慢慢地过去，我们在灯光和烟火映衬下继续着自毁式的夸张表演。在温莎爵士与布鲁斯音乐节上，基思手持皮鞭，将一个身穿SM皮革装的金发女演员拖到台前。

8月，我们录制了《我是男孩》（I'm a Boy）和《伪装》（Disguises）。基特终于坐上了制作人大位。我们的新唱片约是跟音轨唱片（Track Records）签的。音轨唱片是基特和克里斯新创立的厂牌。除了拿到版税外，我们也参与分红。基特的制作思路是做出悦耳动听的音乐，尽管罗杰和我还是想要脱胎于“谁人”现场的率直刚猛之声。

我开始痴迷于一个更大的想法：我能写部歌剧么？

单曲唱片《我是男孩》发行前夕，凯伦和我去以色列的凯撒利亚度假。她的超短裙吸引了很多人好奇的目光，尤其是阿拉伯人，有时候我不得不把他们打跑。一次，我向一个西方人打扮的犹太过路人求助，他调停完后批评我道：“作为一个犹太男孩，你怎么可以允许一个大美女穿得如此挑逗？”

回国后，我向别人了解以色列的现况。我的一位对国际时事颇感兴趣的法律顾问说，埃以冲突正在加剧，中国威胁论尘嚣直上。红色中国的人口飞速增长，很快就会控制全球。我创作的第一首歌剧式歌曲《列》（Rael）的灵感就来自于此，它关于红色巨龙对以色列的占领。我租了架贝奇施坦因牌立式钢琴，通过研习沃尔特·辟斯顿（Walter Piston）著的《管弦乐作曲法》（*Orchestration*）一书，编写出了《列》的管弦乐部分。时至今日，我依然会参考这本书。

疯狂的夏季巡演收官后（其中一站是我的童年旧地——马恩岛的皇宫舞厅，那是我首度在那儿表演），我完成了几首将收录入“谁人”第二张专辑的小样。我买了把大提琴，在《快乐杰克》（Happy Jack）里拉了一把。这是一首愚蠢的歌，讲的是马恩岛上的一个白痴。在“谁人”的众多歌曲中，保罗·麦卡特尼最爱的就是这一首，因为它的部分灵感便来自他的《埃莉诺·瑞格比》（Eleanor Rigby）。

快乐杰克年纪不大但是个男子汉
他住在马恩岛的沙滩上
孩子们在唱歌，他唱错了调
所以孩子们骑上他的肩，就像骑着毛茸茸的驴
可他们挡不住他，海水的拍打也挡不住
挡不住他看着海鸥扇动翅膀

这是最初的词，和终版略有不同。我想营造出卡夫卡式的氛围。

基特和克里斯要求我们每人都要为第二张专辑贡献至少两首原创，如此，我们都将得到一笔不菲的预付版税。我为“谁人”写的金曲给我带来了词曲版税收入，但他们三个在这方面少有进账，我乐于帮助他们。我们当时都穷得一贫如洗[1]。

我把我做小样的方法传授给了约翰。他买了套跟我一样的设备，不久后做出了《威士忌男人》（Whiskey Man）。我是乐队里第一个听到这首歌的。一周后，约翰又完成了一首《蜘蛛鲍里斯》（Boris the Spider）。我爱这两首。在我苏荷区的录音室里，我帮罗杰录了《看见我的路》（See My Way）的小样，这是首巴迪·霍利式的歌曲，不

---

1 主因是“谁人”经常性地捣毁自己的设备及乐器。

难搞定。罗杰没能再接再厉，写出下一首新歌。

同样是在苏荷区的录音室里，我帮基思录下了《我需要你》（I Need You）的小样。“披头士”在“即兴”（Ad Lib）俱乐部的演出给了基思创作这首歌的灵感。在约翰的帮助下，基思东拼西凑出了歌词。帮他做这首歌的曲子简直是一场噩梦，因为他唱歌完全不着调。他的第二首作品是一首抄袭之作，原作是一首在他脑袋里跑来跑去的电影插曲，他只是把旋律用口哨吹给我们听了。我们都知道在哪儿听过，但一时都想不出出处。后来我们才知道是托尼·克伦比（Tony Crombie）的《东方之旅》（Eastern Journey）。就这样，《东方之旅》摇身一变，成了基思的器乐曲《蜘蛛网和奇怪》（Cobwebs and Strange）。这是一首奇兀的进行曲，不过我们录得很开心——我们就像一支军乐队一样在棚里边齐步走边录。约翰吹小号，我弹班卓，基思敲低音鼓，罗杰吹长号。我还加吹了便士哨笛，再加上基思的镲片声，听上去就像是马戏节目的伴奏曲。

我为“谁人”写的畅销单曲不能收录进这张专辑，以免打乱预付版税的分配计划。急于填补专辑时长的我们把巡演时的保留曲目《热浪》（Heat Wave）也加了进来。但还有十分钟的空缺。基特来我的录音室看我，我把几首正在弄的作品放给他听，其中一首叫《免费的阿玛蒂》（Gratis Amatis），是我写给基特和我们共同的友人、作曲家莱昂纳尔·巴特（Lionel Bart）的歌剧式歌曲。基特建议我认真写一首流行歌剧，把我想表达的几个东西归结在一起。如果我能做出来，专辑发行就指日可待了。

快、快、快。“快搞”（A Quick One）成了我们的口号和最终的专辑名。“迷你歌剧”《趁他不在，快搞》（*A Quick One*, *While He's Away*）应运而生了，它充满着我与邓妮住在一起时的黑色回忆。

第一句歌词“她的男人已经离开快一年”指的是爸妈对我的遗弃。我住在邓妮家时，他们很少来看我。“你的哭泣声远近闻名”说的是五六岁时的我，夜复一夜地，为我的爸妈、我阿克顿的朋友和不能摆脱邓妮而哭泣。

一个解决方法接踵而至：我们会将你丢失的情人带至你身边，“我们将给你鹰之翼，让他能飞向你”。这时候，在我自己的故事里，罗茜·布拉德利注意到了我遭受的痛苦，她打电话告诉我爸邓妮有多么疯狂。爸爸一定会来拯救我。歌词突然阴暗了下来：“小女孩，你能不能别哭了？我会让你感到舒服。”直到今天，这句话依然令我毛骨悚然。如果我不配合，施虐者就会对我施暴。但“小女孩”是谁？和邓妮住一起时，我从未感到孤独，因为我有一个想象中的永远的朋友。她是个孪生女孩，和我遭受着同样的痛苦。

“火车司机艾弗”（Ivor the engine driver）暗喻性侵我的那个人：“我们将在我的地儿把问题解决”，“最好对老火车司机好一点”。邓妮不停地把公寓对面的巴士司机和火车司机往家里带，我到现在还是会做这样的噩梦：午夜，我的卧室门敞开着，一个身影模糊的男人和一个女人盯着我看，空气中弥散着色情的味道。

最后，管弦乐响起：“大提琴、大提琴、大提琴、大提琴”，一次伟大的庆祝。拯救者到达了。我那不情不愿的拯救者是我的妈妈，和她同来的是她的情人及前来充当和事佬的吉皮。爸爸在家等着，看妈妈是否会动恻隐之心，甩掉她的情人，和他破镜重圆，或是跟他争夺我的监护权。大提琴声扬起，歌剧的主题被说了出来：“我的眼睛在骗我么？我回到你的怀抱了么？”我感觉自己被从地狱里救了出来。

然后是一句解释：“我想你，我必须承认，我吻了几个……”（这可能是在说妈妈和别人私通的事。）

整首歌词里最令我不安的是这一句：“有次我坐在‘火车司机艾弗’的腿上，随后我们一起睡了个午觉。”然后，突然间，每个人都“得到了宽恕”，不是一次而是一千次，一次又一次——仿佛宽恕不够用了。每次在舞台上唱到这句，我都会变得异常愤怒，把吉他砸到没法再砸为止——我狂暴地宽恕着我的母亲、她的情人、我的外祖母、我外祖母的情人们，还有最重要的，我自己。

10月，录制《快搞》期间，我初次邂逅吉米·亨德里克斯。他穿着一件邋遢的军装外套，铜纽扣，红肩章。蔡斯·钱德勒[1]（Chas Chandler）要我帮这个害羞的男人找到合适的电吉他音箱。我推荐了马歇尔和那时候还叫“Sound City”的海瓦特（Hiwatt），并向他解释了二者并不细微的差异。吉米两者都买了。后来我责怪过自己，怎么向他推荐了那么猛的武器。第一次见到他时，我既不知道他吉他弹得那么好，又不知道他在台上魅力四射。当然，我现在为自己在吉米的故事里扮演过推波助澜的角色感到骄傲。基特和克里斯的音轨唱片把吉米抢签了下来。吉米是他们新签的第一个艺人。

我还为《快搞》写了首《加入我的团伙》（Join My Gang），不过没有上交——我的配额已满。我把它给了保罗·尼古拉斯（Paul Nicholas）。尼古拉斯是罗伯特·斯蒂格伍德的“反应”厂牌旗下歌手。这首歌妙趣横生，我为它没能红起来感到难过。有次我在街上走着，当时还籍籍无名的大卫·鲍伊叫住我，说他喜欢这首歌——这首歌当时还没发行，他在一个版权管理人的办公室听到了小样。

这年的10月和11月，“谁人”在英国、瑞典、丹麦、法国和德国巡演。柏林依然疮痍满目，让人惴惴不安。基思享有破坏酒店客房的恶名，而他的这一行径就始自柏林希尔顿酒店。他非常挂念金姆，担心被她戴绿帽子到了病态的程度。演出结束回房后，他得把愤怒宣泄掉才能入睡。

在阿姆斯特丹，录完一档电视节目后，我们径直走向停在外面的

---

1 蔡斯·钱德勒（1938—1996），英国音乐人、制作人和经纪人，最为人熟知的身份是“动物”乐队贝斯手和吉米·亨德里克斯经纪人。

汽车，准备打道回酒店。这时候，一个模样凶悍的年轻人喊住我，邀我去和他喝一杯。我立刻同意了。我跟着他走的当儿，基思满脸都写着错愕和担忧，他向我大喊，要我别去。我身无分文，第二天我们要去海牙演出，而我并不知道具体在哪儿演，我不认识他，也不知道他的意图。

他的第一个问题是："你喜欢听爵士乐么？"我们坐在一起，听他收藏颇丰的爵士乐唱片，不一会儿我就喝醉了。夜晚模糊了起来。他带我到隔壁的小卧室，我睡着了。第二天上午，我睁开眼睛，见一个警察站在我面前。他问我是谁。我说是谁谁谁带我来的，结果公寓的女主人压根不知道有这样一个人。被允许离开后，我赶到火车站，翻过一道栅栏，爬上一列装满士兵的火车。我本来是可以不被大兵们注意到的，但我穿着亮白色外套，化着舞台妆，染着睫毛膏，宿醉未醒且有点胆战心惊。

9

空中的迷幻药

整个 1966 年，我们都在耳闻关于新型毒品 LSD[1]（Lysergic acid diethylamide 的简称）的传说。它能带来最令人惊异的体验。听上去让人既害怕又兴奋。我搞来几粒山度士胶囊，凯伦、我和两个艺术学院的同窗各吞下一粒，等着看将会发生什么。

一个小时后，药劲上来了，我先是感到一阵恐慌。然后是飘飘欲仙的感觉，我完全失去了对自己的控制，进入了幻觉之境，这一阶段也是一个小时。随后，我进入了更欣快的境地。我仿佛回到了童年，在接下来的四五个小时里重新发现星星、月亮、树木、色彩和伦敦巴士。我的女友漂亮得让我惊为天人。最后，我开始把自己放回去，一点一点地。

LSD 我总共就体验过四次，其中有一两次是和凯伦一道体验。我的第二次 LSD 幻觉之旅于 1966 年新年前夜从诺丁山出发。我们一路走到“圆屋”[2]（Roundhouse），等待着药劲上来。“谁人”将于凌晨三点在“圆屋”表演。当我们抵达的时候，药性已过，我清醒了过来。有人说我当晚的演出既愤怒又充满破坏性，可实际上我感觉到了爱与和平，所以我只是在走过场。

---

1 是一种强烈的半人工致幻剂，能造成使用者 6 到 12 小时的感官、感觉、记忆和自我意识的强烈化与变化。

2 伦敦著名的表演场馆，前身是一座始建于 1847 年的火车修理仓库。

1967年1月6日，我因吸毒错过了我的演出，这在我的音乐生涯中极为罕见——当我第三度踏上LSD幻觉之旅时，我意识到驱车300英里赶往位于莫克姆（Morecambe）的演出地点是不可能完成的任务。所以我干脆去UFO俱乐部看“平克·弗洛伊德”的演出去了。那是我第一次看他们的现场。西德·巴雷特（Syd Barrett）很棒，其他人也一样。我爱上了他们和这家俱乐部，尤其是俱乐部经理约翰·霍普金斯。

第二天晚上我又去了。这次我没有嗑LSD。我带埃里克·克莱普顿过来看西德。舞台上的西德沉浸在LSD带来的幻觉中。他通过一种叫“宾森”（Binson）的电子回声装置，让一个和弦持续响上一个小时。他的演奏真的激动人心。罗杰·沃特斯有着完美的台风和英俊的外表。他很喜欢凯伦。我觉得他有点可怕。他显然会成为“平克·弗洛伊德”的主脑。当时谁也没有想到，当西德在乐队中的影响力开始削弱后，“平克·弗洛伊德”的音乐会变得如此壮丽迷人。

一天晚上，一群“摩斯族”当着嗑多了迷幻药的凯伦和她的朋友的面，掏出了他们的鸡鸡。我穿着一件带有迷幻色彩的长袍，一个“摩斯族”说我丢了他们的脸。我反驳说“摩斯”文化已经寿终正寝了。让我难过的是，他没有与我争吵，而是和他的同伴们拉上拉链，拂袖而去。

20世纪60年代的精神特质让人激动又令人愉快。自由性爱大行其道，口服避孕药粉墨登场，一夜之间，周围的每个人仿佛都变得时髦又漂亮。我害怕被凯伦甩了。有次演出结束我回来晚了，见凯伦的卧室里有一个男人在。他俩在聊天，看起来关系非同一般。那晚她看起来特别美丽，脸颊红扑扑的。我把那家伙撵走了。我醋意大发，同时又觉得自己是不是太守旧了——周围其他人都允许自己的伴侣跟他们喜欢的人上床。

有天晚上，我把《千里眼》的小样又听了一遍。它的灵感来自我的醋意大发，这让我感到无地自容，不过我视它为一件秘密武器。当它作为单曲推出时，我笃信它能助我们击败所有对手。“谁人”的第三张专辑录制在即，我开始思考这一张的音乐方向。

1966 年冬天，我一直在听爵士萨克斯手查尔斯·洛伊德（Charles Lloyd）的《森林之花》（*Forest Flower*）。这是一张现场专辑，记录了洛伊德在 1966 年蒙特利爵士音乐节上的非凡表演。《森林之花》摸到了时代的脉搏，一如“海滩男孩”的立体声经典《宠物之声》（Pet Sounds）。洛伊德的钢琴手是基思·杰瑞特（Keith Jarrett），他在专辑中时而猛敲琴键，时而拨弄钢琴后盖下面的琴弦。我觉得我们志趣相投，都爱用意想不到的方式来演奏。

与我同年同月出生的基思·杰瑞特有本事让我潸然泪下。如果能弹成他那样，我愿意出卖我的灵魂。这种话我不会轻易说。聆听这位钢琴天才的同时，我跟凯伦卧室里的立式钢琴较上了劲儿。慢慢地，曲曲折折地，我在 88 个黑白琴键上摸出了一些门道。

翌年春天，吉米·亨德里克斯在伦敦进行了一系列演出，引发轰动效应。我和埃里克·克莱普顿常结伴去看吉米表演，我俩的友谊就此加深了。舞台上的吉米检验着他刚开始涉猎的歌词创作。埃里克则有画家出身的词作者马丁·夏普（Martin Sharp）助他一臂之力——马丁的歌词雄心勃勃又富有诗意。这两位“弹而优则写”的新晋词曲作者对我构成了挑战。

吉米的吉他才华同样对我构成了挑战。他有着小提琴家般灵巧自如的手指。他是一位真正的演奏大师。他的演奏让我回想起爸爸不知疲倦地吹奏萨克斯的情景——爸爸的吹奏速度快到听起来模糊不清。吉米把迷幻文化的快感融入布鲁斯，仿佛在音乐印象主义的新大陆里发现了一种新乐器。他在舞台上更进一竿，威力十足，散发着雄性魅力，但没有任何攻击性行为。

他是个充满魅惑力的表演者，我不愿在这里多说他的现场有多么不可思议，因为我不想听到年轻一代的摇滚乐迷长吁短叹："唉，我错过了吉米的现场"。不只是你们，我也错过了很多伟大人物的现场。我错过了查理·帕克、艾灵顿公爵和路易斯·阿姆斯特朗。如果你错过了吉米的现场，你真的错过了一些非常非常特别的东西。如果你没有错过，你会发现他不止是一位伟大的音乐家。他还是巫师。当他弹奏时，五彩斑斓的光芒从他纤长优雅的手指向外散出。去看吉米演出之前，我没有嗑 LSD、抽大麻或喝大酒，所以我可以准确地向各位报告，吉米弹的不是为左撇子专门设计的左手吉他，而是拿右手吉他（芬达 Stratocaster）直接颠倒过来弹。这真是奇迹。

看过吉米的现场后，我对他的录音室作品再也提不起兴趣。前者令后者相形失色。但录制于 1968 年的《沿着瞭望塔》（*All Along the Watchtower*）和《伏都儿童》（*Voodoo Chile*）是两个例外。吉米的每张专辑都是埃迪·克莱默（Eddie Kramer）录的。录吉米的第三张专辑《电子女儿国》（*Electric Ladyland*）时，吉米和埃迪首度从伦敦移师纽约，在那里，吉米的巫术终于被允许融入黑胶唱片。

吉米的迷幻音乐让我感觉有点被甩在了后面，而当圈里人吸毒成为政治议题时，我同样感觉被隔在一个圈子外面。保罗·麦卡特尼在电视上说大麻应该合法化。我感觉到了来自这些才华横溢或生来狂野的家伙们的威胁，但更多的感受是落后了他们几步。这种感受我似曾相识，我少时的不少伙伴就比我年长、比我老到。不管怎样，当米克·贾格尔和基思·理查兹因涉毒被捕时，我对这些略大的同辈的敬畏受到了检验。

看起来，当局把基思·理查兹送进大牢是为了杀鸡骇猴。或许是为了展示他们休戚与共的关系，基思·穆恩和女友金姆跑到法庭外举标语抗议。所有这些都给我留下了深刻的印象。毒品、政治、迷幻主义和精神事物突然间连为一体，我卯足了劲儿迎头跟上。

吉米·亨德里克斯的伦敦首轮演出和我的几次 LSD 幻觉之旅都发生在 1967 年的头两个月。那几次幻觉之旅绝对改变了我感知事物的方式。光秃秃的树干看起来像是肺部血管医学模型。实际上，我突然看到了树的本质——地球的呼吸机。我看事情的方式在逐步形成。

凯伦和我看“平克·弗洛伊德”演出时，结识了插图画家迈克·麦克伊纳尼（Mike McInnerney）。有次在迈克家，迈克扔给我一本《人身上帝》（*The God Man*），作者是 20 世纪 30 年代的英国著名记者查尔斯·珀道姆（Charles Purdom）。我翻开书，一张照片出现在我的视线中。照片里的人怪模怪样但魅力十足，扁平的大鼻子，平滑的黑发，唇上蓄着浓密的胡子。美赫巴巴（Meher Baba），印度导师，其名意为“慈悲的父亲”。我读了几行，发现美赫巴巴的话和我的宇宙观完美契合。他当时还健在，迈克说他的一群朋友正打算去印度见他。

凯伦卧室的墙上有三张维多利亚时代的黑白明信片照片，照中人都是衣不遮体的女演员。其中一位是臭名昭著的莉莉·兰特里（Lily Langtry），威尔士王子爱德华（也就是后来的英国国王爱德华七世）是莉莉众多情人中的一位。一个阳光明媚的下午，看着莉莉的照片，我有感而发，做出了《莉莉的照片》（Pictures of Lily）的小样。我原想借这首歌反讽娱乐业——他们拿性做噱头，爱整出些让少男少女们浮想联翩的照片。最终，《莉莉的照片》说的是一个遭受性挫败的青春期男孩，在父亲递给他几张淫秽明信片后，通过自渎拯救自己的故事。

《莉莉的照片》蓄势待发，但其他歌曲进展缓慢。基特觉得《闪亮的女孩》（Glittering Girl）可以作为单曲发行。我还写了几首关于情场失意的歌曲。我总是说我从不写情歌，可实际情况是我写不出像样的情歌。

我忙着做小样时，一位为《花花公子》撰稿的爵士乐评人打来电话，说打算带基思·杰瑞特过来弹我的钢琴。我一口回绝。想来也怪，当我生命中最精彩的一次私人钢琴演奏会就要上演时，我居然亲手将其取消。但我相当确信，一首金曲呼之欲出，所以我不想分心。然后，基思·杰瑞特亲自给我打电话，就我做小样的方法问了几个问题。我告诉他我包办了一切，他似乎深受启发。翌年，基思·杰瑞特推出了录音室专辑《修复废墟》（*Restoration Ruin*），我急不可待地将它收入怀中。在这张专辑里，基思惊人地包办了一切：制作、作曲、演唱、吉他、口琴、萨克斯、钢琴、管风琴、长笛、贝斯、鼓、打击乐。当然，我们最爱的还是他自由随性的钢琴弹奏。和吉米一样，基思的手指能把自己带入狂喜忘我的境地。

吉米·亨德里克斯的横空出世更让我感到开拓自己音乐疆域的必要性。某种程度上，吉米向我借了回授、失真及戏剧化的表演。但他的艺术天赋使得他创造出一种属于自己的风格——“迷幻灵魂乐”（Psychedelic Soul），或是我称之为的“布鲁斯印象主义”（Blues Impressionism）。埃里克跟他的“奶油”乐队（Cream）在走类似的路线。1967 年底，史蒂夫·温伍德（Steve Winwood）的“交通”乐队（Traffic）发了《幻想先生》（Mr Fantasy），我们又多了一个强劲的对手。我周围的乐手全坐上色彩鲜艳的宇宙飞船一飞冲天，而飞船的燃料便是吉米、埃里克和史蒂夫的新型创作。当然，吉米、埃里克和史蒂夫的迷幻歌曲依然深深根植于滋养他们长大的布鲁斯和节奏布鲁斯。

我们在各地的酒吧巡回演出了 6 年，最初是为一众天赋异禀的乐队暖场，后来渐渐与他们平起平坐表演。克里夫·班尼特和“叛乱煽动者”乐队是一支纯正的节奏布鲁斯乐队，说他们是美国人谁都会信。“冬青树”（The Hollies）、“搜索者”（The Searchers）、“奇想”

和“海盗”改变了英国流行音乐的面貌，更不用说“披头士”和“滚石”了。“搜索者”在其1964年的热门单曲《缝衣针和大头钉》(Needles and Pins) 里创造出一种叮当作响的吉他声，美国的“飞鸟”乐队 (The Byrds) 后来将其衔走并发扬光大。早在1965年，“奇想”就在《看见我的朋友》(See My Friend) 中把东方音乐的元素融入英国流行音乐。我们的周围活跃着多种音乐影响。

跟许多创作人一样，我也从爵士乐中汲取灵感。“加农炮”艾德利 (Cannonball Adderley) 的一首短曲《滕戈探戈》(Tengo Tango) 把我听疯了；赫尔比·曼 (Herbie Mann) 版的《马上》(Right Now) 是一首“软爵士”经典；长笛手尤瑟夫·拉蒂夫 (Yusef Lateef) 擅于将东方音乐与爵士乐杂糅在一起，其专辑《东方之声》(*Eastern Sounds*) 中的《梅花》(The Plum Blossom) 启发凯特·史蒂文斯 (Cat Stevens) 写下了热门单曲《我爱我的狗》(I Love My Dog)。《梅花》对我也非常重要。

“谁人”的布鲁斯根源呢？我们真的有过这种根源么？约翰和基思能在布鲁斯和爵士乐中感到强烈的共鸣么？罗杰是否仅仅热衷于用节奏布鲁斯衬托他雄性化的焦虑？我们在棚里录得很愉快，但我们似乎开始从唯我论里寻找灵感。我的新作触及手淫等略微露骨的色情描写、对导致心理疾病的因素的误解方式、青少年自我认同危机及低自尊等，全都是动听的流行歌。

我既不知道如何将LSD、迷幻天空和自由性爱融入“谁人”的歌词，又不知道怎样将即兴爵士融入“谁人”的音乐。我发现，“谁人”没法成为一支兼具音乐性、意识形态、时尚、创意、噱头、波普艺术和侵略性的乐队。

成不了这种乐队又何妨？我发明了吉他回授还不够么？动力和弦也是我发明的。我还和雷·戴维斯一道将挂留和弦引入不列颠流行乐。但它们似乎又都不够。一些危险而崭新的东西在音乐中喷薄而出，我想成为它们的一部分。

当吉米·亨德里克斯征服伦敦时，“谁人”也在纽约掀起了风暴。经纪公司 Premier Talent 的老板弗兰克·巴萨罗那（Frank Barsalona）从布莱恩·爱泼斯坦的一个朋友那儿听说了我们。在他的运作下，我们进入了由“老 K 默里”（Murray the K）主持的一档年度汇演节目的艺人名单。默里是第一位走近“披头士”的美国 DJ，在纽约赫赫有名。埃里克的新乐队“奶油”也位列名单之中。汇演将持续两周，每天有六场表演，我们场场都要参演。强度不言而喻。

我的三位队友都是初来乍到纽约。基思和约翰激动得不能自已，立马享受起德雷克酒店的时髦生活。基思点了年份香槟，约翰要了一推车不同牌子的苏格兰威士忌、白兰地和伏特加。账单高得吓人，侍者责备基思只给了他 20 美元小费。我们吃到了传说中的美国西冷牛排，还干掉一个 15 美金的汉堡。

无论是对“谁人”还是对“奶油”，1967 年春天的这两周演出都可以用一炮打响来形容。与我想象中的苦差恰恰相反，这两周堪称我一生中最绝妙的一段时光。我就此爱上了纽约，这份情感经住了时间的考验。

演出地点是 58 街的雷电华（RKO）剧院。演出前，默里给我们打气。他已不复当年“第五位披头士”的风光，他的假发沾满灰尘，身上总是汗涔涔的。作为这档汇演节目的主持人，他用的是一个镀金话筒，除了他谁也不能碰。他的化妆间比谁的都大，但他还不满意，因为门上没有挂他想要的一颗星星。默里的讲话把我最坏的一面带了出来。我厌恶他言过其实的谬论，虽然我知道他是英国摇滚乐打入美国电台的重要推手。他仿佛活在自己是个伟大主持人的错觉中。也许他曾经是。

默里或许已经过了鼎盛时期，但他的确集结了一批了不起的乐队和歌手，诸如“奶油”、“西蒙和加芬克尔”（Simon & Garfunkel）、“小流氓”（The Young Rascals）、威尔逊·皮克特（Wilson Picket）……它基本上就是一场流行音乐节。买上一张票，只要你愿意，就能在剧院里看上一整天。为数众多的年轻人场场必到，一定程度上是想见证我们砸光演出设备的时刻。

当我在后台忙着用电烙铁和胶水修复摔得四分五裂的芬达Stratocaster电吉他时，“谁人”的纽约歌迷群体在无与伦比的友爱中建立了起来。如果在第五大道上放一张床垫，我可以一直住到生命的尽头，因为有他们的忠诚与恩惠伴随着我。我叫得出至少二十个人的名字。我熟悉至少一百张面孔。我甚至能叫出一些乐迷爸妈的名字。有几个家伙后来为我工作，还有几个后来以我们为题材著书拍片。我们提出了一个新概念：破坏在音乐里是一门艺术；我们制定了一条标准：我们会摔倒，但我们会重新站立起来。多年来，我们的纽约歌迷与我们一道执行了这条标准。

回到英格兰后，我开车载埃里克·克莱普顿和古斯塔夫·梅茨格去布莱顿穹顶宫。“谁人”与“奶油”在那儿联袂献演。我发现，较之吉米的现场，“奶油”有点乏味。我想从埃里克身上看到的不仅仅是冗长纷乱的吉他solo，就像我想从自己身上看到的不仅仅是愚蠢的流行歌和舞台自毁行为。

古斯塔夫是自毁艺术的先行者，是他最早为我埋下舞台自毁行为的种子。在布莱顿穹顶宫，他第一次看到我践行自毁艺术。尽管为我深受其影响感到高兴，他还是试图让我知道我面临着进退维谷的困境。在他看来，砸琴已经成了一个大受欢迎的商业噱头。我同意他的看法。砸琴让我有些不知所措了。

我参加了巴里·迈尔斯（Barry Miles）夫妇办的一场午餐会。巴里创办了销售迷幻和革命书籍的Indica书店。午餐会上，我先是见到了保罗·麦卡特尼和他的演员女友简·阿舍（Jane Asher）。保罗是

Indica书店的资助人，看起来比我认识的所有摇滚乐手都要具有政治智慧。他思路清晰，聪明机智，富有魅力，亲切和蔼。简很有教养，拥有惊人美貌，在她端庄的外表下，强烈的个性隐隐欲现。她和她著名的情郎极为般配。

过了一会儿，乔治·哈里森和帕蒂·博伊德[1]（Pattie Boyd）到了。帕蒂坦诚友好，长着一张你只有在梦中才能见到的脸。凯伦伴我左右，破天荒第一次，我感觉自己成了伦敦乐坛新贵。奇怪的是，凯伦比我自在多了。

吉米·亨德里克斯在苏荷区"钉子包"（Bag O'Nails）进行凯旋之演时，我又见到了保罗。米克·贾格尔来了一会儿就离开了，不明智地把女友玛丽安·菲丝弗尔[2]（Marianne Faithfull）一个人留在了那儿。吉米呈现完一场令人心醉神迷的表演后，悄悄地贴近了玛丽安。他俩跳起了舞，玛丽安的眼睛里闪烁着巫师的光芒。这时米克回来了，他来接玛丽安回去。米克看到玛丽安和吉米在窃窃私笑，他一定想知道他俩聊什么聊得那么开心。吉米率先打破了紧张的气氛，他握起玛丽安的手吻了一下，礼貌地告辞，然后走向保罗和我。"披头士"可爱的巡演经理兼助手马尔·埃文思（Mal Evans）转向我，略带讥讽地发出一声利物浦式的长叹："这叫'交换名片'，皮特。"

那段时间，"谁人"雇了几个来自利物浦的巡演技师。他们的所作所为仿佛是在告诉我，伦敦和他们老家之间存在着一条巨大的道德鸿沟。一个家伙把五六把折断的里肯贝克带回了家，说是让他爸帮修，结果我再也没见到它们的影儿。还有一个家伙偷酒店里的家具上了瘾，有次趁我们在台上演出，竟然把客房里的家具偷了个一干二

1 帕蒂·博伊德（1944— ），英国模特兼摄影师，先后嫁给乔治·哈里森和埃里克·克莱普顿，并且都是他俩的首任妻子。克莱普顿名作《Wonderful Tonight》《Laya》的灵感便来自于她。

2 玛丽安·菲丝弗尔（1946— ），英国歌坛常青树、演员，1966—1970年间是米克·贾格尔女友。

净。连衣橱和床都没放过。所有失窃物品都记在了我们账上。

相比之下，我们的第一位官方巡演经理内维尔·切斯特斯(Neville Chesters)堪称完美。工作上做到让我们满意绝非易事，但他的确做到了。而四处奔走修理摔坏的乐器也占去了他太多的个人时间。后来，罗伯特·斯蒂格伍德提供给他一份不错的合同，他成了斯蒂格伍德的助手。我们失去了这位巡演经理。

然后我们得到了出色的鲍勃·普里登(Bob Pridden)，时至今日，他依然是我们的首席现场录音师。鲍勃上任后的第一把火本应烧在蒙特利流行音乐节，但不知为何，基特和克里斯决定让内维尔站好最后一班岗。之后我再也没有见到内维尔。他在“谁人”草创阶段扮演了极其重要的角色，我们应该给他一笔巨额版税的。

这笔钱应该能把他从隐匿处赶出来。

6月，“谁人”回到纽约。13号，我们飞往密歇根州的安阿伯市(Ann Arbor)，进行纽约之外的美国首秀。接下来我们赶赴旧金山，16、17号两天，我们将在比尔·格雷厄姆(Bill Graham)创办的摇滚演出圣地“费尔摩厅”(Fillmore Auditorium)连演四场。“加农炮”艾德利和他弟弟奈特·艾德利(Nat Adderley)会与我们同台表演，我已等不及告诉他们我有多爱《滕戈探戈》了。

比尔·格雷厄姆要求我们每晚演两场，每场一小时，曲目不得重复。我们的演出很少超过五十分钟，而且我的吉他回授还占了大头。我突然明白埃里克·克莱普顿长飙 solo 的意义了。我们为此加排了一些新歌。“费尔摩厅”专注的观众和绝赞的 PA 音响系统让我们头一回有在演奏真正的音乐之感。

海特-阿什伯理区[1](Haight-Ashbury)充满了爱与和平的气息，

1　旧金山的传奇街区，20 世纪 60 年代嬉皮运动的中心和嬉皮士聚集地。它甚至已成为 20 世纪 60 年代反文化运动的同义词。

街上满是年轻的瘾君子。对越战老兵得提防着点。战场上的经历重创了他们的身心，醇美的毒品也无法稀释他们的敌意。一个男人从我们身边经过时揪住凯伦的手臂不放，眼睛死死盯着她，仿佛找到了自己的圣母。我一把打开他的手，他的脸色顿时阴沉下来，随即露齿而笑，转身走开。

1967 年 6 月 18 日，蒙特利流行音乐节进入了最后一天，吉米和我终于兵戎相见。问题的核心是我们都不想跟在对方后面演。当音乐节发起人之一、前“披头士”宣传官德里克·泰勒（Derek Taylor）跟我说吉米演完了紧接着就是我们演时，两个念头在我脑海中一划而过。第一个是没弄错吧？怎么把我们排在他后面的？无论就音乐而言还是就艺术而言，吉米都把“谁人”甩在后面。

我还担心让吉米抢了砸电吉他的先机。若是被他抢先上演砸吉他或烧吉他之类的戏码，我们随后的重头戏将失去意义。此外，出于节省开支和轻装上阵的考虑，我们的经纪人没有把我们的马歇尔和海瓦特音箱托运过来。吉米的设备则原装整运了过来，我知道他的音效将更胜一筹。

德里克·泰勒建议我去跟吉米商量商量。我去了，但药劲上来的他已经飘飘欲仙了。他没把我的话当回事，只是自顾自地弹着吉他。我不记得自己有没有发脾气，但我确定自己当时很无礼，逼着他答应我的要求。“妈妈与爸爸”合唱团（The Mamas and Papas）的约翰·菲利普斯（John Phillips）看不下去了，觉得我们的行为有悖“爱与和平”。他建议我们抛硬币，谁赢谁先演。吉米输了。

我们制造了一场戾气冲天的演出，最后以捣毁乐器收场。音响师们匆忙冲上舞台，试图抢救昂贵的麦克风，这使得局面更显混乱。人群里爆发出欢呼声，但也有许多人困惑不已。拉维·香卡[1]（Ravi Shankar）对我砸吉他的举动感到很不安。我用毛巾擦干汗水，冲向

1　拉维·香卡（1920—2012），蜚声国际的印度传统音乐作曲家和西塔琴演奏家。他也是美国知名女歌手诺拉·琼斯的父亲。

前排座位等着看吉米演出。

之前目击吉米表演都是在伦敦的小俱乐部，这是我第一次在大音乐节上听他弹奏。在巨大的空间里，吉米的吉他声听起来并不怎样，我感觉“谁人”与之相比不会逊色到哪儿去。最后他陷入了疯魔之中。他砸起了电吉他。吉米的牛逼之处在于砸琴时不但面无怒色，而且还会露出愉悦的微笑，这让他在做的一切显得再正常不过。

“妈妈与爸爸”合唱团的女歌手卡斯·艾略特（Cass Elliot）坐我旁边，当吉米点燃吉他时，卡斯转过来对我说：“喂，捣毁吉他是你的东西！”

我在观众的喝彩声中扯着嗓子对她大喊道：“曾经是。现在是吉米的了。”我说的是真心话。

凯伦和我在旧金山机场等候回家的航班时，我发现我们的宣传官基思·阿尔萨姆在这次音乐节上脚踩两只船，也为吉米担任宣传官。我明确表示，他瞒着我帮吉米做事是在搞两面派。基思否认他做了不道德的事。

风闻我和基思发生小口角后，吉米看我的眼神开始带着愤怒和不悦。我走到他身边，跟他解释说我们之间没有个人恩怨。他起劲地转着脑袋，看上去正“飞”着呢。我说我看了他的演出，非常喜欢，他那把吉他被摔成了好几块，回国后能否给我一块？他看着我挖苦道：“怎么？要我给你签上名么？”

凯伦连忙把我拉开，她担心我发飙。但我只是有些吃惊。没能如愿抢在我前面先演，吉米一定十分不快。

坐进头等舱后，基思和约翰拿出奥斯利·斯坦利[1]（Owsley Stanley）给我们的迷幻药丸。基思吞下一颗。这种名为“紫色奥斯利”的药丸在这次音乐节上被大量消耗。

飞机起飞时，凯伦和我各吞下半颗。约翰明智地没有嗑。

1　奥斯利·斯坦利（1935—2011），第一位大规模制造 LSD 的地下化学家，在 20 世纪 60 年代反文化运动中扮演着关键角色。

10

上帝入住假日酒店

这次空中致幻之旅是我人生中最令人不安的一次经历。药劲很快就上来了。尽管凯伦和我用的量加起来才和基思一样多，但药效猛得吓死人。凯伦和我之所以嗑这种药，是因为我们觉得不能让基思落单，如此我们就能互相支持。一些老毒虫后来没少拿这件事取笑我们。事实上，基思对如此凶猛的药力不屑一顾，只是偶尔问下我们磕了多少，好弄清楚他的状态比我们更糟还是更好。

凯伦害怕极了，我安慰她说我爱她。“啊！”基思讥笑道。约翰也跟着嘲笑起来。罗杰坐在走道，望着眼前的一幕，不由得露出了笑容。他的微笑抚慰了我。半小时后，长着猪鼻子（朝天鼻）的空姐变成了一头母猪，在走道里来来回回地跑，鼻子呼哧呼哧的。空气中飘着微弱的音符，我怀疑自己又听到了年少时听到过的“天体音乐”，但最终我发现，音乐来自我座位的扶手。我戴上耳机，感觉自己听到了摇滚、爵士、古典、乡村、喜剧和百老汇。它们你争我夺，力图在我的脑海里取得支配地位。

漂浮在机舱的天花板上时，我真的已经濒临发疯的边缘。目光所及，所有东西的大小都在成比例地变化着。凯伦和皮特坐在我下面，紧紧地抓着对方。她在轻扇他的脸，看他睡着了没有。一切都那么安静平和。我能看得清了，我的眼睛凝视前方，我的感觉重新排列，我彻底脱离了我的躯壳。

基思在入神地剔牙，约翰在读杂志。我听到一个温柔的女声在对我说：

你得回去，你不能待在这儿。

但我很害怕。回去的话，我感觉我会死。

你不会死。你不能待在这儿。

当我漂向自己的躯壳时，我感觉 LSD 又开始起作用了。最糟糕的阶段已经过去，我仿佛回到了前几次 LSD 幻觉之旅：美妙的色彩和声音渗进了所有事物。凯伦看上去像个天使。

“谁人”回伦敦待了两周，6 月 23 日，约翰·恩特威斯尔与他的同窗恋人艾莉森·怀斯（Alison Wise）喜结连理。休整完毕，我们重返美国，继续为期三个月的美国巡演之旅。我们的任务是为“赫尔曼的隐士们”乐队[1]（Herman's Hermits）暖场。

凯伦没有与我一道上路。“赫尔曼的隐士们”的经纪人不允许。巡演期间，我发觉有人在锲而不舍地追求凯伦。我一度妒忌得发疯，但我很快就意识到，现实就是这样。索性顺其自然。

“谁人”7 月初离开伦敦，一直到 9 月中旬才杀了回来。这是我们第一次踏上发现美国之旅，美国的重要城市我们几乎跑了个遍。我们一路上听得最多的是《佩柏军士孤独之心俱乐部乐队》（Sgt. Pepper's Lonely Hearts Club Band）。这是“披头士”的巅峰之作，没有人相信他们能逾越这张专辑——他们甚至懒得去做这个无用功。对我来说，《佩柏军士孤独之心俱乐部乐队》和“海滩男孩”的《宠物之声》重新定义了 20 世纪的音乐。这两张专辑都未深入触及政治

---

1 英国流行乐队，1962 年成军于曼彻斯特，1960 中期红极一时。

和社会，但要紧的并非是概念。光是听音乐就能让你“飞”起来。基思·穆恩对《为了凯特先生的利益》（For the Benefit of Mr Kite）里的“K先生”指的就是他深信不疑。他一遍又一遍地听这首歌，自大到几近失控。“K先生”极可能是“老K默里”。

旧金山有的是制毒大师，纽约可以说是世界首都，但两地之间的一些地方保守至极。在南方，如果不戴泳帽，我们就不能进泳池，因为我们的头发太长。一些南方人视我们为同性恋，恨不得要揍我们一顿才能解气。即便是妇女，尤其是年长些的，对我们也是大加嘲弄。中部美国的偏见令我们措手不及。

在佛罗里达的一家汽车旅馆，“赫尔曼的隐士们”的彼得·努恩（Peter Noone）和一位年轻的女歌迷及她年轻的母亲大玩3P。当这对漂亮的母女从他的房间里走出来时，我们惊得目瞪口呆。在一个游泳池，见我试图搭讪一个比基尼女孩，罗杰把我拉到一边悄声说：“是个祸水妞[1]（Jail Bait）！”穿着比基尼的她在我看来就是一个女人。

演出排得很密，基本上就是一天接一天地连轴转。到了难得的休息日，我们会把自己灌得酩酊大醉。一天，基思和我在假日酒店（Holiday Inn）的二楼阳台上正散步着，基思突然爬过栏杆，跳进了楼下的游泳池。我跟着跳了下去，可由于误判了位置，我没有掉进水中，而是重重地摔在了池边。我扭动着朝游泳池里爬时，背部和一只手臂严重擦伤。我可能把颈脖子或是腰摔断了。我不该笨到模仿基思的古怪行为的。

罗杰和他的美国模特女友希瑟·泰勒（Heather Taylor）俨然一对高贵的摇滚情侣。希瑟的前任包括吉米·亨德里克斯和杰夫·贝克等人。罗杰开始显得更为自信，演唱时也更加自如。乐队成员间的紧

---

1 指如果与之性交即构成强奸罪的未成年女子。

张关系开始消散。这次巡演之旅中，我无需担当“谁人”的首席设计师。在我们12分钟的暖场时间里，我只是弹我的吉他。“谁人”与“赫尔曼的隐士们”联袂上演着文化冲突：我们砸吉他，嘶吼着我们这一代的不满，彼得·努恩却在歌唱亨利八世。

一路上我们能做的事情很有限。我读罗伯特·海因莱因（Robert Heinlein）和豪尔赫·路易斯·博尔赫斯（Jorge Luis Borges）。今天回头看，这像是一种完美生活，不过当时我并无此感。上半程巡演，我的开盘录音机没有伴我同行，不过我也没闲着，我在勾勒家庭录音室的示意图，构想新的录音方法。后来我发现，我潦草记下的一些想法已经是行业里的秘密，这要归功于与“海滩男孩”的布莱恩·威尔逊（Brian Wilson）及“披头士”制作人乔治·马丁（George Martin）合作的录音师们。

一个想法关于用两轨开盘带来处理吉他solo。另一个关于“披头士”经常使用的采样回放合成器Mellotron。我还打算把白噪声（White Noise）作为动机素材录下来，将它们做得动听些。我计划通过模拟延迟、回音室、合成器音箱和带颤音效果的电吉他音箱协力创造极端的混响效果。所有这些效果成了我家庭录音室里的火药。

我请人做了一台小型低功率无线电广播发射机，用来模拟电台的声音——我想知道自己的歌在电台播放时听起来会是怎样。我已经在实验“镶边”（Flanging）音效，把两个相同的信号混合起来，让第二个信号稍微地延迟，从而制造出一种迷幻效果。我造了一台音箱，在喇叭上接了一根管子，管子的另一端供我叼在嘴里。通过它，我实现了“说”音乐。在伦敦“地下酒馆”（Speakeasy）俱乐部，当弗兰克·扎帕（Frank Zappa）趴在我身上，神秘兮兮地向我描述他的这项新发明时，我表现得足够礼貌，没有坦陈我早就搞出来了。

抵达纽约后，“谁人”先是在长岛演了一场，随后便奔赴“村庄”

（Village）剧院，为阿尔·库柏（Al Kooper）的“布鲁斯计划”乐队（Blues Project）暖场。里奇·黑文斯（Richie Havens）也在阵容名单之列。里奇有着强大的个人魅力，是个独一无二的表演者。他的调弦方式很奇怪，他的嗓音声如洪钟，虽然是单枪匹马弹唱，但听起来就像一支乐队。我的同窗老友汤姆·莱特说，和里奇握手时，你得先停止摇动，否则你会在他充满感染力的微笑映照下，一直不停地握下去。

刚到路易斯安那州首府巴吞鲁日（Baton Rouge），巡演经理就警告我们当地近期发生过种族骚乱。他希望我们守规矩，时刻保持警惕，还说演出可能被取消。我们都很亢奋，虽然并未感觉到明显的紧张，遭遇到明显的麻烦。我们知道南方的种族问题已被引爆，但我们并未身临其境。

8月，我们返回纽约，进棚录音。我们灌录了我写的《双手发抖的玛丽·安妮》（Mary Anne with the Shaky Hands）及经典歌曲《夏日布鲁斯》（Summertime Blues），同时还叠录了《千里眼》。录音期间，破天荒头一遭，我对基特在录音技术方面的决策提出了质疑。他不让我参与录音，但这时的我对录音已经非常了解，我可以提供很多建议。在我看来，由于他对录音颇为外行，我们那阵子的不少录音作品音色不够干净。

这次巡演路上，我们对挣大钱不抱幻想。我们在美国的知名度还不是很高，主要还是为别人暖场。许多演出的上座率不足一半，一些演出甚至因上座率不佳而取消。我确信我们收获了一批新粉丝，英国乐队“谁人”色彩丰富、行为怪异的名声可能也传开了。但从十分钟的表演、烟幕弹和砸琴秀很难看出，“谁人”希望成为什么。

我们希望成为什么？我的使命是渲染这些观众的LSD幻觉之旅么？这帮已不在乎歌曲何时开始何时结束的观众？歌曲本身已无关紧要了么？看那些漂亮的色彩。我爱边抽大麻边听我最爱的两张唱片——《宠物之声》和《佩柏军士孤独之心俱乐部乐队》，每次聆听我都有新的收获。

《宠物之声》大获成功后，布莱恩·威尔逊再接再厉，做出了一张名叫《微笑》（*Smile*）的专辑，结果因为心理失常和野心过大而折戟沉沙。“披头士”则仓促地推出了同名电影原声《奇幻之旅》（*Magical Mystery Tour*）。这两张专辑都很棒，但这些流行音乐的炼金师们既没有展示百老汇式的爱与热情，又没能唤起垮掉派诗歌、“比波普”或皮特·西格的“哈德逊河上的和平之船”（Hudson River Peace Boat）式的诙谐与希望。

随着20世纪60年代缓缓从身边溜走，我觉得自己像是《异乡异客》[1]（*Stranger in a Strange Land*）里的那位火星信使，在他看来，生命之谜只不过是学会等待。

我的等待在一个最令人意想不到的地方结束了。伊利诺伊州小镇罗林梅多斯（Rolling Meadows），假日酒店的一个房间。振动大床，画面模糊不清的电视机，闻起来有点温暖但不怎么有生气的床单和浴巾，对着汽车商停车场的露台，矮树丛中吱吱鸣唱的草蜢，远处货运列车的汽笛声，近处别克轿车的轮胎摩擦地面发出的嘶嘶声，甩门声，有个人在大喊“大伙儿再见!”。我听到了“上帝之声”（Voice of God）。

为何上帝偏爱此地？因为它如此崭新？因为它如此和煦？刹那间，在一个普通的地方一个寻常的时间点，我渴望与更强的力量，渴望与宇宙及其制造者建立联系。这是一次非凡的顿悟。这是一次心灵的顿悟。这是我渴望已久的时刻。迷幻时代点燃了我的心灵，但我是

1　美国科幻小说作家罗伯特·海因莱因的著名作品，叙述了一位来自火星的年轻的救世主式人物在地球上了解到地球文明存在的危机后，竭力传播火星的思想和哲理，最后却遭到与耶稣基督同样的命运。小说既抨击地球文明和清规戒律，又阐述了作者对社会文化各个领域的独特见解，完全迎合了美国20世纪60年代反文化的潮流，故而深受大学生的推崇，甚至被视为嬉皮士的圣经。

在美国中部平静而诱人的秩序中得到了上帝的启示。

我被两个极端所吸引。与此同时，我渴望回到我丢在英格兰的田园生活，一个认真勤奋的艺术生，陶醉在温柔乡。可它们几乎还没开始就已被另一种生活打断。一种被残酷地隔离开的、受到约束的、远离朋友和爱人的在路上的生活。

当我在寻找意义的过程中稳步前进时，基思制造了一场骚乱。卷入其中的包括一块生日蛋糕、一辆汽车、一个游泳池、一盏灯和一个被打得头破血流的年轻歌迷。

基思决定办一个盛大的生日派对。假日酒店门口的横幅上写着："基思·穆恩 21 岁生日快乐"。他实际上才 20 岁。我走进举行派对的房间时，见地板上、墙上和基思的脸上全是蛋糕。游泳池里浮着一辆林肯大陆豪华轿车。后来我听说基思把它开进了游泳池。基思正处于盛怒之中，我试图拉他回房。这时，一个年轻的粉丝过来向他索要签名。基思抄起一盏台灯朝他头上砸去，正中目标。接下来基思摔了个大跟头，磕掉一颗门牙。他躲在牙医那儿，才没有被警察逮捕。

"谁人"乐队被终身禁止入住假日酒店。

巡演接近尾声时，我们在烈日炙烤下的拉斯维加斯逗留了三天。期间，我用一台 Wollensack 牌小型录音机录了三首歌的小样。它们是《刺青》(Tattoo)、《船来了》(Boats Are Coming In) 和《巡演美国》(Touring Inside US)(部分歌词照搬自"海滩男孩"的早期歌曲《冲浪美国》(Surfing USA))。《刺青》的灵感来自路上的见闻：我们是男人，还是不男不女的人?

在"金星"录音棚，《千里眼》完成了最后的缩混。紧接着，我们带着这首歌和《我们这一代》上了电视现场节目"斯莫瑟兄弟喜剧时间"(*The Smothers Brothers Comedy Hour*)。为了呈现夸张的电视效果，基思点燃了过量的炸药，我们整个乐队都被“炸飞”了。传奇女演员贝蒂·戴维斯（Bette Davis）惊慌失措，著名男星米基·鲁尼（Mickey Rooney）对我们深表关切。我的头发着火了，听力永久性受损。基思有时蠢得令人生厌，虽然他让这期节目成了流行音乐史上的经典。

我期待回到伦敦，回到凯伦身边，回到我的新公寓和新录音室。一整个夏天都被挥霍掉了，我们得赶快进棚录音，迎头赶上。录音需要钱，所以回国后我们得继续高密度的巡演。即将与我们同台巡演的是几支英国流行乐团：“交通”、“民众”（The Herd）、“橘子酱”（Marmalade）和“崔麦罗斯”（The Tremeloes）。系列巡演将由我们领衔，虽然他们风头正健，都拥有热门金曲，都觉得应该由他们来压轴。可以预见的是，夜晚的街头，成群结队的女粉丝会对着他们尖叫。

会有人为“谁人”尖叫么？

我他妈的怎么知道？我耳朵被基思搞聋了。

9月，我们一回到伦敦，克里斯就把我叫到了音轨唱片的办公室。他给我看他拟列出的新专辑曲目。我吓了一跳。《千里眼》、《列》、《双手发抖的玛丽·安妮》、《闪亮的女孩》、《我们的爱》（Our Love Was）、《触不到你》（I Can't Reach You）、《放松》（Relax）和约翰写的《有人来了》（Someone's Coming）。这次美国巡演期间录的《夏日布鲁斯》也在候选之列。似乎只有《千里眼》有上榜潜力。

我告诉他我们还没准备好发新专辑，我们需要更多的歌，我需要更多的时间去写。但克里斯异常地坚决：发的就是这些歌。

我思考了一番。我有两首新歌不在克里斯的歌单上。《刺青》和《奥多罗诺》（Odorono）。“奥多罗诺”是一种体香剂的牌子。《奥多罗诺》启发了我，我们何不做一张广告代言专辑？我们打电话向基特解释我们的想法，他听后和我们一样激动。我建议在专辑中插入商业海盗电台里播的那种广告短歌。

步《奥多罗诺》的后尘，约翰和基思开始为 Medac 牌祛痘霜、Heinz 牌焗豆和 Premier 牌架子鼓写广告歌。约翰贡献的某首歌感觉不对，所以他赶写了一首《塞拉斯·斯汀基》（Silas Stingy）交差。说实话，还是很怪异。但这张专辑走的就是怪异路线。

罗杰为新专辑录了一首小样，歌名叫《清晨冷的士》（Early Morning Cold Taxi），是首好歌。罗杰说这首歌是他跟我们的巡演技师赛·兰斯顿（Cy Langston）合写的。我们录下了这首歌，觉得它极有希望帮我们攻城拔寨，直到兰斯顿再也忍不住，透露说这首歌是他一个人写的。我跟罗杰说这首歌不能用。现在回头看，我也不知道自己为何做出这样的决定。我急于找到好歌，出自谁手并不重要。那个年代，署名权拱手让人既不少见也不会被人指称不道德，因为挂名的那一位往往对这首歌能够问诸于世居功至伟。但我担心这首歌问世后罗杰会因为在创作上一点儿劲都没使而脸上挂不住，何况兰斯顿还是个出了名的大嘴巴。

罗杰写不出歌让我百思不得其解。上回我帮他录《看见我的路》小样时，他还思如泉涌来着。也许他觉得录音技术过于花哨。要是我俩走得近些，“谁人”兴许会走得更久。但我也相信，罗杰更享受做一位诠释者，一把嗓子，一件乐器。弗兰克·辛纳屈或杰克·尼科尔森（Jack Nicolson）这类偏重演绎的艺术家与科尔·波特（Cole Porter）或奥森·威尔斯（Orson Welles）这种偏重创作的艺术家大有不同。只要选对剧本，罗杰就是巨人。

罗杰对乐队的音乐走向感到忧心忡忡。这张专辑让我们都很担心。

开始进棚录音后，我们决定将斯皮迪·基恩（Speedy Keen）创作的《亚美尼亚》（Armenia）收录入专辑。斯皮迪是我的副手。这是“谁人”专辑中第一次出现局外人写的歌，也是最后一次。几年前我为妈妈写过一首爵士歌曲《日出》（Sunrise），基特说服了我重新编配收入专辑。当年我把这首歌弹给妈妈听时，她不发一语，既不赞扬也不否定。这就是妈妈。

我在这张专辑中唱得要比之前多。基思和约翰录着广告歌，再现着《傻瓜秀》，棚里充满喜剧气氛。一度，他们为一个汽车经销商写了首歌，意图免费得到一辆宾利。然而汽车经销商只是给了他们一些黄色照片。他们担心找错了人，便扔掉那首广告歌，不再接他的电话。

克里斯找来广告高手大卫·金（David King）和罗杰·洛（Roger Law）操刀封套设计。罗杰·洛是木偶剧《一模一样》（*Spitting Image*）的主创之一。他俩想出了专辑名《谁人售罄》（*The Who Sell Out*），至于封套该如何设计，他俩志在必得。

封套上有4张图片，我们四个分别为一种产品代言。我为“奥多罗诺”脱掉衬衫露了两点，我担心自己看起来瘦骨嶙峋；罗杰坐在一个锡浴缸里，缸里堆满了Heinz公司赞助的焗豆；基思在往脸上抹Medac祛痘霜；约翰最爽，搂着一个半裸金发女模为查尔斯·阿特拉斯（Charles Atlas）的健身课程做推广。最后，基特从海盗电台“电台伦敦”（Radio London）那儿挪用了几首广告歌，为专辑匆匆凑足了整体感。缩混完成后，我们积极投入电台和电视台的宣传活动，等待专辑发行问世。

这一时期的“谁人”现场乐评把我描述成一个情绪糟透了的家伙。舞台上的罗杰看起来也不开心。不管怎样，回到凯伦身边让我感到很开心。

数年后，我发现自己真的一直在和愤怒交战，我的愤怒情绪也一直需要管理乃至治疗。我觉得自己是个被低估的表演者，我愤怒的表象也一再被误读。我想认真对待自己的所作所为，我希望我的作品（包括砸吉他）被看做是对不断演化的舞台艺术的热情投入。

也许我把自己和“谁人”看得太重了，但我该怎么办？把一切变成一个笑话，仅仅因为这个世界视流行音乐和自毁艺术为废话？我们的观众可能不理解自毁的意义所在，但我们砸毁设备时他们压抑的情感一定得到了释放。当然，这根本不能封住诋毁者的口——一些短视的乐评人责难我们是阿飞和混混。

《千里眼》没能横扫单曲榜让我很震惊，这是一首能带来永恒光荣的杰作。单曲唱片《千里眼》面世几周后，基特的教父、英国作曲家威廉·沃尔顿爵士（Sir William Walton）递给我一张便条，对其充满野心的和声编写表示祝贺。这一次，基特在录音上交了一份满意的答卷。加州“金星”录音棚的混音也足够完美。

《千里眼》在英国的反响不够热烈。我担忧音轨唱片推广不力，不过如果真是如此我们又该埋怨谁？我们都把音轨唱片当自己的厂牌看。这支单曲在美国的打榜表现要好些，但爬升得还是不够快。我们的财务状况十分堪忧。美国巡演没挣着钱，录音又花了不少银子。

在此阶段，“谁人”被定位为“地球上音量最大的乐队”。然后我们听说“香草软糖”乐队（Vanilla Fudge）已经盖过了我们。他们有办法让一台哈蒙德电风琴发出摇滚吉他般的分贝。他们演出时，老建筑天花板上的石膏纷纷落下。

这让我们感到不爽。我有点心慌意乱。10月，在布莱恩·爱泼斯坦的萨维尔剧院，我们与“香草软糖”同台献演。演出之前，我对媒体放话说我们有杀手锏没使出来。我害怕重演与亨德里克斯针尖对麦芒式的同台对决。那一晚，“谁人”表现得像是学生乐队，而“香草软糖”的确差点把天花板给掀了。萨维尔剧院很快就被宣布为危房。他们奉献了一场出色的表演，但电风琴的音量之后再也没有被他们自己超越过。“香草软糖”不是吉米·亨德里克斯。

可怜的吉米。他的经纪人派他去为美国流行乐队“门基”（The Monkees）暖场——一定有人告诉他的经纪人，因为担任“赫尔曼的隐士们”的巡演暖场乐队，“谁人”的粉丝大幅增加（错!）。人们很容易忘记“门基”当年有多红。

“谁人”要想大红大紫，就得拥有一些非常特别的东西。我茫然不知它们究竟是什么，而他们三个同样没有答案。

《谁人售罄》封套照拍完后不久，我写道：“我们浪费了太多宝贵的时间，是时候大换血了。”（1967 年 10 月 4 日）

我们回到美国，进行一轮短期巡演，一来庆祝《千里眼》在美国单曲榜爬升至第九位，二来希望它能爬得再高一些。我们在“斯莫瑟兄弟喜剧时间”上的亮相立了奇功，但蒙特利流行音乐节之旅也很加分。为“赫尔曼的隐士们”暖场可能也帮上了一点忙——谁知道呢。这一轮巡演，我们为埃里克·伯顿和“动物”乐队（Eric Burdon and The Animals）及“协会”乐队（The Association）暖场。又一次，我们在为我们可以完爆的乐队暖场。

在纽约时，我在朋友丹尼·菲尔兹[1]（Danny Fields）家留宿了一夜。我精疲力竭却翻来覆去睡不着，所以丹尼让我服下一颗药片，可能是镇静催眠药 Mandrax。夜里我醒了过来，恍惚中发觉丹尼正对我上下其手。他摸遍了我的全身，然而我没有反抗。我觉得挺爽，不过也没由着他干我。

次日上午，我离开了丹尼家。街上全是工人，一个工人从我身边经过时，对我摘帽示意。我意识到自己犯了个错误。我想成为那种和同性做爱时不会感到局促不安的人。我意识到自己可能是双性恋。这

1　丹尼·菲尔兹（1941—　），美国记者、作家、唱片主管，朋克乐的重要推手，曾担任伊基·波普和“雷蒙斯”的经纪人。

没什么见不得人的。据说约翰·列侬在这方面也有过探索。但我的确感到不自在。我的同性恋倾向还没强烈到让我能轻松自在地和同性做爱的地步。

跟“披头士”的《奇幻之旅》一样，《谁人售罄》看似潜力无限，结果却只是差强人意。当它终于推出后，它成了“谁人”迄今在英国卖得最慢的一张专辑。我们怠慢了英国粉丝，这让我们很苦恼。

有趣的是，这段时间我们走进大学校园演了几场，这种新型的演出在不久的将来改变了“谁人”的一些东西。随着圣诞节临近，我的情绪变得愈发沮丧。克里斯为我们可能出演一部美国黑色喜剧电影激动了一小阵，结果这件事最后不了了之。以“谁人”为主人公的漫画书也在讨论之列。音轨唱片的办公室里上演着广告商式的集思广益，可我没法从中得到些许安慰。

凯伦和我搬到了埃伯利街。清洁女工可真不好找。不看到结婚证她们就不肯为我们干活。所以我请新邻居们帮忙找时都说我们是一对小夫妻。不结婚就不能成为文明社会的一员么？

在我们最爱的一家当地餐馆，我们面对面坐着，吃着美食，喝着好酒，心满意足地暂且装着。

11

奇异之旅

凯伦和我关系的微妙转变促使我认真地思考了一番。如果我将成为一个丈夫乃至父亲（不再是扮演），我需要确保“谁人”能挺过音乐工业的变革之潮。我不得不少关心艺术，多关心如何才能大卖。我也感受到了一份对队友和团队的责任和义务——他们不像我，有写歌带来的版税收入。我的工作是制造金曲，但最近我表现得不尽如人意。

我依然相信，我的每一次砸琴，每一套蠢气的服装，每一个被驳回或受控的野心勃勃的艺术概念，每一场为追求性快感或消遣而进行的实验，以及每一个我因骄傲、自卑、道德、忠贞而拒绝的漂亮女孩集结在一起，发动了我对音乐工业的强大攻势。我也相信，“谁人”的受众喜欢更长的作品，这意味着我得和厂牌、企宣、媒体、主办方及经纪人交战，因为他们全都试图说服我继续奉行简单原则，推出划算的产品。

“谁人”马不停蹄地奔跑了 4 年。我们拥有了多支热门单曲。我深挖自己的人生经历，创作出一种新型歌曲——外表是浅薄的流行歌，内里是黑暗的精神错乱和带讽刺意味的危险。我变得擅于将几首流行歌串成一组。若想崭露头角，“谁人”还需要大把此类歌曲。彼时，乐迷的集体意识正在扩展，录音室专辑也正在接流行单曲的班。

某种程度上讲，我是在走投无路的情况下才开始创作摇滚歌剧《汤米》的。当然我也知道，在写歌上力争迎合我们的年轻男歌迷已不再管用。加州之行让我看到，众多乐迷开始探索心灵，踏上灵修之路。我能写故事，我的脑海里时常浮现戏剧性的场面。我开始酝酿一个计划（《汤米》），谁也别想把我的注意力从它上面移开。

我和凯伦与“小脸”乐队（The Small Faces）贝斯手罗尼·莱恩（Ronnie Lane）及其女友苏西成了好友。罗尼的死党是他在“小脸”的队友史蒂夫·马里奥特（Steve Marriott）。罗尼和我的音乐品味相当一致。他爱喝酒、爱抽点大麻，为人幽默、诚实，才华横溢，有创造力，脚踏实地。他是典型的东伦敦人，正如我是典型的西伦敦人。我们相处得极为融洽，吵闹不断，欢笑连连，有时还一块儿哭。这是一种现代男性关系。他也是听我大谈美赫巴巴时，第一个没有窃笑的人。

最初，我对融入美赫巴巴灵修团体有所保留，凯伦也是——和她所在的伦敦嬉皮圈比，美赫巴巴灵修团体显得又小又古怪。我们以美赫巴巴之名举行的小聚会也同样古怪。屋里飘着范·莫里森（Van Morrison）的歌声，男主人迈克·麦克伊纳尼伏案画画，女主人凯蒂在做荨麻炖汤。到处都是猫。让我惊讶不已的是，我遇见的每个美赫巴巴的信徒似乎都来自于另一个世界，一个与我的内在生命直接相连的神秘世界。

美赫巴巴出生于1894年，当时还在世。他住在印度艾哈迈德讷格尔（Ahmednagar），那是我少时的偶像斯派克·米利甘出生成长的地方。这个巧合是个祥兆。美赫巴巴的父母是波斯人。19岁时，他邂逅了被认为是五位“完美大师”之一的赫兹拉·巴巴简（Hazrat Babajan）。巴巴简在他额上轻轻一吻，瞬间把他提升到神的境界。我第一次听说这个故事时，不由得想起一直被模仿但从未被超越的汤米·库珀[1]（Tommy Cooper）说过的一句话："得到上帝的感召了！就像那样！"

1925年，美赫巴巴决定从此不再说话，虽然他还是会通过字母板和手语，文章及诗歌与人们交流。从1931年起，他多次访问西方世界，创立灵修团体，授业布道。他去得最多的是美国，在他看来，美国是未来的灵性熔炉。

20世纪30年代的一天，美赫巴巴来到伦敦，看望他最早的信徒之一、年轻的女演员迪莉娅·德·利昂（Delia De Leon）。美赫巴巴下榻的Star & Garter酒店拥有绝佳的视野，东汉姆与艾尔沃斯间的冲积平原一览无遗，远处的温莎城堡也是尽收眼底。美赫巴巴伫立在阳台上远眺了很久。迪莉娅问他在看什么，他说在规划自己下两个世纪的灵性工作。

迪莉娅将一群美赫巴巴的信徒团结在一起，他们自称"大师的爱人"，在英国诗歌协会聚会。20世纪30年代的政治气氛、帝国主义和战争令他们感到绝望，他们开始指望来自东方的替代品。当多年之后，迈克·麦克伊纳尼携一群年轻人前来参加"大师的爱人"聚会时，66岁的迪莉娅突然明白，她的老师当初为何一定要她留在英国，等待他的指令。

美赫巴巴的追随者说，他们能感受到和他之间的深层联系。对我而言，美赫巴巴的魔力来自他的追随者。无论是从政治层面还是从社交层面上看，他们都是一群非同寻常的好人。迪莉娅告诉我，《图画邮报》（*Picture Post*）主编汤姆·霍普金森（Tom Hopkinson）也是美赫巴巴的门徒。这对我很重要。《图画邮报》被誉为"英国的《生活》（*Life*）杂志"，我是读着它长大的，而汤姆的诚实也是有口皆

1　汤米·库珀（1921—1984），英国谐星、魔术师。1984年4月15日，库珀在一档电视节目中表演时心脏病突发，瘫倒在台上，很快便撒手人寰，由于该节目是现场直播，数百万电视观众目击了这一幕。鉴于库珀一贯的表演风格，许多观众一开始还以为这是表演的一部分。

碑。看到这些智慧又理性的精英以开放的心态对待灵修，我对应对“谁人”歌迷可能出现的反弹有了充足的信心。而且我可以不用再扮演嬉皮。1968 年 1 月，与“小脸”等乐队启程赴澳洲和新西兰巡演之前，我把查尔斯·珀道姆著的《人身上帝》塞进了包里。

在希斯罗机场，当看到飞悉尼的机票是经济舱机票时，我掉头就走，准备打车回家。说好了是坐头等舱的。我们的制作经理、绰号“假发”的约翰·沃尔夫追上我，说只要我们同心协力，漫长的飞行之旅不过是小菜一碟。好吧，又不是他的错。但这真是一次可怕的飞行，长达 36 个钟头，中间停了 4 次。当极度疲劳的我们终于抵达悉尼后，迎接我们的竟然是一群咄咄逼人的记者的盘问。罗杰那会儿开始戴耶稣受难十字架，一个醉醺醺的记者认为这纯属虚伪之举。我则因看上去邋遢受到了质问。“你就不能把头梳好再来会你的年轻粉丝?”年轻的粉丝在哪?我眼前除了这群刚从酒吧里滚出来的狗屎鳖脚记者外一个人都没有。

这轮演出的艰难与那次糟糕的瑞典之旅有得一拼。这次我们带来了大功率电吉他音箱和自己的乐器，但剧院的 PA 音响系统没法将罗杰的歌声淋漓尽致地表现出来。现场音效不够震撼人心。我们捣毁设备的举动也令音响师们措手不及，当地报纸对我们的自毁行为极尽讥讽之能事。

我们并不在意。门票卖得很好，我们玩得很嗨。我喜欢跟罗尼·莱恩混在一起。史蒂夫·马里奥特搭识了一个美艳绝伦的女孩。她叫罗茜。她问我目前对什么感兴趣，我说我决定成为一个名叫美赫巴巴的印度导师的信徒。她听完回应道：“哦，真巧，我也是他的信徒。”她从口袋里掏出一枚小纽扣，上面是美赫巴巴的图像。

我惊呆了。原来美赫巴巴造访过澳洲，澳洲还有他的几个灵修中心。简直是太巧了。选择美赫巴巴是对的，选择凯伦是错的，因为一个如此性感的女孩恰好和我一样对灵修充满热情。不出所料，我们滚到了一张床上。我被罗茜迷得七荤八素，为她写了首《感觉》（Sensation），后来收录入《汤米》。

在悉尼飞往墨尔本的航班上，推着咖啡推车经过的空姐没有为任何乐手提供服务。她不愿意跟我们打交道。英国歌手保罗·琼斯（Paul Jones）见状发了几句牢骚。她辩解说我们自己有点心，边说边指向一位澳洲乐手——这位仁兄正在开怀畅饮自带的啤酒。见琼斯的怒气没有平息，她跑去向飞行员抱怨。后者愤怒地走了过来，说飞机一着陆我们就会被逮捕。

事情的真相不足以撑起一个摇滚掌故，所以媒体把我塑造成这一事件的主角。事实上也的确是我第一个开腔，要这些警察利索点，要么抓人要么让我们走人。他们放我们走了。过了几天，我们收到澳洲首相亲自发来的电报，说因为我们行为不端，他会从我们的收入中扣掉一笔钱，作为损害赔偿金。他还要求我们别再踏入澳洲一步。

我们“行为不端”的事迹先我们一步抵达了新西兰惠灵顿。酒店经理警告我们要规矩点。别说送餐服务了，他连碗碟都不给我们一个。我不得不从街角小店买谷物早餐，然后端到洗涤槽上吃。

也有轻松时刻。在自己的生日派对上，史蒂夫·马里奥特决定学一回基思·穆恩。他把一台电视机从阳台上扔了下去。电视机降落在人行道上时，一辆警车正好驶过。警察直接冲了上来，我们都以为这下完蛋了。令我们大为吃惊的是，他们的心情极为愉快，电视机的事只口不提，不但祝史蒂夫生日快乐，临别还留下一箱啤酒，所以我们“就不会觉得新西兰人跟差劲的澳洲佬一样不好客”。

我们即将飞赴夏威夷之际，罗茜的情绪崩溃了。“每个男人回家时都会把我丢下。”我也不开心，虽然“每个男人”一词让我暗自一惊。回到家后，我决定信守自己对凯伦的承诺（我们承诺对彼此要绝对诚实），把我和罗茜的事告诉凯伦。某种程度上，我是想向她传递一个信息，我不会是一个好丈夫，所以我们都应该再作打算。

我对凯伦说，我有一件重要的事情要跟她讲。她坐在一张国王椅上（那是我们为新家最早添置的几件家具之一），跷着二郎腿，看上去高高在上、令人敬畏。当我开始咕咕哝哝时，她从腿上拿起一样东西。是一封信。一定是罗茜寄来的情信。霎时间，凯伦用原谅击退了我的供认。没有夸张的声明，也没有过火的威胁。不言而喻，我们都想停止扮演夫妻，正式结为夫妻了。

从表面上看，我是出于愧疚才同意和凯伦结婚。但实际上，我知道自己该回到伦敦的现实生活中来了。澳洲远在万里之外。我真是个傻瓜。我的准妻子美丽又聪慧，我们将美满地生活在一起。和地球另一边的异国女孩调情是件乐事，但我已经回家了，看看凯伦吧，拥有她真他妈是件幸事。

我对美国电台会热播《谁人售罄》有着十足的把握。毕竟，它是对力量和影响的致敬。然而 WMCA（纽约最大的电台）总监乔·博加特（Joe Bogart）却认为这张专辑“令人厌恶”，“严重怀疑会有人播它”。看来我又算错了。

我的两个弟弟保罗和西蒙都渴望成为音乐人。我带他们进棚，为他们录音。我还录了首《钓鱼》（Going Fishing），风格是向“海滩男孩”专辑《微笑》（*Smiley Smile*）里的布莱恩·威尔逊致敬。这首歌说的是只要我们愿意聆听，鲷鱼也能传授智慧。友人克里斯·莫菲特（Chris Morphet）带我去看赛狗，唤回了爸爸带我去白城体育场看赛狗的童年记忆。家庭生活带来的满足感激发我写下了《狗》（Dogs）和《欢迎》（Welcome），后者写的是朋友的重要性。我的朋友理查德·斯坦利借住在我家时，我把《欢迎》放给他听，他误解了这首歌的含义，以为我在邀请他与我和凯伦玩 3P。

1968 年的头两个月，“谁人”在进进出出录音棚中度过。和往常一样，基特敦促我凭空创造歌曲。我表面上随着他，背地里却在计划扫除所有废话——快了。

2月底，我们再度赴美巡演。途中，我在笔记本上记下了关于《汤米》的第一个计划。巡演将于加州圣何塞拉开大幕，之前几天，我去拜会了里克·查普曼。里克是伯克利的美赫巴巴中心负责人。驾着加长林肯大陆送我去圣何塞的路上，他说美赫巴巴希望信徒停止滥用几种毒品，大麻便是其中之一。所以我开始戒除大麻。

里克抽一种叫“比迪斯”（Beedies）的印度线扎手卷小烟卷，之后多年，我都是用“比迪斯”替代大麻过瘾。“比迪斯”的味道非常难闻，抽起来同样不是味儿，但尼古丁的含量高得惊人。“谁人”在北美待到4月份，期间首度造访加拿大，在埃德蒙顿，我们见到了跨在踏板车上的“摩斯族”，在多伦多，我们找到了正宗的英国啤酒。

巡演大巴上的生活让我感到厌倦，尽管某位队友把一个美若天仙、活泼疯狂的女孩带到了车上。基思扒光她的衣服，把她捆在椅子上，说要强奸她。我出于好心劝基思住手，结果反而是她对我大喊“滚开”。

从埃德蒙顿开往多伦多的路上，她一丝不挂地又跑又跳，嬉闹个没完，整整7个小时都没消停，我的内心开始躁动起来。住进酒店后，我听到有人敲门，打开一看，是她站在门外。我的虚荣心占了上风。后来我才知道，基思和约翰觉得我在“骨肉皮”面前有点自命不凡，于是跟她谈妥一笔交易，如果她能把淋病传染给我，就支付给她100美元。

她太漂亮了，这一炮我们打得酣畅淋漓。我传染上了淋病，接受了注射治疗。我恼怒不起来，这是摇滚乐的狂欢。某种程度上，我乐于成为淋病俱乐部的一员。

5月20日（我得淋病后的第二个月，我生日后的第二天），凯伦·阿斯特利和我完婚了。婚礼在凯伦家的乡村别墅举行。理查德·斯坦利和衣跳进了游泳池，基思·穆恩却一反常态表现得很规矩。妈妈戴的帽子堪称完美。琳达和莱斯莉是仅有的两个混进来的“摩斯族”粉丝。

我为婚礼租来一辆劳斯莱斯老爷车，巧合的是，司机是我从未谋面的叔外祖父帕特·邓尼斯。帕特是外祖父莫里斯最小的弟弟。他醉得不省人事，最后是我开着劳斯莱斯把他送回了家。

戒断大麻的同时，我开始控制饮酒。我的改变确凿无疑。我崇敬美赫巴巴，基特对此嗤之以鼻。我和凯伦乔迁进特威克南（Twickenham）的一处乔治亚风格宅邸后，基特开始拿我们开涮，叫我们汤森阁下和汤森夫人。他说有次在雨中等出租车，我们开着林肯大陆豪车从他身边飞驰而过，全然没有注意到他在朝我们挥手。

6月，凯伦生日当天，我送给她一只西班牙幼犬。我们都知道，对一对新人来说，家里新添一条幼犬意味着什么。果不其然，凯伦很快就怀上了。在基特看来，我成为父亲不是一个好主意，意味着我将离开“谁人”。

创作《汤米》时，我参考的重要文件之一，是我手绘的关于七次重生之旅的开始与结局的图表。我想在描绘师徒关系的同时，以赫尔曼·黑塞式的轮回故事将小信徒汤米的最后七条命连成一个歌剧剧本，并让汤米在剧终时达致灵性的完美。汤米是个“又聋又哑又瞎的男孩”。在这个关于他的故事里，我借用了美赫巴巴的学说，用来支撑我在充满迷幻味的去年演练的想法。

小信徒汤米的每次重生都会带来内在的智慧，然而他的人生依然充满艰辛。由于他感受不到灵性的提升，我决定将这个又聋又哑又瞎的男孩写成孤独症患者。当我想展示成道（God-Realisation）的辉煌时刻时，只需恢复他的感觉官能即可。这是个很棒的计划，男孩的感觉缺失可以用来象征人与人之间的精神隔绝。

就在我卷起衣袖，开始为《汤米》集结能代入歌剧情节的歌曲时，“谁人”展开了一轮能把人累垮的美国巡演，导致我失去了宝贵的创作时间。我和每个愿意耐心聆听的人分享摇滚歌剧的想法。我知道吉他回授等等已不再是独门绝活，我希望我们是第一支拥有主题作品的摇滚乐队。

在记录那轮巡演的照片上，我抱着吉普森莱斯·保罗（Les Paul）电吉他，蹬着高帮马汀博士（Doc Martens）工作靴，一蹦四尺高。我的身子骨惊人的结实，在未来的岁月里，这副舞台上跳砸滚打练就的铁身板助我挺过了酗酒的伤害和超负荷的工作。基思的健壮体格同样得益于舞台表演，不过他开始陶醉于毒品和酒精等混成的鸡尾酒。这轮巡演很没劲，好在基思与“假发”约翰·沃尔夫的幽默感给了我们极大的安慰。“假发”起初是约翰和基思的司机，后来被提拔为我们的制作经理。

可怜的“假发”。他最糟糕的一刻是把我们从一架即将起飞的飞机上拉了下来。行李搬运工没能耐把我们的设备塞进飞机。在卡尔加里机场饥肠辘辘地等了一整天后，一架租来的货机才姗姗来迟，将我们和设备运往萨斯卡通。当我们赶到演出现场，歌迷和不愿退门票钱的主办方已经苦候了我们 4 个钟头。我们垂头丧气地走上舞台，仓促地演了半个钟头。讽刺的是，我们用的是别人的设备。此后多年，“假发”只需拿那次萨斯卡通之旅作比较，就能把我们轻易地逗笑。真的，对萨斯卡通的歌迷是有点不公平，考虑到他们有多耐心，对我们有多宽容。

单曲唱片《魔法巴士》7 月底在美国上架。《魔法巴士》和约翰写的《蜘蛛鲍里斯》成了一路上观众最想听的两首歌。在底特律，我又见到了伊灵艺术学院的同窗老友汤姆·莱特——底特律站的两场演出就是在汤姆经营的格兰德舞厅[1]（Grande Ballroom）进行。它历史悠

---

1 20 世纪 60 年代中后期、20 世纪 70 年代初底特律的著名摇滚演出场所，“齐柏林飞艇”、“平克·弗洛伊德”、“感恩而死”、“奶油”、“谁人”、詹尼斯·乔普林、“嚎狼”、约翰·李·胡克等曾在此表演。

久，一度曾是溜冰场，我们跟汤姆借了溜冰鞋，绕着舞池疾速滑行。

我们和“穴居人”乐队（The Troggs）同台献演了几场，他们的热门金曲《狂野之物》（Wild Thing）被吉米·亨德里克斯借走演过。我们还跟“大门”乐队合演了一场，那也是我第一次见到吉姆·莫里森。吉姆彬彬有礼，就是醉得一塌糊涂。演出进行时，一个妞冲上舞台，试图摸摸吉姆的脸。他吓了一跳，下意识地转过身去。两个保镖误解了他的意思，将女孩推向台前的栅栏。她的脸被严重划伤。吉姆又把她拖了回来。她被带到后台，我和大家一道安慰她。这件事激发了我的灵感，让我为《汤米》写出一首《莎莉·辛普森》（Sally Simpson）。

在加州，我的朋友里克·查普曼介绍我认识了一大帮湾区的美赫巴巴崇拜者。其人数之多令我震惊。他们没有被洗脑，也不像虔诚的宗教徒。他们嗑药、纵欲、过着困俭的生活，准备长期追随美赫巴巴。他们形形色色、古怪奇异，非常真实。我见到的美赫巴巴拥护者越多，对美赫巴巴的了解越多，就越确信自己找到了一位真正的灵性大师。

一天晚上，在杰克·卡萨迪（Jack Casady）位于旧金山的家中，我和扬·温纳[1]（Jann Wenner）畅聊了一番。杰克是“杰斐逊飞机”乐队成员，当时他和他的朋友们在嗑可卡因。我把《汤米》的想法说给扬听。

“这个故事讲的是一个又聋又哑又瞎的男孩一生的种种际遇。他由‘谁人’扮演，通过我们演奏的主题来展现。整部歌剧由这个音乐主题拉开序幕，随后是一首描绘他的歌曲。但故事的真谛是，因为他又聋又哑又瞎，所以他生活在一个感受的世界中。‘谁人’的音乐带来的感受创造了他，借由我们的诠释，听众能深刻地体会到他是谁。”

“这东西非常复杂，”我说，“不知道我说清楚了没。”

扬·温纳说我说清楚了。我们一直聊到夜深。扬录下了我的话。

1　扬·温纳（1946—　），《滚石》杂志联合创始人兼主编。

一个月后，它们白纸黑字地出现在旧金山最新的杂志《滚石》上。

特威克南的新家建于1745年，它的布局传统而舒适，里面的新家庭录音室面积虽小却五脏俱全。搬进来的头几个月，我和凯伦住得舒心无比。

然而好景不长，自1968年冬起，我们开始经历洪水肆虐。伦敦遭遇暴雨袭击，泰晤士河水位猛涨。洪水漫过小窗，不断涌进家中的地下室。大街上，汽车被洪水淹没，有些甚至被冲进河里。车主在救他们的车、被困在车里的孩子和宠物。人们陷入了恐慌。别说录音了，就连存放乐器都成了难题。接连几周，我几乎处于末世心境中。没多久，地下室再度被洪水灌满，不过这一次有惊无险，因为贵重物品已被我们转移走了。在《汤米》的初稿里，汤米努力寻找着通往灵性飞机的路径，一路上，热情的追随者越聚越多，一幅充满乐观氛围的场景。然后，这幅场景变得不再那么乐观，像是赫尔曼·黑塞作品中的主人公悉达多来到了摆渡人的脚下。

家庭录音室里的音响系统与我巡演时用的一模一样。录音时，整个房子都在随着音乐振动。接下来的4年，我对面的邻居注定要听着我的小样入睡，但他们都是美德的典范，一次都没投诉过。

一年过去了，《汤米》的概念已然成型。它将由一批各自独立、有凝聚力、拥有一个共同的灵性主题的歌曲组成。基特逼得很急，尽管我做起小样来又快又高效，可他还是不满足。我们进棚开录《汤米》后没多久，他就要我们重启巡演，也不管我们刚刚进入状态。

我们经历过入不敷出的困境，但这是过去式了。他们大肆夸大我们践行自毁艺术的成本，还说被捣毁的设备都由他们买单。这不是事实。实际上，我在吉他上面的花费都是自掏腰包，基思的鼓则几乎全由 Premier 公司赞助。

我们的经纪人也责怪基思开支过大。的确，基思经常性地提取大笔现金，但没有经纪人的许可，他一分钱都提不出来。基特恣意挥霍的本事丝毫不逊于基思。“谁人”团队全在遭遇经济危机，这对我们四个来说可不是什么好事。

基特和克里斯开通了一个巴哈马账户，用来管理我们的境外所得。我的岳父埃德温·阿斯特利[1]（Edwin Astley）是最早的几家境外避税机构之一 Constellation 的合伙人，这让他在英国的税赋勇冠全球时得以过着悠哉的生活。我们的避税手法比 Constellation 更进一步——我们都成了一家承办我们巡演的服务公司的雇员。如此，境外巡演的利润就能按不错的税率交税。不幸的是，那时候，我们的利润常常所剩无几。我们没打算欺骗政府，我们只是希望境外所得能按加班收入来计算征税。

许多英国大牌乐手选择去美国发展，倒也不全是因为国内税收太高。美国是全球最大的音乐市场，更是摇滚乐开始的地方。我也考虑过去美国发展，不过最终还是打消了这个念头。我的个性为人、所作所为和所有作品都根植于英式的生活方式、两次世界大战及它们给四代人带来的潜在伤害。我永远不会离开英国。我的根太深了。

米克·贾格尔在奥林匹克录音棚录音时，我和罗尼·莱恩前去探班，就一个想法继续交流意见。我想和我的朋友们展开一轮规模浩大的摇滚巡演。至于路上的元素，我想要内含电影院、游泳池和娱乐室的巡演大巴（那是我童年时画下的幻想）。罗尼渴望帐篷、泥浆和闹腾的战友情谊。米克要的是马戏团、空中飞人和大场面。我们三个你一言我一语地讨论了一个钟头后，情况已经再明白不过，若没有海量的道具和非凡的组织，这些想法永远只会是空中楼阁。看起来似乎没戏。

1968 年 6 月底，“谁人”新一轮北美巡演在洛杉矶圣殿礼堂拉开序幕。米克当时也在洛杉矶，我和他还有灯光师奇普·孟克（Chip

---

1　埃德温·阿斯特利（1922—1998），英国作曲家，为多部英国电视连续剧创作过主题曲，也涉猎电影配乐。

Monck）碰头继续聊这个主意。奇普正在为“滚石”的下一轮巡演设计舞台悬吊系统，他告诉我们，几个美国的大马戏团行将破产，其所有道具正在甩卖。医院、教室、影院、厨房、浴缸、兽笼……马戏团的火车车厢里应有尽有——我的童年幻想成真了。奇普手握法宝：几家电影公司不仅热切地想拍摄这轮奇幻巡演，而且还打算投资参股。米克和我深受鼓舞。

几周后，我们从幻想中清醒了过来。马戏团的火车时速仅达 4 英里。照这种情形，我们的巡演得几年后才能收官。更何况，被困在龟速前进的车厢里数月后，忍无可忍的基思·穆恩会把唯一的抽水马桶炸掉，把道具全部扔出窗外；基思·理查兹会跟驾车经过的“地狱天使”摩托党买海洛因……

“也许我们得放弃这个主意。”米克说。

“或者就演一场？”我说。

“在电视上演一场。”米克说。

1968 年 12 月 9 日，我们来到伦敦德里屋（Londonderry House）酒店，讨论将于明天录制的电视现场《滚石摇滚马戏团》（*The Rolling Stones Rock and Roll Circus*）。米克·贾格尔依然掌控一切。基思·理查兹脸色惨白但酷劲十足——他最近开始天天吸海洛因。比尔·怀曼（Bill Wyman）和查理·沃茨（Charlie Watts）跟以前一样充满自信。布莱恩·琼斯（Brian Jones）没有现身。

第二天，我见到了参与录制的其他艺人，包括埃里克·克莱普顿、约翰·列侬、小野洋子（Yoko Ono）、“杰思罗·塔尔”乐队（Jethro Tull）等。其中最让我激动的是黑人布鲁斯歌手“泰姬陵”（Taj Mahal），我上一轮巡演期间一直在听他的处女专辑。玛丽安·菲丝弗尔也将献唱一首歌，这倒是一件意想不到的乐事。唯一的不利因素是布莱恩·琼斯的到来。我有一年多没见着他了。他的眼睛布满血丝，眼中含着泪水，看上去萎靡不振。他把兴奋剂和镇静剂混在一起嗑，这时还没有缓过劲来。

小野洋子大放异彩。在“脏麦克”[1]（The Dirty Mac）的伴奏下，她扯着嗓子厉声尖叫。她用有别于我的自毁艺术的另一种艺术形式刺激着观众。不管怎样，在怀疑论者眼中，我和她的脑子都已经坏了很多年。“谁人”生龙活虎地演奏了《趁他不在，快搞》。“滚石”很晚才上场，当时他们的粉丝都已被送回家了。布莱恩状态糟透了。我听到米克和基思说很为他担心。布莱恩跟我说他打算退出“滚石”，去摩洛哥丹吉尔（Tangier）为当地的音乐家录音。

“滚石”卖力表演的时候，我们乐队的技师临时充当他们的粉丝。我们喝白兰地保持劲头，一直忙碌到凌晨四点。收工时，除了米克外，每个人都疲惫不堪，玛丽安·菲丝弗尔也不例外。之前几个月，米克在拍《迷幻演出》[2]（*Performance*）。这部电影由尼古拉斯·罗伊格（Nicolas Roeg）和唐纳德·卡梅尔（Donald Cammell）联合执导，其充满禁忌的伦敦黑色童话深深地影响了每一个参与者，米克也有了难以名状的成长。他就像魔鬼殿下，顶着一头染黑的长发，注意力完全集中在摄像机上。他的目光深深地穿向镜头，穿向电视机前的观众。他的表演仍然抓人，一秒钟都不会分神。[3]

艾伦·克莱恩在棚里转悠。他走到我身边，问我挣到了钱没。一股火气倏地从我心底蹿出。是的，我向他求助过，但这个问题太过了。他说他随时愿意帮忙。我告诉他我还没挣到钱，但我永远不会向他求援。他得到了“披头士”和“滚石”，但他休想得到“谁人”。

---

1 一支为录制《滚石摇滚马戏团》而临时组建的超级乐队，约翰·列侬担任主唱和节奏吉他，埃里克·克莱普顿司职主音吉他，鼓手是吉米·亨德里克斯乐队的鼓手米奇·米切尔，值得一提的是，贝斯手是“滚石”的基思·理查兹。他们演了两首歌，其中第二首的人声由小野洋子以即兴“原始尖叫”的方式完成。

2 这部争议电影是米克·贾格尔的银幕处女作，由于片中过多的性、色情、毒品和暴力内容曾遭禁两年。

3 《滚石摇滚马戏团》原定在 BBC 播出，但“滚石”乐队变了卦，将影片束之高阁，直到 1996 年才最终推出。“滚石”的解释是他们登台时已是凌晨，疲惫不堪的他们没能发挥出自己的最佳状态。但很多人认为真正的原因是“谁人”当晚的绝佳表现抢走了“滚石”的风头。

爸爸（最左）在英国皇家空军营地排队就餐，德国，**1945** 年

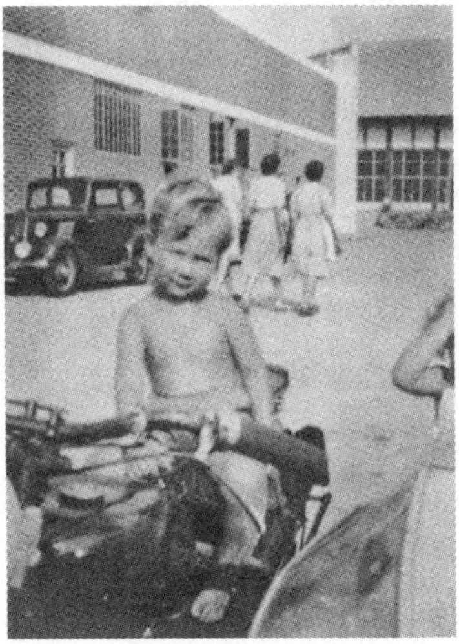

两岁的我，**1947** 年 **8** 月

姨祖母特丽尔比，**1947** 年；特丽尔比是第一个在音乐上给我鼓励的人

外祖母邓妮和他唯一的儿子莫里斯及儿媳乔伊丝，20 世纪 50 年代初

爸爸（下排左三）在英国皇家空军摇摆爵士乐队“飞行中队”里吹萨克斯

和我的狗布鲁斯

父母和祖父母；左起：贝蒂、克里夫、霍里、多特，1954 年

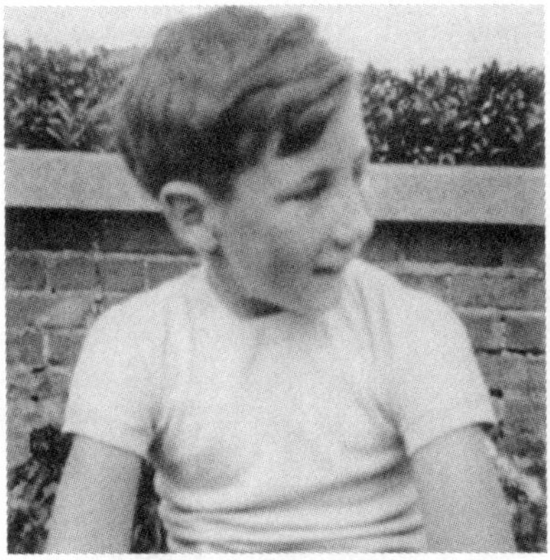

在我的后花园

和吉皮一道徒手潜水

从左至右：爸爸、弟弟保罗、妈妈和我，**1959** 年；保罗的到来让我们有了一家人的感觉

弹奏班卓琴的我，**1958** 年；当时我还像个小男孩，约翰・恩特威斯尔都六英尺高了，他背对着镜头，戴着顶爵士帽

与米克・布朗和皮特・威尔逊演奏“影子”乐队的歌曲，**1961** 年

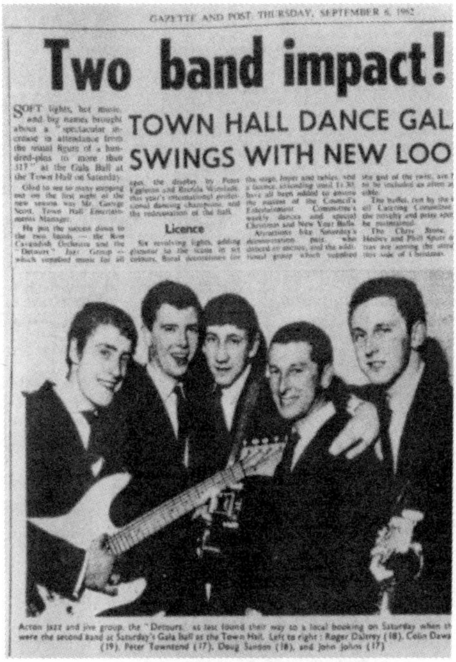

GAZETTE AND POST THURSDAY, SEPTEMBER 6, 1962

Two band impact!

TOWN HALL DANCE GAL
SWINGS WITH NEW LOO

Licence

Acton jazz and jive group, the "Detours," at last found their way to a local booking on Saturday when th were the second band at Saturday's Gala ball at the Town Hall. Left to right: Roger Daltrey (18), Colin Daws (19), Peter Townsend (17), Doug Sandom (18), and John Johns (17).

1962 年 9 月 1 日，我们在阿克顿市政厅为罗恩 · 卡文迪什管弦乐队暖场后见诸报端，被唤作“爵士乐队‘迂回’”

“迂回”乐队，1961 年；罗杰只花了十秒钟便决定让我加入“迂回”：会按 E 和弦么？会按 B 和弦么？会弹“影子”乐队的《谜一样的男人》么？《让我们欢乐》呢？那好，咱们哈里家见。

在伦敦 Blaise's 俱乐部为《17》杂志拍照片，1964 年底

穿着我的“摩斯族”派克大衣，1964 年

“高数”乐队，1964 年；彼得·米登说服了我们使用这个名号；在“摩斯族”里，“数”（Numbers）这个群体的地位低于处于时尚领导地位的“脸”(米登就是“脸”的核心成员)，但要高于由普通孩子构成的“票”(Tickets)

凯伦·阿斯特利、理查德·巴恩斯（巴尼）和莉兹·里德，1964 年

在伦敦“场景”俱乐部跳舞，前排左起：基思、约翰（穿格子夹克者）、巴尼、我和罗杰，1964 年

“谁人”在伦敦为一本杂志拍照，1965 年；这一年我们去了荷兰和斯堪的纳维亚演出

大风车式扫弦，巴斯市，1966 年 10 月 10 日

一场演出后，凯伦和我在后台，1965 年 11 月

“谁人”经纪人克里斯·斯坦普和基特·兰伯特；他俩来自不同的家庭背景：克里斯的父亲是泰晤士河船夫，基特是皇家芭蕾舞团音乐总监、作曲家康斯坦特·兰伯特之子

“谁人”与吉米·亨德里克斯在萨维尔剧院，1967 年 1 月 29 日

和米克·贾格尔，“谁人”第四次上《流行之巅》节目，1965 年 6 月 10 日

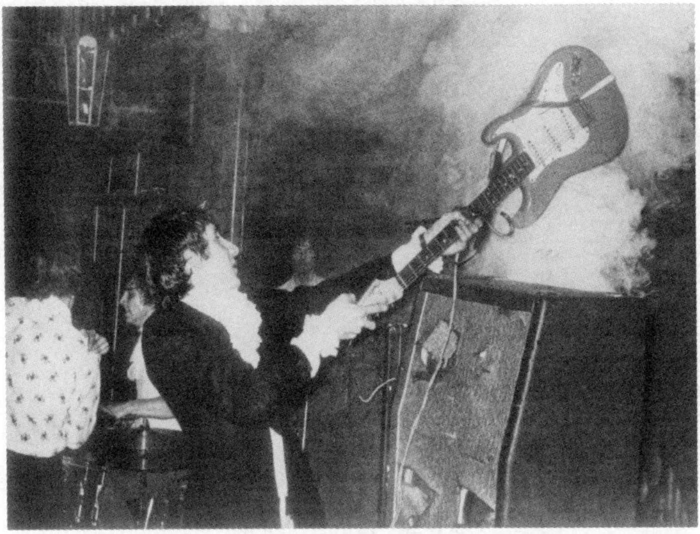

在莱斯特格兰比会堂的“自毁”，1967 年春

“谁人”在电视上表演《快乐杰克》，1967 年；录完节目后，约翰和我去“钉子包”看吉米・亨德里克斯的演出

和基思·穆恩，1967 年

拍摄《滚石摇滚马戏团》，1968 年 12 月；我们在棚里待到凌晨 4 点，靠白兰地保持劲头；玛丽安·菲丝弗尔烟抽得很凶，最后喝得醉醺醺的；左起：约翰、基思、我、约翰·列侬、小野洋子、基思·理查兹、米克·贾格尔、布莱恩·琼斯、比尔·怀曼、埃里克·克莱普顿和玛丽安·菲丝弗尔

12

汤米：谬见、音乐、泥沼

关于《汤米》的录制有几个谬见。其一是我们花了大量的时间在棚里讨论我的想法，试图帮助我解决问题。这样的情景偶尔发生，但不经常。其二是担任制作人的基特引导我们完成了汤米的故事。这也不是事实。当然，基特提供了许多有用的建议：我应该创作一首传统的序曲，引出歌剧的音乐主题；这个故事应该跨越两次世界大战，而不只是二战。基特也认可《汤米》传记体式的架构。《趁他不在，快搞》讲述的就是我自己的故事。基特还打算动用一支交响乐团。我对此极力反对。这是我的创作，所有的乐器演奏理应由我们自己一手包办。

这次录音期间，我们团结一心，大多数时候一团和气，而且不可思议地乐观积极。他们对我的摇滚歌剧计划非常支持。基特也是，虽然他认为没有他出的高招，整张专辑不会那么环环相扣、浑然一体。一开始的时候，我听从了基特的建议，扮演儿时的汤米，演唱他“内心的”声音，其主导主题就是副歌“看着我，感受我，触摸我，治愈我”。会让听众糊涂的是，我还要分饰多个角色：《序曲》(Overture)里的旁白者（我唱道：“沃克上尉没有回家”)，给婴儿汤米接生的护士，《圣诞节》(Christmas) 里的汤米的父亲，《迷幻皇后》(Acid Queen) 里的吉普赛妓女兼毒贩等。《迷幻皇后》和《奇异之旅》(Amazing Journey) 这两首我都是从头唱到尾。

最初的时候，罗杰扮演的是年轻时的汤米。他在专辑中初试啼声便是演唱描写汤米成道之时的歌曲——《我自由了》。录音期间，罗杰努力练习着轻柔的假声。他做到了，这意味着他能从童年的汤米开始唱起，包揽汤米的所有演唱，而不至于让听众摸不着头脑。这是一个关键性的突破。

我计划将三首莫斯·艾利森唱过的歌曲——《乡村棚屋》(Country Shack)、《失而复明》(Eyesight to the Blind) 及《年轻人布鲁斯》融入《汤米》。前两首并非艾利森原创，但我最初听到的都是他的演唱版本。这两首歌里都含有“又聋又哑又瞎”的字眼。《年轻人布鲁斯》启发我写下了我最早几首关于少年之烦恼的歌曲。最终，只有改编自《失而复明》的《小贩》(The Hawker) 被收录入《汤米》，在未来的三十年里，其创作者“桑尼男孩威廉姆森二世”的后人因此得到了一笔又一笔的零花钱。

汤米是一个普通的战后小孩，被家人、同学和毒贩虐待。我不断地尝试创作一首以性骚扰为主题的歌曲，然而每每无功而返，最后不得不选择放弃。邓妮，还有留着希特勒式小胡子、令人毛骨悚然的欧尼叔叔在我脑海里阴魂不散。有创作《趁他不在，快搞》的前车之鉴，我知道自己没有勇气再次直面那些黑色的记忆。

我向约翰求助。他能写出一首关于汤米被性侵的歌么？不需要抚摸，窥淫即可。他说他愿意一试，之后交给我一首《乱摸一气》(Fiddle About)。我喜欢极了，它令人不安、冷酷无情又充满力量。不过我也有些难过，因为约翰让它有了黑色笑话之感。总之，我如释重负，毕竟自己不用再与这个主题交战了。

约翰还帮我写了首《表兄凯文》(Cousin Kevin)。凯文是欧尼叔叔的儿子，经常霸凌汤米。霸凌和性侵是两码事，但我回想起来同样感到痛苦——小时候我在几个团伙里混过，参与霸凌过其他小孩。与《乱摸一气》一样，《表兄凯文》也有着残酷的幽默色彩。

全部曲目呼之欲出的最后关头，我做出了两个重要变动。其一源自我觉得《欢迎》这首歌不大够。汤米的追随者仅仅是被哄骗进入冥想状态的吗？汤米的房子像一座安静的教堂，还是一处年轻人能住得快活的好地方？

基思支了一个妙招：汤米的房子不只是一座房子，还是一处假日营地，我小时候经常去、在里面度过许多欢乐时光的那种。我飞快地完成了新歌《汤米的假日营地》（Tommy's Holiday Camp），并把著作权拱手让给了基思。他当之无愧。《汤米的假日营地》在专辑中紧随《欢迎》之后。值得一提的是，这首歌的主角欧尼叔叔由我来扮演。也因此，我们四个各自扮演的是谁，就更让人摸不着头脑了。

1969 年 2 月 1 日，我在自己的录音室里正忙活着，迪莉娅·德·利昂打来电话，告诉我美赫巴巴"扔掉了他的肉身"。她问我晚上来不来苏荷中心，讨论是否还去美赫巴巴的家乡朝圣暨集会的事。我解释说第二天要驱车 5 个小时赶赴纽卡斯尔，所以去不了。

美赫巴巴一直生病，他的死并不出人意料，但我依旧大为震惊。我原打算与迈克·麦克伊纳尼和罗尼·莱恩一道前往艾哈迈德讷格尔的。凯伦快生了，所以不会同往。我们从 1967 年开始信奉美赫巴巴，也一直想见到他，想到就这么错过了，我心里很不是滋味。我问迪莉娅还去么，她的回答很肯定：一定会去。我和迈克要不要同去？我们应该陪她同去么？一贯有主见的她讥笑道：有什么意义吗？她可能觉得美赫巴巴又不会在那儿接见我们。她忘了一件事，就是在他的家人眼中，他并没有离开，只不过是"扔掉了他的肉身"。

第二天上午，我们退掉了飞印度的机票。一种复杂的心绪在我心头交织。我感到很沮丧，同时又松了一口气。毕竟，《汤米》杀青在即。纽卡斯尔的下一站是雷德卡（Redcar），在雷德卡爵士俱乐部表演时，我还没有从美赫巴巴的离世中走出来。我和三名巡演技师驾车从雷德卡返回伦敦。回伦敦的路变得那么漫长，一路上是死一般的寂静。一天后，我打电话给朋友，得知集会照常举行。对迈克和我来说，重新排定日程已经来不及了。

在过去的四个月里，“谁人”在IBC录音棚里总共待了六周。2月4日，基特把尼克·科恩[1]（Nik Cohn）带进棚里，请他试听《汤米》。尼克是一位年轻的乐评人，与基特和克里斯过从甚密。我和尼克成了好友，开始结伴去音轨唱片附近的游戏机室打弹球。

尼克在写小说《阿芙：少年弹球皇后》。他把阿芙的原型（就叫阿芙）带来给我认识，我们一块儿打弹球，搏杀得紧张激烈，当然我完全不是阿芙的对手。打完弹球后，我和尼克常去牡蛎餐馆吃午餐。我们非常六十年代——弹球、牡蛎和夏布利葡萄酒。

听完《汤米》的母带，尼克置评道，歌剧很不俗，就是故事有点一本正经，少了点幽默感。

基特的脸绷了起来。他最担心的事终于发生了。汤米非得是灵性大师么？老掉牙了。我努力解释道：汤米其实是某种神授的音乐家，他用音乐感受一切，他在追随者的心中做音乐。尼克的表情告诉我，我正使情况变得更糟。

“所以你不会给好评？”我揶揄尼克道。

“也许不会打五星。”

“如果汤米是弹球冠军，所以他才拥有众多追随者呢？”

“嗯，那样的话，不但给五星，还让你一球。”

翌日，我写下了《弹球奇才》（Pinball Wizard），之后飞快地做好了小样。一轨是原声吉他和人声，另一轨是电吉他与和音。“弹球奇才”和“邪恶弹球”是尼克的词，他打弹球时常把它们挂在嘴边。

在我的笔下，汤米是个又聋又哑又瞎的弹球高手。这不合逻辑，

---

1 尼克·科恩（1946— ），英国摇滚乐记者、乐评家，被一些评论家认为是摇滚乐评之父。

有些令人困惑，但同时也渗透出开放和冒险的气息。我毫不怀疑，这首歌就算成不了改变听者人生的歌剧经典，至少也会成为脍炙人口的热门金曲。

我让迈克·麦克伊纳尼先听为快。迈克和我花了大量的时间讨论《汤米》的音乐和由他绘制的封套插画。美赫巴巴教导我们，人生是“一个幻觉之内的一个幻觉”，它成了迈克设计《汤米》封套的视角之一。封套正面是一道金属格栅，听者得穿过它进入里面的音乐。

《汤米》不是一张流行专辑，我给它贴的标签是“摇滚”。彼时，音乐家和乐评人已经开始用这个词来形容一场青年运动和一种生活态度。譬如在《滚石》的扬·温纳和他的团队眼中，“摇滚”就不仅仅是一种音乐风格。不久后，《*Creem*》杂志创造出了“朋克摇滚”一词，用来界定一个亚文化圈子。这个圈子的一头是约翰·辛克莱[1]（John Sinclair）和艾比·霍夫曼[2]（Abbie Hoffman），另一头是伊基·波普（Iggy Pop）。

美赫巴巴提及“上帝在宇宙里打弹球”，而新加入的弹球元素正在《汤米》里回荡。我从未试图通过《汤米》劝诱人们信奉美赫巴巴，但我的确希望通过这张专辑反映后迷幻时代对灵性的渴望。青年运动正在分化为两个阵营——社运分子和灵性探求者。我把自己归为后一个阵营。经过讨论后，我和迈克决定把美赫巴巴的名字署在封套上，不过是以“神的化身”（Avatar）代指。

3月初，录完《序曲》后，整张专辑大功告成。

《弹球奇才》在电台预播时，面对扑面而来的批评，我毫无心理准备。让抨击者光火的是我胆敢拿一个又聋又哑又瞎的男孩说事。BBC电台的几个DJ拒绝播放，个别人甚至说我“恶心”。待到专辑发行，

1　约翰·辛克莱（1941—　），底特律诗人，前左倾白人激进组织“白豹党”领导人。

2　艾比·霍夫曼（1936—1989），20世纪60年代的著名社运人士、激进青年反文化组织“异皮士”（Yippies）领导人，黑客文化的先驱人物。

这首歌与其他歌曲一道以完整的脉络示人后，他们的态度才缓和下来。

乐评人常用“自命不凡”一词来形容我，就因为我在努力创作一串述说故事的组歌。有乐评人甚至说我“脑子进水了”。“谁人”并非摇滚歌剧的始作俑者。基思·韦斯特（Keith West）的《少年歌剧选段》（*Excerpt from a Teenage Opera*）和“漂亮玩意”乐队（The Pretty Things）的《S. F. 索罗》（*S. F. Sorrow*）先于《汤米》问世。而就在《汤米》发行的同一年，“奇想”乐队也推出了他们的摇滚歌剧《亚瑟》（*Arthur*）。

但《汤米》的“自命不凡”必不可少。没有能把关注和抨击都引来的大胆与放肆，“谁人”最终会走向消亡，或是变得不再重要。不管怎样，我爱写这种东西。我就这么开始写它们了，而且似乎还很行得通。《汤米》之后，我为每一张“谁人”专辑写的每一整组歌曲都激发自一个戏剧化的故事或概念，虽然不总是那么明显。

3 月 28 日，我女儿爱玛（Emma）降临人世。吊诡的是，进入病房时，我发现里面有很多天使。我忍住了没说话，生怕自己失去理智吓着她。当我坐下来，握住凯伦的双手，与她对视而笑时，整个房间都荡漾着一股神奇的力量。我不确定那是不是 LSD 幻觉重现。没过多久，爱玛生出来了，我第一个抱到了她，第一次为看到这个漂亮的小东西而惊叹不已。她也盯着我，那目光仿佛穿过了我的双眼，直抵我灵魂深处。

那一刻，我不知所措、无法自持。我急切地想把小宝贝递还给她的母亲，转身冲进外面的世界，拼命挣钱。我仿佛成了一个穴居人，满脑子都是外出拼杀，为家人猎取食物的原始冲动。几天后，驾车送刚出生的女儿回家时，我暗自发誓要竭尽全力去获取成功。

3 月 31 日，我们走进西伊灵的一座会堂，开始排练《汤米》里的歌曲。才过去四天，我们便注意到《汤米》有多么适合在现场演奏。最后一次排练结束后，基思请我去喝酒，他看着我的眼睛说："皮特，你做到了，会大获成功的。"即使是在空荡荡的会堂里，这一组歌曲都能迸发出超凡的能量。它们生来就拥有一股不可思议又令人费解的力量，出乎了我们所有人的意料。

当乐评人像狗一般聚在一起狂吠不止时，我们准备好迎战他们了。阻挡进攻的唯一方式是专门表演给"敌人"看。劳动节这天，《汤米》在伦敦首演，台下清一色是愤世嫉俗的英国音乐记者兼乐评人。我们准备了好酒，演出尚未开始，他们就已喝得半醉。我们朝台上走时，一两个家伙突然大叫："汤森，你这个恶心的混蛋，砸你的吉他吧。"咕哝声开始蔓延，情形有些不对，所以我们把音量旋到极致，盖过他们的抱怨。

我们演完的时候，台下没有一个人是坐着的。我们胜利了。《汤米》是对的。

从 1964 年到 1968 年，"谁人"的四个男孩间存在着一种幼稚的竞争——为了争夺观众的眼球和注意，我们各显神通、彼此较劲。"谁人"这一时期的台风便是围绕这种竞争展开。我起"摩斯族"的范儿、高高跃起、旋转手臂、扭动身躯，跟马歇尔音墙搏斗；罗杰甩动金色长发、转动围巾或麂皮夹克上的流苏，拿麦克风在基思的镲片上推压，制造白噪声或爆炸声；基思加太多的鼓点，做太多的鬼脸，扔掉太多的鼓槌，太多次地摔倒在架子鼓上，然而节拍从未乱过；约翰争夺眼球的方式是站在原地一动不动，他的手指如速记员般翻飞，音符像机关枪一样扫出。

但 1969 年我们开始表演《汤米》时，这种竞争性渐渐消失。舞台上的我们成了一个相互支持的整体。我们依然会以喧闹的硬摇滚开场，依然会以狂暴的硬摇滚收场，依然会推倒电吉他音箱、踢翻架子鼓，但我们成了真正的乐手。我们在台上融为了一体，虽然在台下还是属于不同的派系。

毫无疑问，约翰是基思的盟友，也因此，他会陷入基思胡作非为的泥沼；罗杰的注意力在一个极漂亮的女孩那儿，这意味着他不会卷入麻烦；我的生活除了录音，还有凯伦、爱玛及几个好友相伴。我也和几个把我当回事的乐评人混在一起。他们大多是美国人：约翰·门德尔松（John Mendelsohn）、戴夫·马什（Dave Marsh）、格雷尔·马库斯（Greil Marcus）、丹尼·菲尔兹和扬·温纳。但就连英国乐评人也不再关注花边新闻了。音乐杂志的编辑们已经意识到，乐迷读者是以十分严肃的态度对待自己所爱的乐队的。

流行音乐正逐步演变为社会变迁的晴雨表。音乐记者兼乐评人严肃地谈论音乐时不再感到尴尬，我感觉自己又回到了大谈巴赫、查理·帕克和布莱恩·威尔逊时不会被人视为怪胎的年代。

在路上巡演时，因为我不吸毒，跟“骨肉皮”在一起也总感到不自在，所以他们不会邀请我参加“淫趴”。我怎么看“骨肉皮”跟道德没有关系。我只是不理解她们到底想要什么。睡了罗杰·达尔特雷或埃里克·克莱普顿又能怎样？接下来你会做些什么来证明你“睡得其所”？告诉你的朋友？记录下你又上了哪个大牌乐手？有个经常跟埃里克睡的“骨肉皮”，貌美如花、优雅迷人不说，还冰雪聪明。她为什么要追着乐队到处跑，向那些自私又卑鄙的乐手投怀送抱？

基思总是和知名“骨肉皮”纠缠在一起。他待她们如公主，操着贵族气的英式发音给她们斟唐·培里侬香槟王（Dom Perignon），就像一位勋爵。他太风趣了，我理解她们为什么那么喜欢他。约翰通常会在巡演伊始发展一个固定的伴儿，不过一旦巡演结束，她们就会消失得无影无踪。在酒店的酒吧里，我看到出差的男人和妓女或出来找乐子的单身女性侃侃而谈，我知道他们需要什么，也知道他们为什么需要。但不知为何，我对我的队友们还是搞不大懂。

一些摇滚乐手上了太多的女人，数目绝对超出你的想象。我对凯伦非常忠诚，这让我往往有一种被冷落的感觉。和传说中的摇滚生活划清界限谈何容易。费劲地跟别人解释——尽管我是摇滚乐手，经常捣毁吉他，但我不仅不吸毒，还想做个好丈夫，又谈何容易。

1969年5月9日，我们展开了本年度的首轮北美巡演。头站是我的同窗好友兼引路人汤姆·莱特的场子——底特律的格兰德舞厅，我们在那儿连演三场，担任暖场嘉宾的是歌手乔·库克（Joe Cocker）。

“皮特！”汤姆咯咯笑着，朝我挥舞着珍宝（J&B）威士忌，“一部歌剧，一部歌剧。哥们！一部他妈的歌剧。你想什么呢？”几分钟后，他郑重其事地盯着我，盯得我心里发毛。“‘迷幻皇后’……老兄！她是谁？她在哪儿？”

接下来，“谁人”移师波士顿演出场所“波士顿倾茶事件”（Boston Tea Party），又是连演三天。演出阵容是摇滚加爵士的混搭组合，为我们暖场的是爵士巨擘罗兰·柯克（Roland Kirk）。次年，他在梦中听到拉圣（Rahsaan）一词，遂将其加在姓名前面。我可是拉圣·罗兰·柯克的忠实粉丝，一年前他在伦敦罗尼·斯科特爵士俱乐部演出时，我特意带上凯伦及两位好友一起去听，就是为了分享我对他的喜爱之情。我们坐在舞台左前方的一张大桌子旁。凭借非凡的音乐素养、高超的表演功力和令人眼花缭乱的演奏技巧，罗兰征服了全场观众。他的绝招是同时演奏两三种乐器。我们都看呆了。

四十五分钟过后，罗兰似乎觉得有些没劲了，他叫他的乐手们下去喝一杯，然后径自朝钢琴走去。他的贝斯手马尔科姆·塞西尔在伊灵艺术学院授过课，是位出色的客座老师。罗兰信手拈来的即兴弹奏着实令人称奇。他或用两指敲击琴键，或握起双拳砸向琴键，令人想到玩兴正浓时的艾灵顿公爵。我凑到凯伦耳边轻声说：“我爱这个，但我还是希望他拿起管乐器。”他转向我的方向，一脸愠色。他听到我说的话了！怎么做到的？我知道盲人一定拥有极敏锐的听力，但我真的说得太小声了。

“对不起，罗兰。”我喊道。他不屑地哼了一声，离开钢琴，走向舞台中央。他把六种不同的管乐器塞进嘴里同时吹奏起来，甚至同时还在演唱。他朝我看了几次，仿佛是在问我：管乐器听够了没？

表演完《汤米》，我精疲力竭地回到化妆间。这时罗兰·柯克推门走了进来，大声嚷嚷道：“给又聋又哑又瞎的男孩写歌的白种小混蛋在哪？”我默不作声，但他听到了我的呼吸，于是走向我，拥抱了我。

“老弟啊，我们这些瞎子终于有了我们自己的歌剧！不过我不聋也不哑。”

“对不起，罗兰。”

“见鬼！”罗兰再度转向我，佯装很不悦。“你就是去年我在罗尼·斯科特爵士俱乐部表演时，要我别弹钢琴的那个白种狗娘养的！”我又被他拥抱了一下，这一次是熊抱。我们在“波士顿倾茶事件”演了三场，他坐在后台听了三场。

拉圣·罗兰·柯克告诉我，当音乐家表达敬意时，并不总是鼓掌、拥抱或写信。有的时候，他们仅仅是聆听。如果他们恰好是盲人，他们聆听得更敏锐。

上世纪六十年代末的现场演出通常组织混乱，让我十分懊丧。许多做演出的刚刚离开大学校园，用在学生会学到的本事出来闯世界。迷幻海报和嬉皮气氛的背后是一片混乱。但他们是即将崭露头角的嬉皮商人，诸如理查德·布兰森（Richard Branson）和哈维·戈德史密斯（Harvey Goldsmith）。

《汤米》根植灵性，然而却暴力泛滥。战斗机轰炸、英国皇家空军飞行员失踪（可能成了战俘）、家庭谋杀、霸凌、性虐、非法医生滥施药物、残障男孩医治不力，最后，愤愤不平的民众制造了骚乱，只因说好的涅槃被令人厌烦的药物代替。弹奏《汤米》的时候，我经常性地仿佛失去了知觉。我没有嗑药，但内啡肽、多巴胺、血清素和肾上腺素这些内生性的化学物质在我的体内汹涌澎湃。

波士顿的下一站是纽约。纽约是我们在美国的精神家园，《汤米》登陆纽约令我心绪难平。演出地点是比尔·格雷厄姆的“费尔摩东”[1]（Fillmore East）俱乐部，同样是连演三晚。首演之夜，我与平常一样兴奋，我们对呈现又一场精彩的演出充满信心。某个时刻，我们正演得起劲，一个不知从哪冒出来的家伙从罗杰手中夺过麦克风，开始对下面的观众喊话。上一秒钟我们还在演奏，下一秒钟就有个不相干的人站在舞台中央，对着观众喊话，对着我们的观众喊话。

罗杰试图夺回麦克风，但被那个家伙一把推开。一段重 solo 还没飙完，我一个飞腿朝他屁股踹去，然而当我的高帮马汀博士工作靴就快飞到他的屁股时，他突然转了过来——我的飞腿正中他的睾丸。他痛得弯下了腰，这时两三个比尔·格雷厄姆的人冲了上来，把他请了下去。我们继续演出。不幸的是，那个睾丸差点被我踢爆的家伙是纽约警局防暴队（TPF）的一员特警。当时他试图引导观众有序地退场，因为隔壁的商店发生了火灾。

我被投进了警局的囚室。防暴队的头儿，一个五十来岁的高个疤脸男人亲自过问了此事。警方和媒体的态度让我很不安，看起来我会被驱逐出境，被美国永久拒签。

被我踢得蛋疼的警官对我进行了讯问，我向他诚挚地表达了歉意，然而他连正眼都不瞧我一下。这件事显然已经上升到了尊严的高度。我要是胆敢在大街上踢他的蛋蛋，他完全有权利把我一枪崩了。但当时的我完全被汹涌奔流的肾上腺素冲昏了头脑。

我被取保候审，将于 10 天后的 5 月 27 日出庭。我给身在伦敦的凯伦打了个电话，告诉她发生了什么事。

1　著名摇滚演出主办者比尔·格雷厄姆 1968 年 3 月创办于纽约东村的演出场所，虽然只开了 3 年 3 个月便关门大吉，却是摇滚史上的重要演出基地，被誉为“摇滚乐的教堂”，与格雷厄姆创办于旧金山的另一处传奇演出场所“费尔摩厅”遥相呼应。

"皮特，小心些，"她说，"我想你。"

听到她的声音，还有声音里的担忧，我真想立刻放弃摇滚生活，回到家的港湾。

"费尔摩东"的三晚演出于5月18日落幕。第二天是我的生日。我24岁了，我是一个男人。我会挺过去的。

5月17日，《汤米》在美国首发。6天后，英国版《汤米》上架。25日，"谁人"头一回与"齐柏林飞艇"同台摇滚。我们的律师透露，警方对罗杰和我的指控有望撤销。我们暂时松了一口气。接下来的一系列演出是"谁人"音乐生涯的关键性时刻，时至今日我依然这么认为。

与"齐柏林飞艇"一道完成一场户外大型演出后，"谁人"转战芝加哥演出场所"运动场"（Kinetic Playground），这回为我们暖场的是被誉为史上最伟大鼓手的爵士乐鼓手巴迪·里奇。基思和他的偶像说上话了。在巴迪·里奇的 solo 神技面前，所有的摇滚鼓手都退化成了黑猩猩。乔·库克也在阵容名单之列，这次在台下听他演唱并与他同台表演是我有生之年最快乐的时光之一。

在旧金山"费尔摩厅"，比尔·格雷厄姆又要我们一晚演两场。我们和他吵了起来。之前是可以，但《汤米》行不通。但他很难对付。第一晚的第一场，我们挑战了他的"权威"，匆匆收场了事。观众颇为不满，倒戈成了他的盟友。

比尔·格雷厄姆习惯了吩咐乐队该怎么演、演什么、演多久乃至穿什么。作为回报，他提供干净的化妆间、强劲的 PA 音响系统和丰厚的酬劳。比尔是个狠辣的角色，但不知何故他喜欢我，对我的挑战举动没有还以颜色。最终他还是妥协了。接下来的两晚，我们都是把两场并作一场演。从此往后，我们几乎再也没有一晚连演两场过。

我和罗杰回纽约出庭受审。这是一次可怕的经历。罗杰被免于起诉，我则被控行为不端，罚了75美元。这在美国是最轻的罪名，相当于英国的训诫。我暗地里希望被美国永久拒签，这样我就能多陪家人。我告诉我的朋友们，我永远都不想回到美国。

6月23日，启程飞返英国前，我来到了弗兰克·巴萨罗那家。弗兰克是我们在纽约的经纪人，他试图说服我参加伍德斯托克。这个音乐节听起来是丰碑式的，充满勇气又激动人心，但距举行还剩不到两个月——对我来说太快了。我拒绝了。我刚做爸爸，凯伦凭一己之力带了两个月小宝贝。我被捕的事让她感到害怕，我需要给予她俩支持。

激动不已的弗兰克说傻瓜才会拒绝这个音乐节。他说它就是成不了一个世纪的伟大经典，至少也会是十年之经典。我说我决心已定。比尔·格雷厄姆照样被我慑服，弗兰克·巴萨罗那吓不倒我。弗兰克把前门锁了起来，然后走到窗前，将钥匙扔到了楼下的街上。他说我不答应演就甭想出门。两三个小时过去了，我眼睁睁地错过了回伦敦的航班。为了脱身，我敷衍他我同意演。

但弗兰克掏出一份合同，说口说无凭，立字为据。我潦草地签下自己的名字，心想反正我只代表我自己，其他三人不签他也拿“谁人”没辙。然而没过几天，克里斯就代表其他三人在演出合同上签了字。

回到家中，不出我所料，凯伦身心俱疲。我竭尽所能地帮着照看爱玛。迪莉娅·德·利昂的姐姐、同为美赫巴巴信徒的阿敏塔是一位大提琴家，拥有一把斯特拉迪瓦里琴[1]。她为这把稀世名琴办了一个小派对，受邀参加者都是美赫巴巴的信徒。我偕凯伦和爱玛同往。走进阿敏塔的客厅，我看到了熠熠生辉的斯特拉迪瓦里琴。熠熠生辉的不只是琴，还有坐在琴旁的罗茜，就是那个和我有过一腿、激发我写下《感觉》的澳洲美女。(《感觉》已被收录入《汤米》。)

我把妻女介绍给她。她一言不发，继续熠熠生辉。我感觉生活有

1　指制琴大师安东尼奥·斯特拉迪瓦里制作的弦乐器。斯特拉迪瓦里琴在历史上拍卖价格最高的乐器中占据了前5名。2014年，再有斯特拉迪瓦里琴流出市场，由苏富比进行拍卖，预计成交价超过4 500万美元。

意要给我一个教训。当初凯伦截下她的来信，让我明白了我的感情归属。她这时一定惴惴不安，我很同情她，然而我内心残酷无情的艺术家的那部分又在欢欣鼓舞。毕竟，我们的私情催生了一首好歌。

我帮我的朋友、鼓手兼歌手斯皮迪·基恩组建了一支名叫“响雷纽曼”（Thunderclap Newman）的乐队。斯皮迪写了首《空中之物》（Something in the Air），我使出浑身解数，将它制作成电台爱播的那种歌曲。《空中之物》在英国单曲榜上一路飙升，最终登上冠军宝座。

“响雷纽曼”受邀录制《流行之巅》，我与他们一同前往BBC。当我站在后台，感慨着不用登台也能拿到酬劳时，一位老友把我拉到一边，说他听说布莱恩·琼斯死了。我惊愕得哑然无声。我不敢相信他已经死了。我最后一次见到他是录《滚石摇滚马戏团》的时候，当时他的身心状况就已经非常糟糕。我知道他最近离开了“滚石”，他的位置已被米克·泰勒（Mick Taylor）取代。对这位“滚石”创立时期的领导者来说，这太令人痛苦了。

两天后，1969年7月5日，“谁人”登陆皇家阿尔伯特音乐厅，参演首届Pop Proms音乐节。五点半一场，八点半一场，与我们同台献演的是查克·贝里。查克和我们就应该由谁来压轴争执了一番，最后我们商定五点半的那场由他压轴，八点半的那场由我们领衔。我带上了8岁的弟弟西蒙，将他交给大卫·鲍伊照管。同一天，在街对面的海德公园，“滚石”头一次以没了布莱恩·琼斯的新阵容亮相。他们是在下午演的，很多观众看完他们的演出后直奔我们的场子。

演出过半，观众中的“摇滚帮”开始撒野，朝台上扔东西。罗杰捡起一枚钢镚，朝我走来。

“被磨尖了，皮特，”他说，“像剃须刀片。”我们躲避着飞来的一枚枚钢镚，撑完了整场演出，可等待我们的却是被皇家阿尔伯特音乐厅长期禁演的命运。他们觉得我们扮演了煽动者的角色，可现场在我们捣毁乐器之前就已经一片混乱了。

演出结束后，大卫·鲍伊把西蒙交到我手里。他俩都说了这样一句话："我将干这个。"大卫说的是他将做一张以虚构人物为主角的概念专辑；西蒙的意思是他打算玩摇滚。下楼时，我碰到了特地过来找我的罗茜。我们站在楼梯平台上，尴尬地聊了几句。我问她还好么。

"我盼望着与你重逢，"她说，"然后，在阿敏塔的派对上，你的妻子和孩子。"

妻子和小宝贝在家里。忽然间，我迫不及待地想要见到她们。这个澳洲美女是我婚前搞的最后一个姑娘，我暗自许诺今后绝不背叛凯伦。

我和妻女飞往纽约，然后换乘轿车奔赴伍德斯托克。

"谁人"的表演时段在音乐节的第二天（周六）晚上，排在我们前面登台的是"斯莱和斯通一家"乐队（Sly and the Family Stone）和詹尼斯·乔普林。鉴于糟透了的路况，有人建议我们提早出发去现场。凯伦留下来照看爱玛，我穿上白色连体工作服，蹬上高帮马汀博士工作靴，钻进一辆豪华加长轿车。司机说主办方不给钱，直升飞机停飞了。"假发"的耳朵竖得老高——他负责跟主办方拿劳务费。

九十分钟过后，我们才前进了两英里。道路泥泞不堪，我们的车偶尔还需要路人推一把。沿路到处都是丢弃的摩托车和汽车，像是战时的逃亡场面。约翰和基思举止有些怪异。我们在酒店里待了不过十五分钟，他们就搞到了毒品。

抵达演出后台时，迎接我们的是一幅可怕的景象。停车场满是呈胶状的泥浆。我下车时滑了一跤，双脚一下陷进泥里，直没膝盖。我们走进一个备有饮水机、茶包、速溶咖啡和咖啡机的帐篷。我喝了点水，没几分钟我就意识到水里掺了迷幻药。二十分钟后，药劲上来了，我看到一张美赫巴巴的照片高高地贴在一根电线杆上。这是一个奇妙的时刻。这张照片在当时似乎无处不在：年轻时的美赫巴巴，英俊、长发、像是基督一般。是个好兆头，一切都会好的。

然后悲剧发生了。在我凝视美赫巴巴照片的时候，一个赤膊赤脚、嗨过了头的年轻人猛地爬上停在电线杆下的救护车车顶，接着沿着电线杆优雅地向上爬了约三十英尺。当他摸到照片时，就听见一声惨叫，他摔了下来，落在救护车顶。他被电到了。医护人员赶紧将不省人事的他抬进急救帐篷。当我跟在医护人员后面走进急救帐篷时，我以为自己走进了《陆军野战医院》（M＊A＊S＊H）的拍摄现场。满眼都是躺在折叠床上的年轻病号，有些是身体挂彩，更多的是惊恐发作。出了急救帐篷，我看到约翰和基思正从一辆休旅车的后窗往外窥视。他俩咧着嘴朝我招手。后来我才知道，两人的鸡巴当时各被一个妞的嘴含着。

有传言称超过一百万人来到了伍德斯托克，看起来这个数字的一半散落在山上。全身赤裸的姑娘们在林间翩翩起舞，毒贩的托盘上放有大麻烟、迷幻药片、大麻叶子和烟卷纸。成千上万的露营者坐在山坡上聆听音乐，仿佛置身于一座天然的圆形剧场里。音响系统还不错，但设计者设计时可没想到要覆盖那么大的地方。偶尔有药磕多了的人试图搭讪我，他们有的满脸写着爱意，有的以暴力相威胁索要钱财和毒品，然而一眨眼功夫，后者就像森林精灵般笑着跑远了。

“斯莱和斯通一家”以一曲《我要让你更嗨》（I Want to Take You Higher）掀起了当晚的高潮。他们的音乐急促、黑暗又充满力量，他们嗑的一定是可卡因而非迷幻药。詹尼斯·乔普林在蒙特利流行音乐节上声惊四座，但今晚她不在最佳状态。也许是因为演出时间一再延后，也许是因为她在漫长的候场过程中喝了不少酒、嗑了不少海洛因。但她的歌声依然摄人心魄。她唱罢返场曲《球与链》（Ball and Chain），就轮到我们登场了。

我担心灯光效果出不来。我问旁人太阳会在几点升起。随着我们奏响第一个音符，许多躺在睡袋里的人揉揉眼睛坐了起来。[1] 灯光师

---

1 “谁人”开始表演的时候已是第二天凌晨五点。

用白光打向罗杰。在灯光的映衬下，他的长卷发就像一团金色的火焰。罗杰演唱时常常紧闭双眼。突然间，一个扛着电影摄影机的人出现在了罗杰脚边，差点把罗杰绊倒。我一把将入侵者推下舞台。这个家伙原来是迈克尔·沃德利（Michael Wadleigh），正是他掌镜的纪录电影《伍德斯托克》让这场音乐节成为了永恒的传奇。

罗杰的动作显得强烈而深切。他猛烈地甩动麦克风，摆出一个个神话般的造型，让人看到了痛楚和沮丧；他的汗珠闪着天使般的光泽，让人想到了绘画大师的名作。相形之下，约翰和基思就有些无精打采——他俩今天早些时候服用了迷幻药，和两个友好的女粉丝乱搞一气。但跟上我的节奏对他们来说不成问题。

《迷幻皇后》讲的是一个黑心肠的吉普赛女魔头，许诺带汤米走出自闭，可实际上却打算用毒品击垮他。我酝酿着情绪，想象着自己是个吉普赛妓女。我走向麦克风架，正要开腔演唱，一个人抢先一步站到了麦克风前。是社运活动家艾比·霍夫曼。“什么狗屁玩意，”他对着麦克风大吼，朝观众挥舞着手臂。“我的底特律诗人朋友约翰·辛克莱因为一根操蛋的大麻烟进了大牢……”

《迷幻皇后》的前奏才弹了一半。我陡生恶念，端起吉他，用琴头将艾比推出了我的领地。琴弦划伤了他的皮肤。他退到舞台边盘腿坐下，一脸怒气地盯着我，他的脖子流血了。

演完这首歌，我望向他，用口型默示：“抱歉啊。”

“操你妈。”他同样用口型默示。

我对自己的表演领地被人侵犯出奇地介意。可能在我还是个小男孩时就被灌输了这种意识，当时爸爸是“飞行中队”乐队的一员。但不管出于什么原因，舞台神圣不可侵犯。

随着我们奏响《我自由了》（I'm Free），大多数观众站了起来。当罗杰对着如潮的观众唱着“看着我，感受我，触摸我，治愈我”时，他们突然意识到，《汤米》仿佛就是为伍德斯托克，为这个时刻，为他们而生的。山坡后的天际开始发白，我尽情地飙着回授吉他solo。见我飙得没完没了，一点没有收手的意思，基思大喊道："看在上帝的份上，皮特，该结束了！"最后，筋疲力尽但兴高采烈的我操起琴柄往地下一顿猛砸，把残骸扔给观众，随后打道回伦敦。

经历伍德斯托克一役（我一开始还不想去呢）后，我们一跃晋升为摇滚王族，此后再也没有失去这一光环。纪录影片《伍德斯托克》发行后，不只是"谁人"，每一个在伍德斯托克上亮相的艺人都开始享受神一般的地位和荣耀。艾比·霍夫曼和我，两个曾视伍德斯托克为狗屁玩意的莽汉，成了这场乐手和乐迷的革命的象征。如今光是在英国，每年就有超过450个音乐节上演。伍德斯托克是它们的标杆。是迈克尔·沃德利拍摄的纪录影片牢牢定格了伍德斯托克的遗产。在他的镜头下，连烂泥都那么美丽。

20世纪60年代接近尾声时，无论是在台上还是在台下，"谁人"的四名成员都找到了各自的生存方式。我们很快乐，这在情理之中。言辞一贯犀利尖刻的乐评人阿尔伯特·戈尔德曼（Albert Goldman）如此评论我们在纽约"费尔摩东"的演出："'谁人'戴着用声名、荣光和金子编成的光环，屹立于世界摇滚之林"。

伍德斯托克后，人们对"谁人"现场的期望值更高了。纪录影片《伍德斯托克》把罗杰变成了摇滚明星。乐迷们一如既往地热烈期盼我砸毁吉他，可我有时候会故意不满足他们，在演出结束时把电吉他静静地放到地上，享受不绝于耳的抱怨声。还是有人觉得"谁人"是一支噱头乐队，而在许多乐手看来，"谁人"也不是"奶油"那种严肃的布鲁斯摇滚乐队。

《汤米》问世后，一轮接一轮的演出如潮水般淹没了我，我的创作随之进入停歇期。我累得连抱起吉他寻找音乐动机的力气都没有了。不过，每场演出接近尾声的时候，我会单膝跪地，即兴指弹。基思和约翰随即强力加入，仿佛这些即兴乐句我们已排练了一月有余。

我们的即兴合奏丝丝入扣、准确紧凑、相得益彰，罗杰只需额外奉送呜咽、尖叫以及帅气的姿势即可。

值得发展成型的即兴乐句将在下一场继续奏响。大约一周后，我和罗杰会为它们填上歌词。我们通过这种方式在舞台上创作新歌，同时发明了一种崭新的摇滚乐形式。后来，“齐柏林飞艇”开始使用一种相近的套路发展新歌。我不知道他们的方式是否如我们一样随心所欲，但至少效果大同小异。

我们的厂牌要求我们配合他们打击“谁人”的演出实况“靴子腿”[1]（Bootleg）。他们有所不知，偷录者除了主办方还有乐迷。著名的演出主办者、“费尔摩东”的比尔·格雷厄姆几乎每场都偷录；我们的现场录音师鲍勃·普里登还发现，有舞台线缆通往乐迷搞的临时“录音室”。有乐迷在“费尔摩东”的包厢里弄了一个临时“录音室”，比尔·格雷厄姆发觉后，将他们和贵重的录音设备一并扔下了安全梯。我们四个不知道也不在乎这些录下的东西在半个世纪后会价值几何。但格雷厄姆知道，他甚至还用摄影机记录了某些演出。

我从一个歌迷那儿得知，“谁人”的多张“靴子腿”正广为流传：1967 年蒙特利流行音乐节上的 6 首歌；1968 年 4 月在“费尔摩东”演的第二场（这一晚我们被赶出了最爱的纽约酒店，因为基思在电梯里当着经理夫人的面，引爆了一包摔炮）；在纽约为“大门”乐队暖场的那场；在中央公园的一场；1969 年的 10 场良莠不齐的演出，包括“费尔摩东”之夜，当时我将一名警官飞踹下舞台；最后是伍德斯托克上的演出，无独有偶，那次艾比·霍夫曼和迈克尔·沃德利也被我用暴力驱下舞台。

“谁人”有两台 Vortexion 开盘录音机，这一年的第二轮北美巡

1　语出美国禁酒令时期，当时私酒贩子常将私酿的酒藏在靴子里去偷卖，后来引申为“偷录”及“偷录的唱片”之意。

演大幕即将拉开之际，我建议鲍勃·普里登带着其中一台上路，用它录下我们的每一场演出。我们将先发制人，把效果最好的一场交给迪卡唱片推出，让偷录者只有懊丧的份儿。

一年前的 1968 年 9 月（当时《汤米》还没发行），因为有传言称我会在《汤米》发行后做一张现场专辑，迪卡唱片匆忙推出了一张奇怪的精选辑——《魔法巴士："谁人"巡演》（*Magic Bus*：*The Who on Tour*）。消息是我自己放出来的。这张标题带有欺骗性的合辑意在充分利用传言，实际上没有一首录制于现场。

1969 年秋，出发赴美之前，我对交出一张出色的现场专辑胸有成竹。鲍勃将录下全部三十场演出，其中效果最好的一场会成为"谁人"的处女现场专辑。我们做到了，"谁人"演得极好，鲍勃录得极佳。

1969 年圣诞节后不久，我和鲍勃碰了个面。我有些紧张不安，因为《汤米》即将登上几家欧洲顶级歌剧院。我知道鲍勃最近把自己关在录音棚里，埋头听他录下的三十场现场。

"你觉得哪一场最棒？"

"它们都棒极了，皮特。"

"哪一场最棒？"

"它们都是最棒的。"

"那就随便挑一场？"我和平常一样尖酸。"把你做的记录给我看看。"

鲍勃焦虑的神情透露了他的窘境：他一点记录都没做。毕竟，编辑专辑不是他的本行。但我还是很生气，我们没时间把 30 场录音从头到尾认真过一遍了。而且还不止 30 场，鲍勃最近又录下了我们在英国的 8 场演出，包括伦敦大剧院的一场。38 场的现场录音，我得听上整整 5 天。他就是做了记录我也会乱了头绪。我们得换种快些的方式，否则这张专辑就出不来了。

“欧洲歌剧院之旅后在英国本土还有演出么，可以用移动录音设备来录的那种?”

“利兹和赫尔，情人节周末。”鲍勃答道。

“租一套八轨录音设备，录下这两场。我会用我刚升级的新八轨开盘机来混音，这两场录音中效果更好的一场将成为我们的现场专辑。”

鲍勃的脸上再一次露出焦虑的神情。“那三十几场现场录音怎么处理?”

怒气未消的我做出了一生中最愚蠢的决定。

“销毁它们，”我厉声说。离开房间前，我警告他道：“别让我听到一张这些现场的‘靴子腿’。只要听到一张，我立马就知道它是从哪儿流出来的。”

鲍勃是“谁人”团队和朋友中最忠诚的一个，这对他来说太不公平。从商业和历史的角度来说，这也是一个愚蠢至极的决定。作为“谁人”历史资料的主要保护者，我竟亲自下令销毁这组珍贵的录音资料。它们记录了1969年底的数十个伟大的夜晚，其中包括在“费尔摩东”的七晚，在“波士顿倾茶事件”的两晚等。

鲍勃在自家花园燃起火堆，将它们付之一炬。销毁过程中，他打电话给我，问可否为后人保存一盘开盘带。直到这时还在犯傻的我奚落他道：

“啊！但你要挑哪一场保存呢，鲍勃?”

1970年情人节这天，我们来到录制现场专辑的第一站——利兹大学的食堂。场地不大，摩肩接踵的大学生将气氛和室温一并抬高。大学生乐迷一贯吵闹无礼，但这一回他们很守规矩——他们知道我们在现场收声。声场很棒。我弹奏得比平时要小心，尽量避免错音（我在大力起跳的同时弹奏容易弹错音）。翌日，我们在赫尔市政厅接着录了一场。这儿的声场同样适合硬摇滚，不过与前一天比起来，气氛要稍冷一些。

我仅用两天时间就完成了《利兹现场》（Live at Leeds）的混音和剪辑。赫尔现场的前几首歌贝斯录得有瑕疵，修复起来相当棘手，所以我马上把重心转移到利兹现场。利兹也有问题，有些和音录得不大对。我和约翰走进 Pye 录音棚重录和音，一遍搞定。

《利兹现场》推出后，我们四个对铺天盖地的好评全都始料未及。这张旨在安抚迪卡唱片和乐迷的过渡性专辑将我们提升到一个新的高度。毋庸置疑，《利兹现场》中的强劲吉他能量，结合约翰、罗杰和基思的强力演奏技巧，激发了接踵而来的重金属革命。而出现在专辑末尾和《年轻人布鲁斯》间奏中的凌厉即兴连复乐句，更是催生了上千支吉他摇滚乐队，他们音乐的灵魂就是一股子粗鲁原始的力量。

只有一首《奇异之旅》来自《汤米》，我们音乐中柔软悦耳的部分也被抛在一边。“齐柏林飞艇”追求的东西与《利兹现场》异曲同工，但吉米·佩奇追随的是埃里克·克莱普顿和吉米·亨德里克斯的传统。相较而言，《利兹现场》更直接也更自然。我们的意图很简单，就是要撼动你。

尼克·科恩在《纽约时报》上写道：“《汤米》是摇滚乐的首部旷世杰作。《利兹现场》是一场硬摇滚的终极燔祭，是有史以来的最佳现场摇滚专辑。”尼克和我的交谈帮《汤米》褪去了晦涩难懂的外衣，也让它不再显得一本正经。继博得一致赞誉的《汤米》之后，《利兹现场》再次树立了一道我难以逾越但又需要逾越的标杆。

我能逾越这道标杆么？如果我能做到，我还得证明些什么？我的人生还能走向何方？

第二幕

很绝望的男人

目光游移
洞察远方
我是个追寻者
一个很绝望的男人
《追寻者》(The Seeker)(1970)

里里外外,不要烦我
里里外外,无处是家
《5:15》(1973)

13

生命之屋与寂寞孤独

我们是摇滚明星。基思、约翰、罗杰和我。我们有理由开心，可我们很快就不堪忍受成功带来的压力。我们如日中天、盆满钵满。“谁人”的成功改变了我们，以及基特和克里斯的一切。

1969年底，“滚石”乐队经历了一场可怕的惨剧。他们在阿尔塔蒙特音乐节上表演时，“地狱天使”摩托党当众捅死一名观众，这耻辱的一幕被摄影机记录了下来。《同情魔鬼》（Sympathy for the Devil）让他们深受其扰。1970年初，“披头士”分道扬镳。上帝似乎站到了“谁人”这边。

1965年的时候，我曾以为“谁人”维持不了几年，看到如今风水轮流转，我感到吃惊不已。我们与“奇想”、“漂亮玩意”、“奶油”、“小脸”和吉米·亨德里克斯苦苦拼杀了五年；而在这五年里，我们与“滚石”和“披头士”不在一个重量级。

突然之间，我们杀出来了。我们在公开水域尽情畅游，然而不少我们的同类还在和DDDBMT、“民众”这样的轻量级流行乐队争夺游泳地盘。这些流行乐队很棒，但就是没有一颗冒险的心。他们只想要热门单曲。

1970年春天，《汤米》和《利兹现场》大获全胜之后，一时没了大想法和大计划的我感到心神不宁。过去的一年也许是“谁人”职业生涯中最紧张刺激、最充满活力和最为成功的时期，而随着我们的节奏开始放缓，所有的目光都转向了我——“谁人”的核心创作者。

为人瞩目富有挑战性，像是一种荣誉。酝酿新的想法、创作新的项目令我激动不已，同时又让我焦虑万分。自此之后，我的人生常常充满了矛盾——商业成功和创造力之间的矛盾。当我为了激发灵感而与他人集思广益，或是深入探索自己的内心、我周围的世界、过去、未来、乐队、乐迷以及音乐本身时，我的行为会显得走火入魔或荒谬可笑。我没得精神分裂症，但某种程度上，这导致了我的情绪大幅波动和强迫性行为。我尚年轻，无论是对自己肩头的压力，还是对凯伦等身边的人造成的伤害和困惑，都并不真正理解。

我的灵性渴望和对美赫巴巴的忠诚持续不断地被世俗的野心包围，被对性的渴望挑战，被残余的怀疑态度和矛盾情绪削弱。当时我并不知道，美赫巴巴对性可没有我那么纠结，只要我发自内心地爱他，尊他为导师就行。

烦扰我未来多年的多重成瘾似乎没有逻辑和规律可言。我能几天、几周、几月甚至几年地保持清醒和责任感；然而我也会表现得像个彻头彻尾的蠢蛋。

回想起来，我接下来的二十年是绝望、混乱和碎片式的。一首即将出炉的歌词预言了这一切。

1970 年春天，我牙疼时不去看牙医，身体抱恙时不去看医生，头发长了也不去理发。我全力打造“谁人”的新作，还把他们几个请到家里录了一个礼拜。但和《汤米》相比，我们的主意都不足称道。《追寻者》和《肉眼》（Naked Eye）是最拿得出手的两首新作。

《追寻者》写的是一位越战老兵。我和凯伦在海特-阿什伯理区的街头观光时，他一把攫住凯伦的手臂。写这首歌时我压根没意识到，它的歌词与我所面临的僵局竟如此吻合。

人们往往恨我

因为我从不微笑
我洗劫他们家时
他们想与我握手

目光游移
洞察远方
我是个追寻者
一个很绝望的男人

我学会了怒气冲冲地扯嗓门
对，但看看我的脸，我不是在微笑么？
过得好时我开心
过得不好时我流泪
我有道德观念，但我不知道何以会有

我在找你
你在找你
我们在拜访彼此
我们不知道该做些什么

我在舞台上的标志性动作——腾空跳跃、大风车和砸吉他尽显飞扬跋扈之势。流氓性像烙铁一样烙进了我和“谁人”的灵魂，然而效果极佳。《利兹现场》让我们意识到了自己的演奏实力。“谁人”是一个单位，一部机器，一股自然之力。当“谁人”如一部机器般运转时，其内在部件和操作人员就有了分歧。《利兹现场》的原始力量让我们和我们的歌迷尽情释放，然而基特依旧在追逐波普噱头。他总是怂恿基思疯狂作秀，鼓动我大放厥词。

1970年6月，比尔·格雷厄姆促成《汤米》登上大都会歌剧院，当年度的北美巡演由此拉开序幕。在这座古典歌剧的圣殿表演不太对我的胃口，不过我为能走进这里深感骄傲。去年在“费尔摩东”上演《汤米》时，举止优雅的莱昂纳德·伯恩斯坦[1]（Leonard Bernstein）搂着我的肩膀，看着我的眼睛，笑容可掬地问我是否明白我所取得的成就有多重要；鲍勃·迪伦也来了。他没说几句话，但他的到来已胜过千言万语。

大都会歌剧院之夜，我们一如既往地使出了浑身力气。问题是我们一晚上演了两场。第一场告终时我们还演了一首安可曲，这在“谁人”的演出生涯中极为少见。接下来的一场，我们演得更加卖力，演出结束时，我们把最后一股劲迸发了出来，就像马拉松选手冲刺终点线一般。我们使出了浑身解数，我们已经身心俱疲。但许多观众两场门票都买了，享受了前面的安可曲后，他们满以为第二场还有安可曲可听。我们脱下汗津津的演出服的当儿，他们不停地大声鼓噪。

比尔·格雷厄姆要求我们在欢呼和跺脚持续 15 分钟后返场。我则要求比尔对观众宣布：演出已经结束，你们该回家了。他拒绝了，所以我亲自宣布了这一消息。观众发出了嘲笑声和嘘声。我把麦克风架扔下舞台，扬长而去。我们演得靠谱，我们问心无愧。在过道，我和比尔狭路相逢。去年在“费尔摩东”，比尔的人没告诉我隔壁起火的事，害得我踢了那个条子的卵蛋，被告上法庭。我对此依然怀恨在心。比尔走到我跟前，眼神里透出冷酷与坚决，但他接着便软了下来，耸耸肩，让我赢了一回。这个孔武有力的男人可是拳击场上的常胜将军。

步出大都会歌剧院，我们迈进了安那罕天使球场。对摇滚乐队来说，在美职棒大联盟球场表演是件稀罕事。1965 年，“披头士”曾登陆谢亚球场。“满匙爱”乐队（The Lovin' Spoonful）主脑约翰·塞巴斯蒂安（John Sebastian）为我们暖场。他是个才华横溢的创作歌

1　莱昂纳德·伯恩斯坦（1918—1990），美国犹太裔作曲家、钢琴家、指挥家、作家和教育家，是美国历史上最享有盛誉的古典音乐家之一。

手兼口琴手，性格外向合群。

“谁人”起步时，基特建议我们飞奔上舞台，仿佛那里是世界上我们最想去的地方。他还建议我们穿舞台服装，使用夸张的动作，让最后一排的观众也能感受到我们的激情。我偏爱白色和淡蓝色，常常穿白裤子。基思也是白裤子的拥趸。罗杰爱穿带流苏的衣服，它们和他的长发一起飘扬之余，还能让他显得个子高些。约翰穿的尽是些古怪的定制服装，用米字旗做的西装上衣，上面绘有白色骨架的皮衣等等。

但除了震天的声响和音乐的史诗本色外，真正让后排观众感受到我们激情的是罗杰、基思和我的运动能力：基思将鼓槌高高抛向空中，一跃跳到架子鼓上；罗杰像甩流星锤一样甩着麦克风，还攥住它猛击镲片；我像大风车一般抡动手臂，还时不时地飞身跳踢。约翰则岿然不动，就像屹立在龙卷风中的一棵橡树。

接下来，我们在伯克利社区剧院演了两晚。主办者还是比尔·格雷厄姆。他打算修补我们间的裂痕。他为我们准备了美味的牛排和干酪火锅，还亲自下厨做了几道菜。

头天晚上，罗杰唱到“看着我，感受我，触摸我，治愈我”时，全场灯灭，一柱灯光打出，照亮了他的脸。随后，伴着最后一段乐章，我们身后的帷幕徐徐拉开，三束刺眼的白热强光开始在观众席上游弋。灯光的源头是三台巨型克利格灯，好莱坞大道上开电影首映式用的那种。观众一时间不知所措，随即陆陆续续站了起来，直到全体起立。非常出色的灯光设计。

第二晚的演出成功闭幕后，我们迎来了一场大惊喜。比尔把我拉到一旁，说只要我们的卡车塞得下，强劲的克利格灯就归我们了。我们租了辆大卡车拖走了它们。比尔·格雷厄姆将功补过了。

在洛杉矶时，我们住在一家汽车旅馆。约翰·塞巴斯蒂安和他的新女友凯瑟琳过来找我玩。凯瑟琳十八九岁的样子，金发碧眼，美貌惊人，眼睛和嘴巴尤其好看，和魅力四射的塞巴斯蒂安真是绝配。他俩都热爱扎染工艺[1]。在凯瑟琳的鼓动下，约翰要我把我的白色连体工作服交给他，说是要带回去扎染。

约翰也把他新写的一首歌弹唱给我听。他抓起一把吉他，把他的椅子拖到我面前坐下——对一个英国男人来说，他和我坐得也太近了些。我看过约翰和年轻的迪伦面对面坐在一起弹琴的照片。他们四目紧紧对视，两张脸近在咫尺。这两个男人的亲密无间让我向往，然而当我亲身体验到这种亲密性时却感觉极不自在。约翰凝视着我的眼睛，开始弹过门。

“欢迎你回来。”他唱道。歌曲优美动人，然而我如坐针毡。也太暧昧了，感觉就是在为我而歌。我想起了我的朋友理查德·斯坦利，我弹奏《汤米》里的那首《欢迎》给他听时，他误解了我的意思，以为我在向他示爱。现在轮到我了。

凯瑟琳躺在床上，看上去像是玛丽莲·梦露重返人间。我很乐意盯着她看，但约翰热切的眼神像老虎钳一般紧紧抓着我。一曲奏罢，他问我感觉如何？有兴趣加些东西进来么？我都快失声尖叫了。男性创作人之间亲密到这种程度让我无法承受。我的大脑一片空白，一个字也说不出来。凯瑟琳从床上坐了起来，他俩抓起我的连体工作服，亲切地与我道别。

他们走后我喝了太多的科尼亚克白兰地。说实话，无论是醒还是醉，我都没法跟人合写歌曲。我是个孤僻的人，尤其是处于创作状态中时。我醉得不省人事，梦到了约翰·塞巴斯蒂安的女友。

第二天，当早晨的一缕缕阳光从薄薄的窗帘照进来时，我翻过身来，望向窗帘。我的心在狂跳：窗前有道阴影。有人在。不，是一具

---

1 摇滚名人堂陈列有约翰·塞巴斯蒂安的标志性扎染衬衫。

尸体。一个疯狂的傻瓜，在我的房间外面，自缢身亡。我能想象出系在梁上的绳子、耷拉着的脑袋、僵直的躯干和腿脚。我透过窗帘紧张地看了一会，外头没有动静，只有摇曳的阴影。微风中轻轻摆动的尸体。在我看来，只有做了亏心事，才会有鬼敲门，即使亏心事是在梦里做的。我从床上一骨碌爬起来，抓起电话，打往前台。“大事不好了，大事不好了。”

旅馆经理的脚步声越来越近，我提心吊胆地打开门，朝窗户方向窥视了一眼。

是我那件新鲜出炉的扎染连体工作服。它里面塞满了报纸，上面顶着一个露齿而笑的万圣节南瓜头，下面蹬着一双橙色工作靴。

身为新晋名人所带来的裨益并没有一路相随。在孟菲斯，我们被赶下飞机，差一点就被警方逮捕。飞行员满脸通红地从驾驶舱里跑出来，问谁提到了“炸弹”(Bomb）这个字眼。我举手说是我。之前我跟彼得·拉奇说，《利兹现场》“取得了轰动性的成功”（was going down a bomb)，结果被一个年轻的空乘无意中听到了。她不知道bomb在英国英语里还有其他意思，当场就被吓哭了。

几天后，我们来到了克利夫兰。乔·沃尔什（Joe Walsh）和他的“詹姆斯帮”乐队（The James Gang）为我们当晚的演出作暖场表演。此轮巡演中，这位日后“老鹰”乐队的中坚与我们同台献演了五场。

哥伦比亚镇的演出结束后，约翰的一个“骨肉皮”缠上了我。醉酒后迷迷糊糊的我没有叫她滚蛋。我的心跳得飞快，期盼发生些什么，又在抗拒着什么。我们在我的房间里聊了一会儿，没想到她聪明又博学。我可以友好地请她离开，但是我没有。她脱衣服的时候，我把她搂在怀里，轻声地叫她“魔鬼”。对这个词她会作何感想?

一周后我回到了家。我要了两周的假。凯伦在埃塞克斯黑水河入海口的欧西亚岛（Osea Island）上租了一栋海滨度假小屋，我们搬了进去。天气坏透了。我们的西班牙犬 Towser 跑进海里，不自量力地和一块厚重的浮木较上了劲。他开始下沉，我急忙扑进海里救他。一不留神，我咽下了一只小水母。海水里全是水母。

海滨小屋里没有电视机也没有收音机。屋里很冷，我们抱成一团相互温暖，牙齿打着颤激情做爱，像是托尔斯泰小说里的俄国父母。凯伦说我们的次女敏塔（Minta）就是在那儿怀上的，水母的蛋白质可能还帮上了忙。

说是假期，我也没忘了干正事。我给美赫巴巴的通用祷词成功地谱上了曲子；我完成了为《旋律制造者》撰写的第一篇文章。《旋律制造者》（*Melody Maker*）总主笔雷·科尔曼（Ray Coleman）约我每两周写一篇稿子，内容是音乐和我感兴趣的东西。我为 1969 年出的几张专辑写过乐评，其中对“好逸恶劳者莫特”乐队[1]（Mott the Hoople）和“克里姆森国王”乐队[2]（King Crimson）的处女专辑不吝褒奖。我还给音乐报纸写信，絮絮叨叨我的烦心事。罗尼·莱恩对我说，“皮特！你又在写信了！”基思·理查兹寄给我一张字迹潦草的便笺，说想和我做笔友。

我干嘛要写稿件？我的业余时间已排得满满当当。我在支持美赫巴巴协会，参加他们的会议；我与唱片制作人约翰·阿尔科克（John Alcock）合开了一家叫“音轨计划”（Trackplan）的公司，旨在为我的流行明星好友打造家庭录音室；我在为“响雷纽曼”乐队制作专辑，在为电影《刺青客》（*Tattooist*）创作原声，甚至还去一所艺术学院讲了一堂课……但我是个工作狂，在家里也无法放慢脚步。我在

1 20 世纪 70 年代著名的“华丽摇滚”乐队，得名于一本同名小说，该小说的主人公莫特是一个好逸恶劳的赌徒。

2 英国摇滚乐队，1968 年成立于伦敦，摇滚史上最重要的“前卫摇滚”乐队之一，主脑是吉他手 Robert Fripp。

逃避现在，也可能是在逃避过去，因为有些东西搞得我心神不宁——我是个很绝望的男人。

在一个本该欢天喜地的时期，我却在为自己身为一个通奸者倍感羞耻，并吊诡地对自己在事业上的成功深感内疚。

在伊灵艺术学院就读时，我的老师罗伊·阿斯科特述及“反馈”在创作中的作用。他告诉我们，在创作一个作品的过程中，聆听别人的意见和建议能激发创作灵感、深化作品内涵。写《汤米》的时候，基特、理查德·斯坦利和迈克·麦克伊纳尼先后提供了反馈意见，而在我的队友们助《汤米》最终成型之前，《滚石》杂志的扬·温纳和约翰·门德尔松也曾与我一道脑力激荡。

我寄望通过为《旋律制造者》写的文章继续我的“反馈”实验，扬和约翰的献计献策将被“谁人”歌迷的反馈意见取代。“谁人”的下一顿丰盛早餐有着落了。

然而我忽视了一个重要事实。我指望我们的歌迷集思广益、助我一臂之力，我也能通过《旋律制造者》与他们交流，可他们如何才能与我交流？

科幻摇滚歌剧《生命之屋》（*Lifehouse*）的想法于1970年8月孕育于我新买的大野营车里。当时我刚刚参加完第三届怀特岛音乐节，在车里待了几天。它基本上是奥尔德斯·赫胥黎名作《美丽新世界》的现代重述，是一部反乌托邦作品。男主角犯了大错，遭受业力之报。生态灾难降临后，穿着生命之衣的人类被隔离在试管里。通过先进的程序，政府给他们提供消遣，分散他们的注意力。与《汤米》一样，隔离是他们最终超然存在的手段。

《生命之屋》触及了时代的焦虑。当地球的生态系统崩溃时，人类不得不大幅削减对资源的需求。听凭警察国家摆布是生存的唯一法则。它的政府强迫民众进入一段漫长的冬眠期，以便让地球重新恢复生机。强制冬眠将由计算机全权负责。

通过生命之衣，人们被接入主计算机系统“Grid”（类似今天的互联网）。怎样才能救出被强制冬眠的人们？答案是现场音乐和“生命之屋”。摇滚乐很快便被“Grid”的控制者视为可疑之物和心腹大患。由于担心沉睡中的人们被其唤醒，摇滚乐被明令禁止。

一群叛逆分子和技术怪才策划了一场摇滚盛宴，对观众和乐手间的“反馈”机制进行实验，同时侵入“Grid”系统。来自四面八方的人们汇聚在“生命之屋”，每个人都将在里面演绎自己的歌曲。当所有的歌声融为一体的时候，一种“天体音乐”诞生了——这种壮丽优美的和声被我称之为“同一个音符”。与此同时，随着政府当局突袭“生命之屋”，人人都将消失在音乐的涅槃里。

《生命之屋》深受印纳雅·堪（Inayat Khan）20世纪20年代著作《声音的神秘主义》（*The Mysticism of Sound*）影响。印纳雅·堪是音乐家出身，后来成为苏菲主义（Sufism）灵性导师。我的想法的核心是，只要我们诚挚地聆听，就都能听到并创造这种“天体音乐”。

反乌托邦式的阴郁冰冷只能被运行于心理层面的创造性想象融化。我知道自己有躁狂抑郁症，我的郁郁寡欢（“强制冬眠”）和激情创作（“生命之屋”）呈周期性地交替出现。创造性活动能把我从无尽空虚中拉出来。从童年到中学、艺术学院，再到“谁人”，我一直依靠想象力和创造力来帮助我度过情绪的最低点和最黑暗的日子。它们带我飞离了危险和抑郁，就像海空救援队的飞机载着一位溺海者飞离了死亡。

还没来得及写完这个故事，“谁人”又回到路上，开启为期十天的欧洲巡演之旅。在首站慕尼黑，演奏到《我们这一代》的即兴段落时，我开始试验全新的吉他音效。我试图带领乐队进入更深的音乐地带，他们三个努力与我保持合拍。在接下来的多场演出中，我继续试验琶音效果和随之变重的连复段。鲍勃·普里登成了我的第三只手，他帮我设置了一系列复杂的颤动回声效果，并在完美的时间点启动它们。

我制造出的声音高昂激越、令人陶醉、令人称奇。一位乐评人说，我的弹奏虽然经常不按常理出牌，但每一张牌都旨在建立一种风格。

怀特岛音乐节结束数周后，《旋律制造者》刊发了我的第二篇稿件。我开始在稿件中进行创作反馈实验。

> 那儿有一个音符，成为了存在的基础……你们听见了么？你们必须听见，尤其是《旋律制造者》的读者。也许每个乐手和每个乐迷都必须听见。受过训练的耳朵都能听见。乐手在学习演奏前先要学习聆听。我觉得聆听是最难的部分。也许这就是为什么那么多乐手爱抽大麻的原因——大麻能帮助你聆听。（1970 年 9 月 19 日）

这一年早些时候，在温彻斯特艺术学院，我做了一堂关于如何使用开盘录音机的讲座。布莱恩·伊诺（Brian Eno）也在座，这位日后的实验音乐家说这堂讲座让他明白了一件事，就是他这样的业余选手也能做音乐。我鼓励他们像我一样创作歌曲，为我们的现场之声出一份力。在我看来，合成器让非职业音乐家也能够表达他们的创造性，当然我自己也需要先上手，并且最终玩转它。

我向一家叫 EMS 的英国公司定制了小合成器 Putney。使用手册比机器先到，这本小册子对我至关重要。开篇简述了声音是如何制造出来的，如何在空气中传播，又是如何以电子化的方式重现。声音背后的物理知识以图解的形式在手册中出现，让我更容易掌握。我开始致力于将合成器融入传统的摇滚乐队编制。

那时候，录音乐手已经知道如何叠录，换言之，就是跟着预录的音乐演奏。但在现场，乐手大都是跟着鼓手的节奏走，由鼓手来引领速度与节奏。当我在录音室里看到基思跟着合成器里的伴奏音轨打得得心应手时，我忽然意识到，原来这就是他一直以来的方式——他不但没有引领"谁人"的节奏，反而都是跟着约翰和我的节奏在走。

《纯粹又简单》（Pure and Easy）是《生命之屋》的核心歌曲，就像《奇异之旅》之于《汤米》。韵文的后面是艰难的理想和黑暗的现实。它关于"同一个音符"，以及地球衰败中的文明之死。

曾有一个音符，纯粹又简单
奏得那么自由，像微风般荡漾
它永恒不朽，我听到它，它看到我
我们永远融合，我们永远死亡

巡演路上，我一边创作《生命之屋》，一边开始向队友阐述我的想法。然而我在第一垒就出师不利。我把全宇宙之声称作同一个音符，我说我们在一场摇滚盛宴里重新创造这个音符……

队友们被我的阐述搞糊涂了，他们没听懂。"我像是在对三个穴居人解释原子能。"回家后我对凯伦说。她试图安慰我："我也听大不懂，但我对你有信心，我想他们也一样。"

我愤怒地抱怨队友时，凯伦总是站在我这一边。她就像矿工的妻子，深知丈夫拖着疲惫的身躯从矿井回到家中后，最需要得到的是理解和支持。她也试图把我带回当下，让我感受到平淡生活中的快乐：为宝宝洗澡，带狗狗散步，做顿简餐，先喝杯葡萄酒再云雨一番。然而我总是急切地想要走进家庭录音室，急于找到新的方式来表达我的想法。

这年夏天，我添置了一台当时最先进的多轨开盘录音机。这件宝贝对写了六年歌的我来说可谓是如虎添翼。我的新合成器也是一件利器。当好的音乐动机跳出来后，我能更快更高效地将它们发展成歌曲。

即便如此，我还是需要更多的时间，然而我没有。无休止的巡演压得我喘不过气来。我们厌倦了一遍又一遍地表演《汤米》，但观众对它的渴求几乎达到了贪得无厌的程度。这年秋天，凯伦又怀上了。她才23岁，但已经是一个一岁女孩的母亲和一个强迫症摇滚乐手的妻子。这一年我25岁，依然被焦虑感和不安全感所困扰，对该如何平衡“谁人”和家人一无所知。我在队友面前说把他们放在第一位，在家人面前又说把她们放在第一位。我不愿意接受只能把其中一方放在第一位的事实。

我继续把自己埋在无止境的工作中。

14

中间地带

1970年下半年，我的躁狂抑郁症开始定期发作。为了让自己镇静下来，我开始酗酒。北部的一场演出结束时，我的躁狂抑郁症又发作了。我没有像以前一样回到化妆间，而是走进了观众中。我想和他们打成一片，实践我在给《旋律制造者》的第二篇稿件中提出的聚集概念。然而事与愿违，我跟人打起来了。回家的路上我疯狂飙车，结果迷了路，失去了知觉，直到凌晨才回到了家。我无时无刻不在工作。我忍受着疲劳的折磨。

皮特·卡梅伦从纽约飞来听我解释《生命之屋》。这个又矮又丑的怪人受雇于克里斯和基特，是我的经纪人的经纪人。克里斯和卡梅伦听了我的想法后，都觉得《生命之屋》需要一个戏剧结构，所以到新落成的新维克（Young Vic）剧院现场排演会比较有用。

到1970年底，《生命之屋》差不多快写完了。我工作过度、精神不稳、疑神疑鬼、手头吃紧，尽管有着家人的支持，我还是觉得形单影只。但我对创作《生命之屋》激动不已，我的脑袋里充满了新的想法。而最让我激动的，是探索音乐的灵性魔力和物理学发展之间的地域。我试图将科幻、神秘主义和计算机在未来的电子音乐中扮演的角色融在一起，遗憾的是，我的尝试并不成功。

1971年1月至2月初，我做完了《生命之屋》大部分歌曲的小样。每首歌的器乐人声都由我一人包办，我在鼓的部分尤其花了心思。就快进驻新维克剧院时，《旋律制造者》刊发了我的第七篇稿件。

> 我们的音乐属于明天，我们的话语属于今天，我们的苦恼属于昨天。我的想法是制造第一位真正的超级巨星。第一位能底气十足地说他名副其实的巨星。他是我们每个人。
>
> 新维克剧院成了“生命之屋”，“谁人”成了音乐家，观众成了一个幻想作品的一部分。我们的心底有梦，现在我们要让梦想成真。我们想听到我们所梦想的音乐，看到我们在摇滚乐里体验到的和谐成为永恒，感受到我们正在改变摇滚乐，乃至改变人民。

在新维克剧院的第一天，社运家兼摄影师约翰·霍普金斯（John Hopkins）嬉皮笑脸地对我说：“太棒了，皮特!”霍普金斯和他的摄像团队负责为我们录影。很遗憾，他的赞扬声显得孤零零的。鲍勃和我忙着捣鼓四声道 PA 音响系统时，基特没了人影，直到排演了好一阵后方才现身；罗杰、约翰和基思看上去完全不知所措；新维克剧院艺术总监弗兰克·邓洛普给人感觉像是买的彩票没中。他为我们拨出一整周的时间，可才过去几个小时，我们就用糟糕的表现告诉他我们将一无所获。

第二天和第一天一样毫无成效。我们没能弄出任何新东西，只是跟着预录的伴奏音轨演奏了一些歌曲。观众们没能触到电子乐器，甚至连铃鼓都没摇上。我有意做出反映观众的音乐，但这个想法不得不搁置一边。

我们需要更多的预算和更多的时间。我们在一间酒吧里开了个会。克里斯说基特需要回纽约，去完成一张做了一半的专辑。我问克里斯，环球答应的预算呢？克里斯闪烁其词。自动点唱机放起了朱迪·科林斯（Judy Collins）的《奇异恩典》（Amazing Grace），基思走过去按了跳过键。“我们不听垃圾！”他大声宣布。这时一个一脸凶相的家伙转过头来，轻声地要求基思把歌倒回去，否则后果自负。基思服软了。我们似乎无法改变人们的音乐品味。

自第三天起，我的挫折感与日俱增。我的想象和现实发生了冲突。我是在密集的演出之余拖着疲惫的身体奋力写完了歌曲、做好了小样……然而这一切都徒劳无功。“谁人”在新维克剧院多待了一个周末，演奏了一大批老金曲。我有两条路可走，要么放弃《生命之屋》，要么全部推翻从头再来。

凯伦已有七个月身孕，我愈发担忧家人隐私不保。歌迷开始登门造访。我有时也能以礼相待，但要是碰到我正创作到兴头上，没好气的我会与他们激烈争吵。我的躁狂抑郁反复发作，有时还会出现幻视和幻听。唯一有效的药剂是酒精。最令人沮丧的是，聆听自己呕心沥血做出来的小样时，我还是觉得不够满意。我没完没了地沿着泰晤士河畔遛狗。

《生命之屋》无法激发队友们的灵感，这让我大为诧异，因为我沿袭了《汤米》的创作方式。没能继续奏效的原因之一是基特离开我了。某种程度上，他扮演的是童年时吉皮之于我的角色——探险时的同伴和创作时的催化剂。没有了基特的支持和热忱，我失去了做好《生命之屋》的信念，就像吉皮搬走后，我的世界变成了灰色一样。

基特远走纽约后，克里斯留守伦敦，试图掌控局面。但“谁人”的里里外外都已被毒品侵蚀。我们的经纪人团队全是瘾君子。老套的摇滚故事。

基特跟环球的人说我脑子坏了。也许他说的没错。但他接下来说的一句话肯定是错的：排演《生命之屋》是为拍摄电影版《汤米》做准备。《生命之屋》的棺材上又敲进了一根钉。

我和三位队友几乎断了联系。甚至连新入手的 ARP 合成器都没有带给我一丝安慰。这个新玩具是键盘手、音乐编程大师罗杰·鲍威尔（Roger Powell）送过来的。罗杰完全理解《生命之屋》，给我出了不少很棒的主意，然而我已经喝得烂醉如泥。才拨弄了一会儿，我便对这台强大的新玩具失去了兴致。

就在这一周，我突然接到了基特从纽约打来的电话。我在电话线的这一头都能感觉到他的热忱。他说他发现了一家激动人心的新录音棚。他还说我一定会爱上它，所以建议我们赶紧把新歌排一排，然后飞过去跟他一道录音。

一个我从未做过的祈祷应验了。我喜极而泣，激动地带上狗狗出去散步，一路上笑个不停。基特，亲爱的基特来救我了。纽约。春天。还有更好的良药么?

“谁人”来到了纽约。Record Plant 录音棚就和基特说的一样牛。有几首新歌我们在新维克剧院演过一两次，现在排练起来自然驾轻就熟。它们全都属于现场，包括《不再上当》（Won't Get Fooled Again）、《蓝眼睛背后》（Behind Blue Eyes）、《巴巴·奥莱利》（Baba O'Riley）、《让我们看到行动》（Let's See Action）及《合调》（Getting in Tune）；还有一些新歌我们在伦敦时没有排过，但他们三个一直在听我做出的小样，包括《纯粹又简单》、《好买卖》（Bargain）、《流动》（Going Mobile）、《灰狗女孩》（Greyhound Girl）、《曲终人散》（The Song is Over）、《少年荒原》（Teenage Wasteland）（《巴巴·奥莱利》的另一个版本）、《玛丽》（Mary）、《太多》（Too Much）和《光阴流逝》（Time is Passing）。

杰克·亚当斯（Jack Adams）是基特的新录音师。他是一位老朋友了，我们之前有过合作。杰克总说他讨厌重摇滚（他更喜欢节奏布鲁斯），看到他坐在控制台后，我委实吃了一惊。我记得杰克要求军鼓的音色得像根“硬邦邦的鸡巴”。

开始录音那两天，基特没有露面。他和我都住在我们最爱的酒店之一，面朝中央公园的纳瓦罗酒店。到第三天，基特和他的私人助理安雅·巴特勒现身了。杰克已经找到了适合“谁人”的声音。我们开始灌录《蓝眼睛背后》，听起来美妙极了。

这天晚上，与“灵歌教母”帕蒂·拉贝尔（Patti LaBelle）合作过的键盘手曼德雷（Mandré）过来为《合调》弹合成器。其间，基特的嗜毒成狂第一次露出端倪。当我们反复地奏着结尾乐段，愉悦地随着节奏摇摆时，他抓着一张写有指令的纸在房间里跑来跑去，轮流给每一位乐手看。他还时不时地俯身蹲下，以为这样别人就看不到他。他走到我身边，把纸头朝我的脸一点点挪近，等我终于看清写的是什么后，我又好气又好笑地瘫坐了下去。音乐戛然而止。纸上写着：“太棒了！继续弹。”

对基特笨拙的介入最为不满的是基思。当时我们刚刚找到了化学反应，那感觉就像正要射精的时候突然被人喊停。接下来，基特和杰克消失了半个钟头，留下助手回放结尾乐段。

他俩回来后，杰克还是老样子，但基特都变形了。面无人色的他栽倒在椅子上，点燃一根香烟，闭上双眼。乐手们鱼贯走进录音间后，我向外瞥了一眼。基特又不见了。我撂下手头的活，回到了酒店。

我心里五味杂陈。基特安排我来纽约录音，对此我领恩不尽。他试图以此举唤回“谁人”的激情，满足我漫无边际的野心，但海洛因已然让他无法自拔。那晚我睡得很糟糕，鲜活的梦境里住进了鬼怪。

在一个美丽的春日早早醒来后，我决定去找基特谈谈。安雅安排我们中午会面。我要了杯咖啡，整理起手边的一沓手稿。我的新计划是彻底放弃拍电影版《生命之屋》的念头，但要求基特帮我找到歌曲之间的关联性，构建出一个完整的故事情节，就像我在创作《汤米》时他帮我做的一样。

离约定时间还有一个钟头，等得不耐烦的我决定直接去找基特。

当我走近他的房间时，他的声音从屋里飘了出来。

“如果汤森认为他能接管我的新王国，那他就大错特错了。”基特怒不可遏。他在屋里大踏步地走来走去，我听得出。

“基特，”安雅争辩道，“音乐很棒。皮特只是——”她话音未落，我迈步走进了房间。基特不知道我是否听到了他的抱怨，努力挤出一丝微笑，转身走开。

“基特现在叫我汤森?”我小声地向安雅抱怨道。这是我第一次听到基特用姓氏称呼我。我爱他，觉得自己被深深地背叛了。推拉窗被安雅开到最大，窗外的中央公园一片碧绿，像是一潭翠湖。我走向推拉窗，向外眺望。我的脑海里响彻着音乐的旋律，我身边的空气随着飞掠的光影起舞。我有了失重的感觉，感觉自己在往下掉，那一刻，生与死似乎不再重要。当我的身体就要坠向天堂和地狱之间时，安雅冲了过来，抓住我的衣袖。她抱着我旋转起来。

“皮特，”她吼道，“你他妈的想干嘛?”

神智恢复正常的我跑出了房间。

我跟罗杰说我不录了。我打电话订了回家的机票。一整个下午，我的脑袋都像个陀螺般旋转不停。我没有喝酒，也没有吸毒，但我看到房间里站满了来自环球唱片和迪卡唱片的经纪人及掮客。我听到他们抱怨说我让他们蒙羞，我是个赔钱货，我将付出代价。梦中的鬼怪苏醒了过来，我被两个黑手党暴揍……然后有人敲门。我溜进卫生间，我的鼻子的确在流血。我擦拭干净，打开房门。

是罗杰和希瑟的朋友戴雯·威尔逊[1]（Devon Wilson）。我见过她一两次。她是个大美女，婀娜多姿、身材傲人，脸有点像黑人。她

---

1 戴雯·威尔逊，有“20 世纪 60 年代的超级骨肉皮”之称，和吉米·亨德里克斯、埃里克·克莱普顿、米克·贾格尔、布莱恩·琼斯、迈尔斯·戴维斯、昆西·琼斯等著名音乐人物有过一腿。

说她是来帮我的。她走向我，用纸巾擦去我刚流出的几滴鼻血。我看起来一定很窝囊。

“抱歉，戴雯，你帮不了我，”我说，“我彻底完蛋了。”

她向我伸出双手。我在梦中应该能驾驭这样的女人，但在现实中，她吓着我了。我疑心太重。

“是罗杰让你来的？”

“罗杰？我听安雅说你想跳楼。”

我还是分不清幻觉和现实。“环球要干掉我，”我轻声说道，“黑手党在威胁我。基特是幕后主使。”

戴雯仍想抱住我，被我一把推开了。

她火冒三丈，这情有可原。“我陪伴这个操蛋的世界上最伟大的音乐家之一走出了精神崩溃。”她说她是迈尔斯·戴维斯的前女友。

“谢谢，非常感谢，戴雯，但你得走了。”

她挺直身子，大步走出了房间。我喃喃地说着谢谢。

第二天我回到了伦敦，新专辑还是得录。履行合同是一方面，再者我们发上一张专辑已是两年前的事了。我请来“总统”乐队前主唱、录音师兼制作人格林·琼斯助阵。格林是制作人的典范，能指引音乐的方向，创造正确的声音。我们相互尊重，互为欣赏。我们在棚里都是追求完美的急性子。“谁人”出道伊始的作品便由格林操刀录音，他让它们听起来那么动人。听了我们在 Record Plant 的录音后，格林表示肯定，但不讳言他能做得更好。他还说如果从头重录，我们将迸发出全新的能量。我表示同意。

创作这批新歌的初衷是为了完成科幻摇滚歌剧专辑《生命之屋》。我对《生命之屋》能问诸于世仍抱有一丝希望，这需要我找到歌曲之间的内在联系，从而构建出一个故事情节，最后按事件先后编排歌曲顺序。

在奥林匹克录音棚录了两周后，我们已经手握足以让专辑成型的多首歌曲。我对格林说，这些歌曲需要按故事脉络排序。格林不肯让步，基于音乐排序是他的强项。他请我到附近的咖啡馆喝咖啡——他想了解《生命之屋》的概念。

我尽了最大努力，但在几分钟内说清楚这个概念并非易事。格林的回答直截了当："皮特，你说的那些我一个字都没听懂。"他的迷惑不解成了《生命之屋》棺材上的又一颗钉。我终于死心了。我的沮丧和疲惫一扫而空，取而代之的是无比的轻松。

1971年4月底，"谁人"再度走进新维克剧院，为一场募款活动表演。这场表演与我二女儿敏塔降临人世碰巧在同一时间。我站在舞台上，点燃一支雪茄，向大家宣布她的降临，就像二十多年前，摩托信使向舞台上的爸爸宣布我的降临一样，只不过这次："是个女孩！"

我们在接下来的数场演出中检验着录音的成效。为了保证有时间排练和录音，我们都是每隔两三天才演一场。待与格林找到默契后，我们才慢慢地加大演出频率。罗杰爱通过现场表演来为进棚录音热身，而我们常常是只录了一两遍就能让格林满意。

7月，在基思古怪的宅子里，我们开了一场欢乐的新专辑发布派对。摇滚歌剧专辑《生命之屋》摇身一变，成了歌曲之间互不相关的录音室专辑《谁是下一个》（*Who's Next*）。它的封套是个粗俗的玩笑。正面，我们站在一座方尖碑旁，碑上是四滩新鲜的尿迹。背面，刚表演完的我们在化妆间集体小便。封套散发着尿骚味。居然有那么多的乐迷和友人钟爱这个专辑名称和封套设计，我百思不得其解。

在意识到格林奇迹般地从《生命之屋》的瓦砾堆里救出一张专辑后，我暴躁的心恢复了平静。

美国电影制片人、作家、导演约瑟夫·斯特里克（Joseph Strick）来伦敦拜访过我多次。这位成功地将小说《尤利西斯》搬上银幕的导演也想把《汤米》搬上银幕。他对这个主意非常着迷，但我能给他的时间非常有限。"谁人"该年度的首轮美国巡演定于7月29

日拉开帷幕，我和家人16日搭乘伊丽莎白女王二号游轮前往纽约。我的艺术家朋友乔安娜在长岛有栋度假屋，它是我、凯伦、两岁的爱玛和婴儿提篮里的敏塔此次美国之旅的第一个落脚点。我想要兼顾巡演和家人，所以带上她们同行。

首站演出在长岛的森丘网球场火爆开启。“谁人”的音乐和我在舞台上进行的“身体锻炼”导致我的肾上腺素大量分泌，我感觉自己的抑郁、懊丧、狂怒和幽闭恐怖被排放了出去，取而代之的是激情和愉悦。我还在舞台上痛饮人头马。最后，为了向这座著名的网球比赛场馆表达敬意，我将一把电吉他掷向空中，然后抓起另一把，像挥动网球拍击球一样猛击前一把——我一下子就捣毁了两把电吉他。走下舞台时，我感觉自己飙升的肾上腺素丝毫没有退下来的意思。我跟着“假发”和鲍勃·普里登来到他们下榻的酒店，打算边听音乐边喝上几杯，等肾上腺素降下来再回到妻子和宝宝们身旁。

躺在“假发”的床上时，我听到收音机里说一个歌迷刺死了一名保安——他从死者那儿得到票已售罄的答复后起了杀心。“谁人”现场的暴力元素被归咎为他失控杀人的罪魁祸首。我大为震惊，顿时醉意全无。就在我准备打道回府的时候，那个被我叫做“魔鬼”的“骨肉皮”出现在了门口。这个“魔鬼”现在看上去更像天使。她穿着饰有花卉图案的连衣裙，薄薄的料子下，胸脯傲然耸立。

不到几秒钟，我们的重逢就成了一次“性团圆”。我抵挡住了戴雯的诱惑，结果失去了一次让心灵得到慰藉的机会。这次我决定不再抵挡，活在欺骗中令我不胜烦扰。毕竟，我是个年轻的摇滚明星。可我对床伴档次的要求并不高，他们对此很不解。

舞台上的我酒量惊人，喝科尼亚克白兰地时尤甚，不过我依然能强忍住不吸毒。可卡因在后台无处不在，基思和约翰爱把 Mandrax[1]

1　一种安眠镇定片。

和可卡因混在一起嗑，这对他俩的心脏可没什么好处。罗杰大麻抽得不多，酒喝得也少，而且他并不需要靠毒品来过瘾——妞们排着队要跟他上床。翌日，我走进纽约著名琴行 Manny's Muisc，豪掷三万美金买下多把吉他，恬不知耻地纵容着自己的欲望。

芝加哥之夜，演出正酣时，罗杰要我控制好吉他声。我没理他，自顾自地原地旋转起来，像宗教仪式上跳快速旋转舞的托钵僧。他勃然大怒，踢翻了我的电吉他音箱，站在音箱后面的技师被压个正着。晚些时候，余怒未消的他一拳击碎了一扇玻璃窗。

《汤米》里的歌曲一点一点地撤出了巡演曲目单。每场的曲目大同小异，最终的曲目单均由罗杰在开演前几分钟敲定。《谁是下一个》在现场磨合得较为缓慢，但聊可安慰的是，我们一回到英国，便见证了《谁是下一个》荣登英国排行榜冠军宝座。

这时候，我们过的是光彩夺目的生活，与我们摇滚明星的地位十分契合。基思在切特西（Chertsey）新买了一栋名叫“塔拉”（Tara）的宅邸；罗杰在苏塞克斯（Sussex）新置了一幢建于 16 世纪的老别墅；约翰在西伦敦拿下一座端庄的新别墅，此外，他还买豪车，成打地添置贝斯；我和凯伦则在克利夫（Cleeve）搞了处叫做“庙”（The Temple）的大宅。“庙”位于泰晤士河畔，与凯伦父母家相隔不远。我们拆除了主屋，保留了几个外屋，计划重新打造一座别墅。

《生命之屋》折戟后，克里斯·斯坦普决定拍一部电影，以凝聚我们的人心。他找来乐评人尼克·科恩做军师兼写剧本。《汤米》的主题之一是弹球，其灵感就来自尼克，而那篇将《利兹现场》送上王位的《纽约时报》乐评，同样也是出自他的手笔。

1971 年夏末和金秋，我们和尼克开了很多次会。我用新买的尼康相机拍了不少张照片，其中一张上，磕了可卡因的克里斯和尼克兴奋地站在黑板前，交流着彼此的想法。黑板上，是他们用粉笔写的一首史蒂芬·斯蒂尔斯[1]（Stephen Stills）的歌词。

制作人卢·雷兹纳（Lou Reizner）想录交响乐版《汤米》。我同意了卢的计划，基特也想录交响乐版《汤米》的事被我忘到了九霄云外。听说我授权卢做这件事后，基特极为受伤，我们之间又多了一道藩篱。我是《汤米》主创，自然无需感到内疚，但基特也贡献良多。

英国巡演的首场演出在伦敦椭圆板球场（Oval Cricket Ground）举行，同台的还有“面孔”乐队[2]等。“面孔”主唱罗德·斯图尔特还朝台下踢足球，热烈的气氛持续了数个小时。这是一场慈善演出，结果主办者携善款逃跑，弄得基特跟在他后面穷追不舍。演出结束后，我醉醺醺地驾着我的大野营车有惊无险地穿过了出口门——车身与大门两侧立柱相距不到一英寸。

11 月，我们再度赴美，展开第二轮美国巡演。第一站是北卡罗来纳的夏洛特（Charlotte）。美赫巴巴的故居就在附近的美特尔海滩，我借此机会前去一游。《你是谁》（Who Are You）里有段歌词，说的是我头一回在那儿的林中漫步的经历。

我知道你打某处走过
那是爱从树上落下的地方
我的心如破碎的杯子
只有屈膝跪地才觉心安
我像下水道口一样浊水喷涌
却还能收获你的吻

---

1 史蒂芬·斯蒂尔斯（1945— ），美国民谣摇滚创作歌手，分别以“水牛春田”乐队成员、CSNY 乐队成员身份两度进入摇滚名人堂。

2 The Faces，前身是“小脸”乐队（Small Faces）。1969 年，“小脸”主唱兼吉他手史蒂夫·马里奥特退出乐队后，杰夫·贝克乐队的罗德·斯图尔特和罗尼·伍德加入进来，与“小脸”的其他三名成员罗尼·莱恩、肯尼·琼斯、伊恩·麦克拉根组成了“面孔”。

这样爱过
叫我怎么还比得上别人？

我情不自已。第二天上午，向导带我参观美赫巴巴简朴的家。就在我的心思飞到了当晚将在夏洛特进行的演出时，她突然打开一扇门，夸张地说："这是敬爱的美赫巴巴睡觉的地方。你一定想单独待会儿的。"她走了出去，把门带上。

我不知所措，不知道该做些什么，不知道该怎么祷告。几个去印度拜扫过美赫巴巴之墓的朋友告诉我，当他们把头放在墓石上时，心里满满的都是感动。所以我跪在床前，把头倚在床边。什么都没有发生。我静静地等了一会儿，盼望着……我也不知道自己在盼望什么。然后我产生了一个幻觉：年轻的美赫巴巴脸朝下趴在床上，全身一丝不挂；我是他的情人。我的心里升起一种异样的感觉，它似曾相识，让我联想到自己的童年。我吃惊地站了起来，感到有点难为情。

酒精很管用。在迈阿密，带着点宿醉的我站在租来的敞篷庞蒂亚克里，感受着扑面而来的热气。多么美妙的感觉：我的长发迎风飘扬，收音机里飘出"莫比葡萄"乐队（Moby Grape）的歌声，"假发"秀着车技，在车流里迂回穿梭。在迈阿密的首场演出结束后，主办者的一个富翁朋友邀我们去他家派对。他家有一个巨大的室内游泳池。生平第一次，醉得忘乎所以的我在十来个年轻人的陪伴下裸泳。随后我跟着一个妞走进了桑拿间。来自哥伦比亚镇的"魔鬼"女孩也在桑拿间里。她在跟踪我？也许不是，因为这一次，她没有缠住我，而是温柔地抚摸起走在我前面的那个妞。我跑回游泳池，一个猛子扎下去，紧闭双眼潜泳了一会。待我冒出水面，却发现自己的脑袋夹在一双美腿之间。美腿的主人、另一个性感撩人的金发美女正笑盈盈地看着我。我真不知道该怎么控制“摇滚不忠”这件事。

我与家人分开才不过一周而已。我盼望着能睡个好觉，基思破坏他的房间不会打扰到我的睡眠。演出结束后，饮酒作乐成了必修课，但我知道，回到家人身边后，我会努力工作的。

我们在新奥尔良安排了两场演出，这是“谁人”第一次造访这座爵士乐之都。克里斯和尼克在那儿迎接我们，我们将集思广益，为剧本寻找新的灵感。我建议将片名暂定为《摇滚已死—摇滚万岁!》(*Rock is Dead-Long Live Rock*!)，并计划推出同名双张专辑，探究摇滚乐的堕落与其文化根脉——青年精神及理想主义之间的冲突。尼克对我们进行了专访。

在洛杉矶演出时，“谁人”明摆着已经更酷了。花容月貌的好莱坞女星进进出出我们的化妆间，米克·贾格尔和妻子碧安卡·贾格尔(Bianca Jagger)站在舞台侧翼观看我们的表演。我戴上一顶从戏服店买的王冠，问米克看起来如何。

“把你当回事可真难，皮特，”他深情地说，“你看起来像个傻逼。”

专辑《摇滚已死—摇滚万岁!》将由两张黑胶组成，“谁人”的四名成员各负责完成一面。这要追溯到1966年，当时基特和克里斯计划做一张专辑，由我们四人各自创作四分之一的歌曲；在尼克的计划中，电影《摇滚已死—摇滚万岁!》将是一部风格化的纪录片，不仅具有娱乐性，还能解释摇滚乐发生的原委。

尼克对我们的专访影响了他对我们四个角色的描写。看到剧本后，我猛然警醒，决定不让队友看到，以免他们受到伤害。当然，那阵子谁都看得到，“谁人”的字典里充斥着荒谬、滑稽、虚伪、浮夸、不忠、悲怆，浩大猛烈的摇滚现场、新鲜热辣的“骨肉皮”和滚滚而来的美金。尼克的剧本，是一根搅屎棍。

“谁人”真的很荒谬。作为乐队的首席设计师，我自始至终都知道这一点。我将剧本收了起来，再也没有理会它。

15

运载车

我喝酒，戒酒，再喝，再戒，时断时续，无论在家还是在路上。酒精使我兴奋，让我消沉，或仅仅是让我麻木，总之，它伴我度过了那些艰难的岁月。

1972 年初，爱玛两岁半，敏塔也六个月了，我们终于有了一位保姆。她叫特丽莎，也兼任我的秘书。特丽莎活泼大方，适应力强，不过对我不以为然。她是大卫·鲍伊的粉丝。她兴高采烈地描述鲍伊的“基吉星团”（Ziggy Stardust）形象让我恼火不已。如果我告诉她鲍伊受《汤米》的影响很大，她想必也会恼火不已。

我的两个弟弟还和爸妈住在伍德格雷齐街。妈妈收留过的乐手不计其数，家里总是人来人往。伍德格雷齐街是一条死巷，爸爸妈妈认识每个街坊，街坊们也都认识他俩。我的恶名为街坊们所津津乐道。说起那个目中无人的小讨厌鬼，他们可谓如数家珍。

若有“谁人”粉丝登门造访，爸爸妈妈定会接待他们。他俩真的很热情。爸爸花在音乐上的时间越来越少，对斯诺克和高尔夫越来越热衷。妈妈精力旺盛，根本停不下来。她擅长讲故事，笑口常开，深受朋友们喜爱，虽然还是会莫名地发火。我耳濡目染，从他们身上学到许多。他们似乎让我看到了“中庸之道”，即佛教徒通往内在自由的道路。

1 月 28 日，我们为爸爸庆生。他连哄带骗，灌了我一杯威士忌。

我戒了一个月的酒，就这么被爸爸破了。

翌日，带着些许宿醉，我踏上了赴印度的朝圣之旅。

召我前去的是撒罗希·艾拉尼，他是美赫巴巴家族的成员，负责操办大师的追悼会。到达现场后，他们建议我演奏几首歌。当我在美赫巴巴的墓前演唱时，我满脑子都是淫荡的念头，就如同之前在美特尔海滩，我跪在他的床前，幻想自己是他的情人，而他则浑身一丝不挂。我仍然不知道这些念头是从哪儿冒出来的，但就因为它们，我知道自己跟他的其他信徒有所不同。

4月，卢·雷兹纳开始录制交响乐版《汤米》，它将于今年晚些时候首演。

1972年6月，位于克利夫的新家“庙”安置妥当后，我开始在“庙”里打造一个新录音室。我之前的录音室都是我一个人搞定设备安装，但随着设备不断升级，我不得不需要一个帮手。特丽莎推荐了她的朋友罗德·胡伊森（Rod Houison）。罗德是音乐人和录音师，除了能帮我安装录音设备，还能兼做我的司机和保镖。

我买了一辆奔驰600，六门的，里面有电视机。罗德一周工作六天，每天载着我在克利夫和特威克南之间往返，每周平均要跑一千英里。

有了罗德，我可以放心地和朋友们外出买醉。我像个暴发户一样坐在后座，听着震耳欲聋的音乐，喝着科尼亚克白兰地，口述粉丝来信。有时候，为了表明车里坐着的是一位流氓摇滚明星，而不是财阀、独裁者或教皇，我会摇下车窗，将马汀博士工作靴伸出窗外。

我的脑子里已经有了下一张摇滚歌剧专辑的雏形，它没有《生命之屋》那么理论化，但同样冒险。这一次，我要让它简洁而有效。尼克的《摇滚已死—摇滚万岁!》剧本让我深受启发。我们四个角色大相径庭，极其怪异，我们的歌迷可以通过四条迥异的门道进入“谁人”的音乐；“谁人”是一辆“歌迷运载车”，现场演出是我们的加油站。我们承载着歌迷的能量，用它们来驱动我们的表演。如果没有现场演出，我们就彻底失去了运转的功能。

我经历着奇怪的双重性。我可以谦逊地只把自己看成是“谁人”的吉他手，并视我们四个旗鼓相当。但接受采访时，我能在转瞬间换上一副嘴脸，成为“谁人”音乐方向的引领者。两年前的1970年5月，我对《滚石》杂志记者如是说：

> 我认为摇滚乐无所不能，是一切的终极媒介，是表达一切的终极媒介，是放下一切的终极媒介，是建立一切的终极媒介，是杀戮和创造的终极媒介，也是自我毁灭的终极媒介。自我毁灭美妙到了极点，因为它比其他一切都来得有效。你是作家或画家的话，自我毁灭的效果就好不到哪儿去，你不能确保你他妈地再也看不到蓝天。但如果你是一个摇滚明星，你就真的可以。

当我走进自己的录音室，开始录制新歌的小样时，这种双重性延续了下来。“谁人”像成了我的客户一般。就是在这种心态下，我开始创作摇滚歌剧专辑《摇滚已死—摇滚万岁！》。我满脑子想的都是尼克笔下的四个角色。怎样才能既为“谁人”写出新颖出色的东西，又让每个队友都感到他们是其中的一环？我的主意是带乐队回到我们的根。我们曾是“摩斯族”，我们需要再做一次。

因为信奉美赫巴巴，我成了队友恶搞取笑的对象，很显然，我的灵性渴望与“谁人”无法兼容。那年夏天，我这样写道：

> 河流让我忆起往昔。水上的那些日子最为美好，它荡漾着我的初恋，充满了无限可能。明天本来会更好的。这些感触导致更多的绝望。不是精神上的，不是心灵上的，不是身体上的，不是懊丧。是幽深的、令人厌恶的灵性的绝望。令人厌恶是因为没有

答案。我为什么要在乎它，如果我得去理发？

“我为什么要在乎它，如果我得去理发?”成了《理发》(Cut My Hair) 的第一句歌词，它产生于我的世俗忧虑和灵性绝望之间的认知失调。我还提及《汤米》，明确说明这一次我从头到尾都会待在主人公里面。我继续写道：

一个十八九岁的孩子，被许多事情蹉跎了光阴。我将从四个角度着手处理。这个小孩有点——四重人格。

在这里，我第一次提到这张摇滚歌剧专辑最终的名字——《四重人格》(*Quadrophenia*)。

在情节概述的初稿中，关键性的故事背景还未详述，但主角是“摩斯族”已然确定。

他经受了一连串的诱惑。他意识到自己人格的四个方面——好的、坏的、浪漫的和疯狂的四位一体。他的胜利有些奇怪，当他发现它们结合在一起时，他欣喜若狂。他又留恋起了过去，这让他伤感不已。有什么东西让他想回到凡尘……

我们一家子需要一次真正的度假。凯伦和我渴望温煦的阳光，所以我们决定自驾游览法国南部。车厢里放着我为敏塔打造的婴儿床、爱玛的童车和我的吉他。我们在法国的中心地带一路奔驰，中途的每次停留都是一次冒险。

有时我会开夜车。家人们都已酣睡。经过小村庄时，我的精神会为之一震。午夜过后，整户人家仍在屋外惬意的灯光下喝葡萄酒，玩法式滚球，享受凉爽的空气。凯伦和我买了一大篮当地的廉价红酒，比波尔多产的红葡萄酒好喝多了。孩子们睡着后，凯伦和我再开始野合。真是段幸福的时光。

漫长的驾车途中，《四重人格》时而浮现在我的脑海。我想把它做出来，庆祝“谁人”成立十周年；我想把它做出来，让《汤米》之后我们有新剧可演；我想把它做出来，唤回曾经的乐观主义，把我们重新团结在一起。这也许是最后的一次机会了。我的队友们已经不怎么听我的了。

8 月 2 日，鲍勃·普里登打来电话，语气凝重地跟我讲了埃里克·克莱普顿的事。鲍勃未来的妻子米雅和埃里克的女友爱丽丝·奥姆斯比-戈尔（Alice Ormsby-Gore）是闺密。埃里克和爱丽丝滥用海洛因的事让鲍勃担心得要死。爱丽丝是大卫·哈莱奇勋爵[1]（David Ormsby-Gore，5th Baron Harlech）最小的女儿，跟埃里克好上时才 16 岁。鲍勃和米雅打算去趟埃里克家，问我愿不愿意一道去。

那天晚上下着倾盆大雨，所以我们在酒吧一直待到打烊才动身去埃里克家。在一条湿滑的乡间小路上，醉醺醺的我失去了对车的控制，差点把一车人的命都送了。保时捷朝两棵树直冲而去，结果奇迹般地与它们擦肩而过。抵达埃里克家时已经是半夜 11 点半。真够讽刺的，醉鬼赶来救助毒虫。

我们到的时候，爱丽丝碰巧也才回来，她开车去伦敦买海洛因的。埃里克在听比尔·威瑟斯[2]（Bill Withers）和 JJ 卡尔[3]（JJ Cale）的歌，看起来悠闲懒散。他的家是典型的萨里郡乡间别墅，充满

---

1 大卫·哈莱奇勋爵（1918—1985），英国保守党政治家，曾任英国外交大臣、英国驻美大使。

2 比尔·威瑟斯（1938— ），美国黑人创作歌手，1970—1985 年间创作演唱了多首大热金曲，2015 年进入摇滚名人堂。

3 JJ 卡尔（1938—2013），极具影响力的美国创作歌手和吉他手，音乐流派“塔尔萨之声”（Tulsa Sound）主将。

艺术气息，美轮美奂，我觉得可以跻身英国最美的宅邸之列。埃里克还是那么风趣礼貌、绅士味十足。他往火里添柴的当儿，两只魏玛猎犬大步流星地跑了进来。

爱丽丝一到家就打起了瞌睡。鲍勃、米雅和我都不知道如何跟海洛因重度成瘾者打交道。我知道埃里克不但中止了演出，就连录音也难以为继。埃里克带我走进他设在车库里的小录音室，那里有一台赫利俄斯（Helios）调音台和一台八轨开盘录音机。设备很猛。我提出与他一起做几首他未做完的歌。没有人提到海洛因，也没有人聊及我们为何而来。凌晨5点，我夹着两卷开盘带离开了埃里克家，也许我们能通过音乐走进他的内心。

“谁人”这一年的夏季欧陆巡演接近尾声时，我说服了埃里克和爱丽丝来巴黎加入我们。为了让他能重燃在大庭广众下表演的兴趣，我可谓用心良苦。“谁人”将在超大规模的 Fête de l'Humanité 音乐节上登台献演。它是法国共产党中央机关报《人道报》主办的左翼音乐节，旨在为法共募集资金。我直到登上舞台，见下面红旗招展，才意识到这场音乐节的性质。

打扮得赏心悦目的埃里克和爱丽丝站在舞台一侧。他们连嗑药都显得那么优雅得体，但在某一刻，也许是因为穿着连体工作服的我上蹿下跳，奔来奔去，佯装朝人群中投掷手榴弹的缘故，埃里克无可救药地笑了起来。

“你得上来练练，让这支操蛋的乐队继续前进。”我对他大喊道。

1972年，短短的一个月内出现了一连串的插曲，我想我该放慢节奏了。一天晚上，罗德因病告假，随后我因超速驾驶被警察逮捕，在监狱里蹲了一宿。庭审过后，我失去了驾照；一次家庭宴会上，有人说男人都是一路货。听罢此言，我走进厨房，把凯伦心爱的陶瓷器皿统统砸碎。当然，我只是想达到讽刺的效果，可我的行为却像个十足的傻逼；另一次，和凯伦父母共进晚餐后，克里斯·莫菲特驾车送我们回克利夫。一路上，克里斯的女友、我们的艺术家朋友乔安娜没完没了地数落他的车技。一到家我就跳进我的保时捷，发动后故意撞上私人车道边的一棵树。我想给乔安娜一个教训；某次家庭争吵后，我叫爸爸“懦夫”，因为他对妈妈恭顺听话。一天晚上，爸爸妈妈来到我家，计划度完周末再走。我怒斥了妈妈个把钟头，一直到爸爸求情才肯罢休。他们回房后，我抱着白兰地泪流不止。我是个混球。

1972 上半年，我们没有安排巡演，看起来，我有足够的时间从“谁人”头一个五年的过度操劳和巨大压力中缓过来。然而事与愿违。当我开始创作《四重人格》时，我的身心依然疲惫不堪。12 月，卢·雷兹纳的交响乐版《汤米》在彩虹剧院首演。这本该是个美好的夜晚，可因为它也是一个庆祝的借口、一个买醉的理由，最后落得一团糟。

《莎莉·辛普森》的歌词特别长，为了避免忘词，我把它们抄写在一本小便笺本上。演出当晚，有人恶作剧地把本子撕去了一半。我拿起本子做了个擦屁股的动作，然后将它扔下了观众席。可刚一出手，我就意识到自己判断失误。他并未撕到抄写有《莎莉·辛普森》歌词的那几页，虽然就差那么一点点。

我的阴郁情绪传染给了我的作品。住在“庙”里也不管用。太阳下山后，“庙”变得肮脏且压抑。河水不再碧波闪耀。入夜，刺骨的寒风中，冷冽的浪花飞溅。也难怪，这年秋冬之际破茧而出的《四重人格》主人公——“摩斯族”吉米，是个牢骚满腹的小讨厌鬼。

《四重人格》的叙事方式不是平铺直叙式的，确切地说，它是某种扭曲的梦景。尼克剧本《摇滚已死—摇滚万岁!》的主角叫汤米，是“谁人”四名成员的综合体。在《四重人格》中，汤米成了吉米。我希望每个听到这张专辑的人，包括我的队友们，都能从中找到自己和自己的故事。虽然《生命之屋》未能修成正果，但我深信我们将从乐迷那里汲取到创作能量。我们将从他们身上找到自己。

16

乞丐，伪君子

1973年初，我去了几次埃里克·克莱普顿家，然而并未带来实质性的改变。有次爱丽丝的父亲大卫·哈莱奇勋爵也在。气氛非常紧张。趁爱丽丝不在屋里，埃里克对爱丽丝的父亲说，他担心他和爱丽丝要是不吸海洛因了，他们的感情会生变，他可能就不爱她了。哈莱奇勋爵柔声说这个节骨眼上他只关心他俩的性命。之后哈莱奇勋爵打电话给我，说一月份彩虹剧院有一场义演，他是赞助人，如果我能出面邀请埃里克参与，我们就能把他拉出毒海。

埃里克答应了我的请求，接着我便着手组建他的伴奏乐队。第一个被我招入阵中的是浑身上下洋溢着热情的罗尼·伍德（Ronnie Wood），然后是“交通”乐队的吉姆·卡帕蒂（Jim Capaldi）和史蒂夫·温伍德。司职贝斯的是前卫摇滚乐队“家庭”（Family）的里克·格雷奇（Rick Grech）。里克怂恿我品尝硝酸戊酯，说这玩意儿对人无害，不是真正的毒品。我上一次吸毒还是1967年的事情。硝酸戊酯的威力给我留下了深刻的印象，我明显感觉脑部供血加快了。

我们进驻罗尼·伍德家，开始为这场演出排练。罗尼的宅邸叫“维克”（The Wick），是我梦寐以求的那种房子。史蒂夫·温伍德没有现身。罗尼·伍德弹滑棒吉他，我弹节奏吉他。埃里克很清楚他想要什么，我们很快就渐入佳境。排练的房间呈椭圆形，透过三扇通往花园的法式门，泰晤士河一览无余。罗尼的妻子克里茜坐在椅子上，就像一个含笑的天使。她穿着一件印花长裙，金发碧眼，天使面庞，魔鬼身材。

眼看还有几天就要开演了，史蒂夫·温伍德还是连个人影都没见着。我给他打了个电话，对他进行暴力威胁。第二天，他带着他的哈蒙德电风琴来了。从这一刻起，乐队上了一个新台阶。埃里克和史蒂夫之间有着很深的精神联系，他俩曾在“盲目信仰”乐队（Blind Faith）里并肩战斗过。

1973 年 1 月 13 日，我开车来罗尼·伍德家接他们去彩虹剧院，他们一拥而上，把奔驰 600 挤得满满当当。史蒂夫卷了根大麻烟，我吸了一小口，这是我 5 年来第一次吸大麻。

这是一个完美无瑕的夜晚，气氛极其愉悦。每个参与者都深感光荣。演奏《蕾拉》的时候，罗尼和埃里克你来我往，对飙吉他 solo，这首 7 分钟的歌我们酣畅淋漓地演了 10 分钟。这次我没有在台上跳来跳去，所以我没有像以前那样被肾上腺素冲昏了头脑，这也让我得以享受我们奏出的每一个音符。当最后一个音符落下，舞台仿佛升了起来。

音乐会一结束，我便做回了酒鬼：和家人在一起时痛饮葡萄酒，在录音室作曲时独酌科尼亚克白兰地。《四重人格》的故事还不完整，我需要找到一个钩子，把所有音乐都挂上去。

硝酸戊酯的效力散去后，我变得失魂落魄。我感到悲伤、沮丧、迷惘，还有无比的绝望。一个潮湿而阴暗的冬日周末，随着河水淹没了屋前的草坪，寒风呼啸着穿过摇摇欲坠的门窗，记忆把我拉回到 19 岁时的一个夜晚。

1964 年的那个晚上，海边的布莱顿码头下，我和艺术学院的同窗、美丽的金发女孩莉兹·里德相拥而卧。那是一个狂乱的夜，我在水族馆舞厅（Aquarium Ballroom）制造了一场狂暴的演出；“摩斯族”和“摇滚帮”在海滨地带爆发了一场群殴。演出结束后，我和莉兹走在漆黑的海滩上，邂逅了一群穿着滑雪衫、咯咯笑个不停的“摩斯”男孩。我俩和他们并肩坐了一会儿。天空下着毛毛雨，我们都在等着紫心片（Purple Hearts）的药力过去，那是当时流行嗑的一种兴奋剂。

一阵坠落感和眩晕感随着屋外满溢的河水一道涌回我的心头。此刻的颓丧和绝望与那一晚何其相似。但我也感觉到了一股甜蜜和温暖——归途的早班火车上，莉兹依偎在我身旁。我们觉得自己是“摩斯族”的一员。那是一个奇妙的夜，奇妙的最后一夜。我们坠入了爱河，然而我们再也没有约会过，再也没有。那个与她共度的时刻被永远定格、凝固在我的回忆里。

无边无际的黑暗中，河水咆哮着奔向远方。事实上，我并非孤身一人：我的妻子、孩子，还有朋友们正在楼上安睡。焦虑不安的我迅速抓起一本便笺本，怀着寂寥的心情写下一段话，它将出现在《四重人格》首版黑胶的内页。

> 故事的主人公是年轻的“摩斯族”吉米。一个雨天，他困在一块岩石上，思忖着自己能否借乐队四成员来描述自己可悲的生活，从而获得救赎。他觉得他们身上曾经有自己的影子。他爱着他们，却也失去了他们，就像身为“摩斯族”的他爱过并失去了其他重要的东西一样。

《四重人格》将是一张使用四声道录音的摇滚歌剧专辑，每个声道代表吉米四重人格的一重，代表“谁人”的一名成员。从技术层面上讲，这是一个复杂又大胆的计划。我打算效仿合成器先驱温迪·卡洛斯（Wendy Carlos），做出一张《音速季节》（*Sonic Seasonings*）式的专辑，赋予一个简单的故事以强大的声场氛围。

“庙”里的家庭录音室拥有一流的四声道混音设备，但供“谁人”进行四声道录音就显得捉襟见肘了。我需要一个大型录音棚，它的控制室里得有一套我信得过的四声道音箱系统。这样的录音棚伦敦一个也没有，所以我们得像我之前所做的那样，自己动手建一个。我去向“假发”求助。

“假发”是我们的制作经理，此人酷爱技术，满腔热忱，行事疯狂。他从基思和约翰的司机干起（那是一场血与火的洗礼），然后转型为我们的灯光师，再然后被提拔为制作经理，负责和演出主办方打交道，预定酒店，制定旅行计划，以及把我们从监狱里保释出来。

“假发”邀我探访巡演团队的仓库，原来是一座堆满巡演设备和开盘带的教会建筑。

“真遗憾啊，我们没有足够的时间把这座建筑改造成一座录音棚。”我说。

“假发”眯起了眼睛：“这棚你啥时要？”

“现在就要，成么？”我过意不去地答道。

“现在。”他重复道。

“那敢情好。”

“假发”从一家正值演出淡季的马戏团雇了三十名工人，紧张有序地开始施工。六周后，一座名为“拉姆港”（Ramport）的大型录音棚耸立在了我眼前。我们搬了进去。它内含三个隔音区，分别用来录制钢琴、原声吉他和人声。布局设计正是我们想要的。它应该是伦敦第一家拥有三个隔音区的录音棚，这意味着我们可以同步录制鼓、贝斯、钢琴、原声吉他和人声。

我邀请伊桑·罗素（Ethan Russell）掌镜《四重人格》封套照。伊桑是《谁是下一个》联合制作人格林·琼斯的密友，1971 年，经由格林推荐，他操刀了那张专辑的封套拍摄。我个人并不喜欢那张对着方尖碑撒尿的照片，但我喜欢这个人和他的其他作品，而且，他还是拍摄“摩斯族”的最佳人选。

巴尼于1967年回到了我的生活中，巧合的是，也就是从那会儿起，我和凯伦对LSD与美赫巴巴产生了兴趣。巴尼也成了美赫巴巴的信徒。在“谁人”的诸多项目中，他都起着非常重要的作用。这一回，他不仅帮我组建了一个“摩斯族”顾问团，还找来一群人担任封套模特。

录制《四重人格》是一次愉快的经验。失去驾照的我改乘快艇前去录音。“拉姆港”里堆满了富有异域色彩的乐器，包括马林巴琴、钟琴、木琴、电颤琴、锣和定音鼓等（录音杀青时，基思把它们全部掀翻）。除了这些乐器外，还有哈蒙德电风琴、贝森多夫钢琴、电钢琴、吉他、电吉他音箱等等各种。它们全是“假发”从纽约著名琴行Manny's Muisc收获的战利品。

全新的斯图德（Studer）八轨、十六轨开盘录音机，蓝色的赫利俄斯调音台为控制室增色不少，它们是那个年代最好的录音设备。在当时，两只监听音箱是绝大多数控制室的标配（最多也就四只），但“拉姆港”的控制室里竟配有12只JBL 4320型音箱！四对在前，两对在后。声级高得令人恐怖。

调音台上有个按键，上面写着“勿按”。乱按的后果很严重：138分贝的峰值声压、核爆式的声浪能让控制室战栗，让普通人哭泣。你会受到惊吓，甚至心脏病发作。

经过两周的准备，6月22日，我们正式开始录音。基特装模作样地做了几周专辑的制作人。他通常来得很晚，看上去精神恍惚，显然还没从毒品中缓过劲来。他还是喜欢在装开盘带的盒子上写些令人费解的评注，有时还会阻挠录音师罗恩·内维森（Ron Nevison）正常工作。第二周快过去时，我已经忍无可忍：我不在的时候，他居然抹掉我的录音。我忍住了想要揍他的冲动，但还是义无反顾地炒了他鱿鱼。接下来的数周，棚里不断有焦躁的海洛因贩子来访，全是冲着基特而来。

“拉姆港”开始焕发生机。“假发”和基思爱雇性感美女管理录音棚。我们弹奏的时候，三个美女坐在控制室里头，眼睛睁得大大的，一脸膜拜的神情。没有更好的观众了。

管乐部分由约翰编配并吹奏。他为此准备了至少二十来只形形色色的铜管乐器，包括小号、按键式长号等。他不仅每一样都能吹，还能像古典作曲家那样写谱。录管乐的时候，他吹得一丝不苟，一直吹到双唇麻木为止。约翰幽默风趣、纪律性强，灵感源源不断，是个极佳的合作伙伴。他的管乐与我的合成器及弦乐水乳交融。我们仍拥有一项至关重要的才能：做音乐时懂得倾听对方。

录音于8月1日完工。两天后，我们进入混音阶段。我对这一阶段寄予厚望，期待着创造出一道壮丽的音景，将前期录音转化为一次令人惊叹的声音之旅。这年夏天，我录制了大量的音效素材：风、雨、雷、电、火车、公路……当然，还有大海的声音。我请一位DJ朗读“摩斯族”与“摇滚帮”在海滩上斗殴的新闻。我还跑到海滩上，边走边唱《海与沙》（Sea and Sand）的开头几句，同时现场收声，将它们录了下来。捕捉到鸟儿飞离河面的声音是一次成功之举，当时我坐着船，幸运地靠近了一群鹅。这种声音设计与作曲一样让我充满成就感。

这是我经历过的创作强度最大、对技术要求最高的一次录音之旅。1973年9月中旬，《四重人格》呼之欲出了。除了基思偶尔的古怪举动外，队友们的表现可圈可点，与我协力做出了一部最杰出的录音室作品。再过一个月，四声道混音就能全部搞定，专辑就能正式推出。然而就在这时，报纸上居然登出了英国版《四重人格》将于10月13日推出的消息！还有不到一个月的时间了。而按照报上公布的巡演信息，距巡演揭幕更是仅剩下两周多一点的时间了。

我们需要足够的时间来为巡演排练，巡演大幕应于明年早春拉开才对。但音轨唱片的白痴们不想错过圣诞销售旺季。

当然我也知道，音轨唱片的白痴们和“谁人”的经济状况都亮起了红灯，他们做出这样的决定也是为了让公司能维持下去。打造“拉姆港”录音棚花了 33 万英镑（相当于今天的 330 万英镑）。罗杰对经纪人的诚实产生了怀疑（我剥夺了基特《四重人格》的制作人大位，但他还是“谁人”的经纪人，我们还隶属于基特和克里斯的音轨唱片）。事实上，队友们的庞大开销和录音棚的天价预算都快把罗杰逼疯了。

当我把自己 48 小时没合眼，费尽心力做好的排练用伴奏带送到罗杰那儿时，他郑重宣布，他已等得太久，必须打道回府了。盛怒之下，我对他拳脚相加，还端起电吉他，复制起在伍德斯托克上对付艾比·霍夫曼的那一招——用琴头刺他。一个在场的电影摄制团队捕捉到了我们的每一个打斗动作。罗杰干净利落地把我击昏了过去。

有人说我抵达时一身酒气。没错，为了庆祝做完伴奏带，我和鲍勃一路上喝掉了一瓶白兰地。但令我发飙的是疲惫和沮丧，而非酒精。

最初的时候，较之《汤米》发布后铺天盖地而来的赞誉，乐评界对《四重人格》的反应有些波澜不惊。但此后多年，无论是音乐上还是概念上，《四重人格》都被视作比《汤米》更胜一筹。此外，它也被认为是我在《生命之屋》夭折后推出的“救赎之作”。商业上，《四重人格》爬升至美国《公告牌》排行榜亚军位置，这是“谁人”录音室专辑在美国打榜的最好成绩。随着时间流逝，如我所愿，评论界对《四重人格》的反应渐趋热烈，举例来说，它被评论网站 IGN 评为史上最伟大经典摇滚专辑第一名。

我在《四重人格》内页文字的结尾写道：

这条该死的船偏离了航道，滂沱的大雨中，我被困在这儿。

我的人生在我眼前掠过。不是掠过，是爬过。慢慢地。我是谁人？

一个硬汉，一个无可救药的舞者。

一个浪漫主义者：我做过一分钟浪漫主义者么？

一个他妈的疯子。我甚至帮你提包。

一个乞丐，一个伪君子，臣服于爱情。

精神分裂者？我是该死的四面人。

无可救药的舞者是罗杰；浪漫主义者是约翰；他妈的疯子是基思；乞丐和伪君子是我。不过，从某种意义上说，“摩斯族”吉米的四重人格都能在我身上找到。

我开始砸钱设计一套四声道 PA 音箱系统，类似“平克·弗洛伊德”用的那种。罗杰又担忧起了成本——我们的财务状况已经够糟了。七年前，我们没有把唱片约直接交由宝丽多唱片打理，而是授权给了基特和克里斯的音轨唱片。我们满以为能成为音轨唱片的合伙人或股东，然而我们错了。虽说吉米·亨德里克斯是他们的摇钱树，但我也帮他们将亚瑟·布朗（Arthur Brown）和“响雷纽曼”送上了排行榜冠军宝座，然而我一分钱版税也没拿到。

基特和克里斯没有试图隐瞒他们滥用毒品的事。他们雇了两位副手——彼得·拉奇（他后来给“滚石”乐队当过一段时间经纪人）和比尔·柯比什利（Bill Curbishley）。

基思面临的不只是钱不够花的问题。他的个人问题正面临着严峻的考验。我们都知道他对妻子金姆十分痴迷，所以我们搞不懂他为什么会带着美妞进进出出录音棚，仿佛我们是在路上巡演一般。与此同时，我最好的朋友巴尼开始频繁出现在基思家。他表面上是去找基思玩，实际上是奔着金姆去的——他爱上了金姆。

10 月，金姆提出离婚申请。巴尼想追求她，于是前来征求我的许可。对乐队的忠诚和对金姆的爱让他左右为难。我同样左右为难，一边是我的队友，一边是我的死党。我恳求他别趟这趟浑水。巴尼听了我的话，暂时按兵不动，结果错失了良机。金姆搬到“面孔”乐队键盘手伊恩·麦克拉根（Ian McLagan）那儿暂住，一周后，两人有了一腿，接着就私奔了。基思扬言要杀了伊恩。

基思的状况让我忧心忡忡。他失去了他的第一个真爱，他的自尊心一定受到了重创。

“四重人格”英国巡演千呼万唤始出来后，几个复杂的技术难题摆在了我们面前。我想在舞台上架设四块大屏幕，在演出时将吉米的故事投射到屏幕上，然而我们实现不了；我们的四声道音响系统安装起来同样棘手——对大多数英国的小型剧院来说，找到安全的位置高悬两只后端音箱并非易事；而基思这一环也出了问题。他的鼓点与《谁是下一个》的预录音轨如此合拍，然而他似乎驾驭不了《四重人格》的预录音轨。

这是我们出道以来最丢脸的一轮巡演。我们做出了一张伟大的专辑，然而我们没能将它转化为精彩的摇滚歌剧现场。我们如此渴望它能取代《汤米》。我们都深感懊丧。在《流行之巅》上表演时，我失去了耐心，把乔·沃尔什送我的名琴也给砸了；在纽卡斯尔，我一时气愤，把我们的音响设备全部掀翻。

第一个垮掉的是基思。11 月 20 日，“四重人格”北美巡演在旧金山牛宫体育馆（Cow Palace）开锣。基思瘫倒在了台上。我把他拖回到架子鼓后面，他又倒了下去。起初我还以为他是在演戏，他爱耍这种伎俩。后来我才知道，他嗑了一种劲道很猛，猛到足以致命的药丸——**他磕了三粒专门用来制服大象的镇静丸**。

破天荒第一次，我们因为一名队友失去神志而被迫中止演出。

我们在蒙特利尔住的是四季酒店。这是一家豪华的五星级大酒店。基思在套房里办了一场派对。不知何时，几坨番茄酱溅到了墙上，看上去像一幅抽象画。“这幅画值得裱起来。”我说。

基思从墙上摘下一个玻璃镜框，一拳击碎玻璃，举起来框住“番茄酱画”。掌声响了起来。伊灵艺术学院的第一课提醒了我。我抓起一把牛排刀，朝手上戳了一刀，把血往墙上一抹。“这是一条线!”更热烈的掌声响了起来。

套房成了一间疯人屋。我们开始大肆破坏。从一句玩笑话始，到沙发破窗而出终。当沙发砸破钢化玻璃，掉进美丽的天井花圃时，我们不禁都倒抽一口凉气——窗外正对着酒店的接待大厅。那儿的一众员工齐刷刷地盯着我们看，全是一脸错愕的神情，渐渐清醒过来的我们感到毛骨悚然。

三个讲法语的警察翻遍了我的行李箱，最终找到了几本色情杂志。他们一把攥住杂志，激动地挥舞起来，仿佛发现了一堆被肢解的人体。我承认参与了破坏。还未完全酒醒的我可能还跟他们谈了谈艺术。

其中一个条子看着我的护照用英语说：“噢，踢条子的人。”他们把我带到一间地下室，气势汹汹地围住我，显然是打算暴揍我一顿。幸好，就在他们准备动手时，酒店总经理从门前走过。

“这是怎么回事?”他用法语问道。

“在审犯人。”另一个条子吼道。

“给你们用的房间在楼上。”酒店总经理语气坚决地说。他告知他们房号，目送我们走出地下室，然后锁上屋门。他可能救了我一命。

每个参加派对的人都被投进监狱，就连没有参加的罗杰也未能逃过此劫。我们的前制作经理迈克·肖下肢截瘫，出行全靠轮椅，警察良心发现，没有押走他，但押走了照顾他的女护士。

彼得·拉奇设法联系上演出主办方，后者赔偿了我们造成的财产损失。当我看到一张现场照片时，不由惊得目瞪口呆：套房里的一切被我们毁得体无完肤。

12 月，我们刚回到英国，卢·雷兹纳就推出了第二场交响乐版《汤米》。我虽然拒绝参与，但还是愉快地观看了演出。这是我第一次坐在观众席上看罗杰表演。他就像一个经验丰富的舞台剧演员，观众们无不被他的眼神感染和带动。

“他真的很棒，不是吗?”我大声对凯伦说。

圣诞节快要到来之际，我们在伦敦演了四场《四重人格》。乐评人开始吹毛求疵，有些直接给了差评。我们依然高高在上，但我们似乎在走下坡路了。

1969 到 1972 年间，《汤米》是“谁人”现场的脊骨，帮助“谁人”收获了满满的赞誉。《四重人格》未能取代《汤米》，成为“谁人”现场的新脊骨。

17

当心你渴望的东西

《汤米》注定会翻拍成电影。自1969年以来，不少制作人、作家和导演对将它改编成电影剧本表达了浓厚的兴趣。基特也没有放下执导该片的梦想，虽然整个1973年他都沉浸在海洛因里。他和克里斯闹翻了。

我原谅了基特。尽管我们之间仍横亘着一些不快之事，但不可否认，他是个风趣、聪明且体贴的家伙。

1973年6月的一个下午，我头戴耳机，一手提着一台立体声开盘录音机，一手拿着一只立体声麦克风，行走在沃德街上，希望捕捉到典型的苏荷区“摩斯族”之声，汇入《四重人格》的背景音效。它是“摩斯族”男孩们的聊天片段，关于浪漫的事、赛马的内部情报、即将发生的时尚事件，以及交易毒品或肉体。我低着脑袋，偷偷摸摸地将麦克风塞向一群群站在街边聊天的年轻人。忽然间，耳机里冒出一个熟悉的声音。是克里斯。我有两个月没见他人影了。他在谈论《冲破黑暗谷》[1]。我关掉了麦克风。

克里斯刚和锤子影业（Hammer Films）的迈克尔·卡雷拉斯（Michael Carreras）碰了面，讨论合拍《冲破黑暗谷》的事儿。他俩希望我入伙。克里斯告诉我，基特说了，甭管谁来拍，都得付他剧本

1 电影版《汤米》正式名称。

钱，否则就法庭上见。那个所谓的剧本是我和基特在我的录音室里仓促拼凑而成的，耗时不过一个钟头。

不久后，罗伯特·斯蒂格伍德取代锤子影业成了《冲破黑暗谷》的制片人。这是个好兆头，因为斯蒂格伍德与我们及基特都是多年的朋友。影片将由肯·罗素（Ken Russell）执导。我是肯的影迷，他的作品我都喜欢，其中最喜欢的是他为作曲家弗雷迪里克·戴留斯（Frederick Delius）和爱德华·埃尔加（Edward Elgar）拍的传记片，以及他新近推出的《野蛮救世主》(*Savage Messiah*)。

我们录《四重人格》期间，肯前来探班，正好赶上我们录《溺毙》(Drowned)。天降暴雨，雨水顺着屋顶的洞漏了进来，将钢琴隔音区泡在了水中。“当心你渴望的东西，它们没有你想象中那么美好，”肯说，“你在涉猎作曲的艺术，皮特，它黑暗且神圣。”

肯的脚本新鲜出炉后，我开始为附加场景创作歌词。他要求我们在开拍前把音乐做完，于是我唤来各路顶尖乐手，于 1974 年 1 月初走进“拉姆港”，开始录制《冲破黑暗谷》电影原声。

这年年初，比尔·柯比什利接掌了“谁人”的经纪事务。我们都喜欢比尔的坦诚，但我完全接受他要比他们三个晚一些。他既好斗又爱读书，像一个有教养的拳击教练。他很快便参透了我们的运作方式和内在奥秘。基特和克里斯会由着“谁人”成员间沟壑渐显，但比尔会试图架起桥梁。

如果住在避税港，我们 1969 年就已是百万富翁了。比尔·柯比什利知道这一点，所以他把重心放在增加我们的收益上。他和他的前任最大的不同在于，他能管好钱。从比尔成为“谁人”经纪人的那一刻起，我再也不用为钱而担忧了。

罗伯特·斯蒂格伍德与肯·罗素开始选角之际，就是我横加干涉之时。我反对将英国名演员奥利弗·里德（Oliver Reed)、好莱坞大明星杰克·尼科尔森和安·玛格丽特（Ann-Margret）纳入演员阵容。斯蒂格伍德的解释简明扼要："我们必须有他们。"

我知道奥利弗·里德不是歌手，但当我一边痛饮人头马，一边逐字逐句地教唱时，不禁为他的演唱连连叫好；他们说杰克·尼科尔森没有受过专业的歌唱训练，不过他唱得也委实动听。听到他像个20世纪50年代的酒吧歌手般柔声哼唱时，我简直惊呆了。就因为这事儿，他后来没少拿我开涮；我原以为安·玛格丽特的声线对《冲破黑暗谷》来说太"音乐剧"了，但她很快就用那股不温不火、充满感情、带着荒谬感、与其说像蒂娜·特纳（Tina Turner），不如说像埃塞尔·默尔曼（Ethel Merman）的独特唱腔征服了我。当然，她和埃尔维斯·普莱斯利演过对手戏。

毫无疑问，就录原声大碟而言，埃尔顿·约翰、蒂娜·特纳和埃里克·克莱普顿比前几位戏骨好合作多了。蒂娜的个人生活问题重重，但你从她扮演的"迷幻皇后"里可看不出来——她就像打了鸡血似的充满活力。罗杰是个天生的演员，把汤米一角塑造得让人无比折服。

不巧的是，录音期间，基思正在迈克尔·艾普特（Michael Apted）执导的《星尘》（*Stardust*）里饰演一名鼓手，所以我找来包括肯尼·琼斯（Kenney Jones）、迈克·凯利（Mike Kelley）和托尼·纽曼（Tony Newman）在内的一票摇滚鼓手前来助阵。埃里克·克莱普顿去年一直在梅格·帕特森的帮助下进行脱瘾治疗。梅格是一位毒瘾治疗师，擅长神经电疗法。

斯蒂格伍德也是埃里克的经纪人。他极力劝说埃里克参演《冲破黑暗谷》。埃里克对演戏兴趣不大，但还是应允了下来。他入伙的一大原因是还我的人情债，因为宣告他脱离毒海的彩虹剧院音乐会是我牵头帮他做的。《冲破黑暗谷》原声大碟中，交由埃里克主唱的是《失而复明》。他打算在里面加入一个吉他连复段，借此将这首歌烙上他的印记。他还打算融入 Clavinet 的音色，让他的吉他威力更为凸显。Clavinet 是一款强劲的电键琴，史蒂维·旺德是其最著名的驾驭者之一。巧合的是，此时史蒂维就在伦敦录音。埃里克与我一道前往“岛屿”（Island）录音棚，去游说史蒂维担任客座乐手。

途中，我告诉埃里克，斯蒂格伍德起初想让史蒂维扮演“弹球奇才”。我和肯被他的想法搞得不知所措：盲歌手饰演弹球冠军？然而史蒂维对这个角色跃跃欲试。我希望斯蒂格伍德收回这个念头。随后，史蒂维的经纪人告诉他，由于我持反对意见，说他是瞎子，导致他失去了这个角色。完全正确，这讲不通。

在“岛屿”录音棚，史蒂维对我不理不睬。考虑到之前的过节，我一点也不感到奇怪。他对埃里克很友好，但还是拒绝了我们的邀约。我们尝到史蒂维被我拒绝的苦涩滋味了。最后，我不得不亲自上阵，尽力模仿他的招牌哇哇音色。当然，这绝非易事。

埃尔顿·约翰拿下了“弹球奇才”这个角色。他前来录音时坐的是劳斯莱斯幻影 V，这可是英国女王的御用座驾。我上次见到摇滚圈的人开这款豪车是 1967 年，那个人是“滚石”经纪人安德鲁·鲁格·奥德汉姆。同样让我大开眼界的是埃尔顿和他的乐队的高效率，他们不到 4 个小时就录完了一首歌。

《冲破黑暗谷》4 月底正式开拍。肯·罗素精力旺盛、幽默风趣，善于激励别人。他对细节和规划的苛求已经到了痴迷的程度，他对环境的波动也有着惊人的适应力，后来我才意识到，这些都是伟大导演身上必须具备的特点。

拍摄期间，他每晚只睡四个小时。前六周我亦是如此。我们讨论第二天的剧本直至凌晨两点。而仅仅四个小时过后，就是雷打不动的早餐会时间。我靠科尼亚克白兰地挺了过来。我不知道肯是怎么做到的。

肯对演员逼得太紧，把他们折腾到没脾气。我幸运多了，只需扮演自己，一个趾高气扬、半醉半醒的摇滚明星。埃里克对触电并不热衷，但仍很尽力。搭配歌曲《小贩》（改编自《失而复明》）的场景在一座教堂开拍。亚瑟·布朗、约翰·恩特威斯尔和我演埃里克的信徒。我们全穿着宽松的长袍，看起来傻到家了。我有点为埃里克感到难为情。肯弄来许多截瘫病人做群众演员，教堂里满是他们的身影。这些坐在轮椅上的残疾人士很享受拍摄，一个个都乐开了怀。

埃里克回到录音棚继续录音。录完最后一个音符，他告诉我他爱上了乔治·哈里森的妻子——《蕾拉》的缪斯女神帕蒂，打算鼓起勇气恳求她离开她的丈夫。他当场便邀我与他一道去乔治家。埃里克指望我能稳住乔治，这样他就能和帕蒂单独待会。

非常顺利。乔治很乐意跟我谈论印度神秘主义和音乐，乃至他滥用可卡因的事。我俩坐在他的家庭录音室里，畅聊了两个钟头。我爱上了乔治。他很迷人，有着利物浦式的幽默感。我们聊天的时候，披着黄袍的克利须那派教徒进进出出。他们就住在乔治家。乔治的灵修方向一目了然。

乔治过着平静的生活。他的住所叫“弗莱尔公园”（Friar Park），是一座规模巨大的庄园，光是接待厅就大得像一座剧院。我觉得比起乔治来，帕蒂更想逃离的是“弗莱尔公园”。乔治是一个醉心园艺的大师级园丁，“弗莱尔公园”是他的挚爱。

那天晚上，埃里克趁机和帕蒂亲热，并试图说服她离开乔治。埃里克说那次见面是他俩关系的一个里程碑。最终，帕蒂甩掉乔治，投入了埃里克的怀抱。埃里克为此大肆庆祝了一番，除了没吸毒什么乐子都尝了。帕蒂看起来很高兴的样子。认识她以来，我还是头一回见她笑得那么灿烂。

埃里克的戏份拍完后不久，我、凯伦、鲍勃、米雅、帕蒂还有埃里克受邀去切尔西一家餐厅吃饭。他们四个迟到了半个小时，烂醉如泥不说，还全戴着大猩猩面具。我是基思的队友，对这种戏码自然早就见怪不怪，所以我只是冷冷地问四只猩猩想喝点什么。埃里克以为我生气了，变得有点局促不安，其实看到他那么开心，我心里别提有多高兴了。

《冲破黑暗谷》原声大碟即将完工之际，一位参与录音的女歌手告诉我，蒂姆·哈丁（Tim Hardin）因故退出了即将在“圆屋”举行的慈善义演。这场义演旨在为儿童筹集资金购买一辆大巴，所以我决定顶替他，领衔这场演出。

这是我个人的首次专场。除了表演“谁人”经典，我还把自己钟爱的几首歌——“交通”乐队的《无脸、无名、无号》（No Face, No Name, No Number)、基基·迪（Kiki Dee）的《情人》（Amoureuse）和吉米·里德的《大老板》塞进了曲目单。让我难以忘怀的是，在后台，我遇到了古怪的英国爵士巨人乔治·梅里（George Melly)，他说他对这场演出很是期待。

遗憾的是，前排的一个醉鬼不断要求我演绎《汤米》里的一首器乐曲。他反复念叨着他的要求，我越听越搓火，最后终于失去了耐心。我从舞台上跳了下来，揪住他的领子，打算赏他几记老拳。他的朋友，一个同样醉醺醺的家伙拦住了我。

“没这个必要，”他含糊不清地说道，“我们不过是你的粉丝。”

我的态度软了下来。我返回舞台，向那个家伙致以歉意，尽管他依然一刻不停地唠叨着他的诉求，一直到演出落幕。不管怎样，这是一场里程碑式的演出。我惊讶地看到，没了大功率的电吉他音箱，我照样能牢牢抓住观众的注意力。当然，孩子们得到了巴士。

《冲破黑暗谷》摄制期间，比尔·柯比什利做起了“谁人”攻占英国大型体育场的美梦。我们在加州阿纳海姆的户外演出取得了巨大的成功，这让他深受鼓舞。那时候，英国乐队还没有在本土体育场开唱的先例，即便是“披头士”也不例外。在比尔的运作下，1974 年 5 月 18 日，也就是我 29 岁生日的前一天，我们成功登陆查尔顿竞技队主场——山谷球场（The Valley)。我酩酊大醉地上台演奏，幸运的是，什么岔子也没出。

在朴茨茅斯，“谁人”为《冲破黑暗谷》全体剧组人员演了一场。这是安·玛格丽特头一遭看我们表演，她被惊到了。我很高兴能给合作了这么久的剧组同仁表演，他们中的很多人还从未看过“谁人”的演出呢。我们演得都很棒，罗杰尤其出色。拍摄期间，他一直坚持健身。像往常一样，他使出了看家本领。

下一站是纽约的麦迪逊广场花园，四天四场。我们下榻的老地方纳瓦罗酒店被大批歌迷团团围住。演出时，前排歌迷发觉我没以前那么劲道十足，他们朝我大喊大叫，命令我跳将起来。我很不爽，觉得自己像个小丑，但我保持了冷静。

1974 年 8 月，《冲破黑暗谷》的拍摄进入了最后阶段。我被后期音乐制作折腾得精疲力竭，看上去人不人鬼不鬼的。基思和奥利弗在朴茨茅斯的一家酒店里疯狂作乐，我也跟着凑热闹，接受了一个灯光师的喝酒挑战。我们挑战的项目是喝掉半桶吉尼斯黑啤。我的对手喝掉三分之二后才鸣金收兵。我拼了老命才与他喝得旗鼓相当。接下来，我把喝下去的全吐回了桶里。

新入手一艘 36 英尺长的“大浅湾”帆船后，我把以前买的快艇送给了老爸。基思和奥利弗闹着要远航。白天要拍戏，我们只能夜航。晚上 8 点，基思、奥利弗、巴尼、杰森（我的新任司机）、杰森的漂亮女友卡拉和我坐渡轮前往“大浅湾”。我们随身携带的几瓶海军朗姆酒让这段航海之旅有了底气。上船后，我对杰森下达指令：

“我们去考兹（Cowes）。”从朴茨茅斯到考兹来回不到 8 英里。

“我先听下天气预报。”

“你真是个有经验的水手？”我看出他很紧张。

“没错，”他信誓旦旦地说，“我只是想跟水警取得联系。”

杰森捣鼓了半天——原来他不会操作无线电设备。他瞎忙活的当儿，基思解开了救生艇的绳索，一眨眼的功夫，救生艇就被退潮的海水卷走了。

“小伙子们，抱歉!”他得意得不行，“我们的船好像搁浅了。”

奥利弗卷了根大麻烟。我们都吃了一惊，之前他也就是喝喝啤酒而已。我喝起了海军朗姆。直到发现自己全身赤裸，我才意识到自己有多爱它。

“干得不错，皮特。”奥利弗凝视着我的大鸡巴说。

“至少终于有人做了件明智的事。”我回应道。我希望大家都效仿我，这样大家的注意力就能从卡拉身上移开。

“我将游上岸。”基思开心地大喊。我们还没来得及阻止他，他便纵身跳入海中。几秒钟后，他消失在了一片漆黑中。

退潮的海流十分湍急，速度达到了5节。我很为他担心。奥利弗赶紧跳下去救人。片刻间，他人也不见了。

我则睡觉去了。

第二天早晨我醒来时，只有忠诚的巴尼还伴我左右。我的心情非常愉快，昨晚喝美了的感觉还在。巴尼告诉我，基思游上了岸，借了一艘救生艇，划回来把其他人都接走了。帆船上配备的救生艇被一个游艇俱乐部的人救了回来，并热心地将它系回到船上。我和巴尼坐上它，划上了岸。

我们回到片场的时候，见装作又聋又哑又瞎的罗杰正坐在屋顶，给一群装作又聋又哑又瞎的信徒签名。这场戏非常感人，几乎一直在静默中拍摄，直到自鸣筝（Autoharp）奏出的乐音在晨曦的阳光中闪闪发光。

“多么美妙的音乐。”我忘了是我自己写的。

我和罗杰的对比也太鲜明了。他俊美、黝黑、健康、充满活力、反应敏捷、身材健壮，而我则是一副疲惫不堪、睡眼惺忪、宿醉未醒的样子。更糟糕的是，就《冲破黑暗谷》而言，还有一批技术层面上的重活在前面等着我。

我的工作量大得难以想象。除了为新增的场景录制管弦乐、吉他solo和人声，我还与音乐剪辑师特里·罗林斯（Terry Rawlings）、Quintaphonic环绕声系统发明人约翰·莫斯利（John Mosely）、杜比降噪系统发明人雷·杜比（Ray Dolby）一道，采用五声道环绕声对《冲破黑暗谷》进行混音。12月中旬，混音大功告成。DBX降噪系统把影片的摇滚火力烘托得淋漓尽致。而它也是自1940年电影《幻想曲》（*Fantasia*）后，第一部让观众享受到矩阵编码五声道环绕声效果的电影。

1975年初，我忙着为“谁人”创作新歌的时候，乐队其他成员纷纷开启他们个人生涯中最忙碌的工作模式。这些“课外活动”生根于《冲破黑暗谷》。罗杰答应主演肯·罗素的下一部电影《李斯特狂》（*Lisztomania*）。约翰在《冲破黑暗谷》里戏份不多，我们三个在片场奔忙的时候，他卯足了劲儿发展个人音乐事业，一张个人大碟蓄势待发。而他也开始为其他乐队制作专辑。

基思也在做他的首张个人专辑，我俩还参加了几天埃里克·克莱普顿的复出巡演。基思向我介绍了他的新女友——瑞典模特安妮特·沃尔特-拉克斯（Annette Walter-Lax）。他看上去开心极了，而且她无疑非常喜欢他。这是个好兆头，看起来基思要从失去金姆的阴影中走出来了。

但“谁人”这辆战车撞到减速带了。基特在制造法律麻烦，我们的律师彻底糊涂了，到底谁才是《冲破黑暗谷》的版权持有人？基思花起钱来已经到了疯狂的程度，我觉得他想做电影明星纯属浪费时间；约翰已经等不及以个人身份扬名立万了；罗杰为演好《冲破黑暗谷》做足了功课，他演得非常努力，成了一个真正的演员，但他接演《李斯特狂》让我很恼火。自私地说，一夜之间，“谁人”输给了他们三个的个人事业，退居到了次要地位。

我的内心异常苦闷，但我还是一有空就为“谁人”写歌。《冲破黑暗谷》首映前夕，我完成了三十首新歌的小样。我打算用十六轨机进一步完善这批小样，但我得先征得罗杰的同意。他要是不肯唱，我做了也是白做。我去片场找罗杰，和他一块喝了几杯，临走时把小样丢给了他。

第二天罗杰打电话给我，说他很是喜欢。这批新歌风格多样，从节奏布鲁斯到雷鬼，从愤怒到轻柔，从乐观到内省应有尽有。罗杰把其中他最喜欢的列了出来。让我感到惊讶的是，它们清一色传递的是愤怒、抑郁和愤世嫉俗的情绪。又到了为一组歌曲寻找主题或概念的时候。

这组歌曲将汇成“谁人”的下一张录音室专辑《谁人序列》（*The Who By Numbers*）。日后有评论称其为我的“绝命书”，觉得它应作为我的个人专辑推出。我一点都不想自杀，我只是疲惫到了极点。

1975 年 5 月 31 日，《新音乐快递》（NME）刊发了音乐记者罗伊·卡尔（Roy Carr）对我的专访。我说我觉得“谁人”卡壳了。

> 去年初的“谁人”巡演期间，我消沉到了极点。夜复一夜，为了那些死忠歌迷，“谁人”重复上演着过去的东西。

作为报复，罗杰在一次采访中为自己辩护，抨击我因为醉酒搞砸了“谁人”的演出。我可能搞砸了一两首歌，但绝非一整场演出。面对“谁人”，我们都困惑不已，也都怅然若失。

18

丧事承办商

泰德·奥德曼的行径让我大为光火。泰德是基特、克里斯及“谁人”的律师。他趁我喝醉的当儿，要我在一份版权合同上签字，结果没有得逞。如果我签了，《冲破黑暗谷》的版权就是基特的了。当基特开始在报纸上大声嚷嚷，说《冲破黑暗谷》是他的时，我决定向演艺圈著名律师山姆·西尔维斯特（Sam Sylvester）求助。山姆建议我们尽快了断与基特和克里斯的经纪约。

山姆热爱音乐和艺术，是虔诚的犹太教徒，有着极其敏锐的头脑。从他成为我的律师兼朋友的那一刻起，我的艺术人生便有了保障。山姆从容应对着我们错综复杂的税费、唱片约及版权合同，比尔·柯比什利从他身上受益良多。在美国，艾娜·梅巴赫（Ina Meibach）为我们撑起了一把相似的法律保护伞。就在我为失去斯文加利式的基特、一切酷玩意儿的顾问克里斯而感到遗憾时，比尔、艾娜和山姆为我提供了一种截然不同的人生管理模式。

是罗尼·莱恩鼓动我把《手风琴》（Squeeze Box）收录入《谁人序列》。这原本是首编外歌曲，甚至都没进我拿给罗杰听的那三十首歌的大名单。写这首歌完全是为了自娱自乐，顺便卖弄一下我的手风琴功力。罗尼说它听起来像一首疯狂的乡村及西部波尔卡。他也觉得我是时候单飞了。我知道，抛开“谁人”的羁绊，我表达起来将更加自如。

肯·罗素完成了一项出色的工作，但在混音的最后阶段，我意识到肯忽视了我的摇滚歌剧的核心点：独裁者的末日和自创的救星。比我们年长 18 岁的肯在代沟的另一头劳作。他直面过战争的严酷——他在英国皇家空军和商船舰队服过役，亲历过闪电战和空袭。但他几乎感觉不到战后一代的羞与怒，以及父辈对这类我们需要正视的情感的拒绝和否定。

1975 年 3 月 18 日，《冲破黑暗谷》于纽约齐格菲尔德剧院首映。都到走红地毯时间了，约翰·莫斯利和我还在摆弄音响设备。

影片的前三十分钟以战后英国的假日营地为背景，所以美国观众无法感同身受。转折点是蒂娜·特纳对《迷幻皇后》惊为天人的演绎。罗尼·伍德的吉他弹奏为这首歌抹上了一道“滚石”乐队的色彩，而且音响设备突然证明了它的价值。一曲终了，观众热烈欢呼。此后，每一首插曲都能博得山呼海啸般的掌声。

真正的考验还在后头，但首批观众的反响显然振奋人心。《冲破黑暗谷》原声大碟一路冲到《公告牌》专辑榜亚军。

翌日，我们空降好莱坞中国戏院，出席《冲破黑暗谷》西海岸首映礼。然后是在莱斯特广场举行的伦敦首映式。评论毁誉参半，但我毫不在意。《冲破黑暗谷》正式上映后赚得盆满钵满。我们习惯了在巡演过后六到九个月拿到演出酬劳，所以当我们发现该片上映才两个月，“谁人”账户里便多了数百万英镑时，全都大吃一惊。

罗杰仍忙着和肯·罗素拍摄《李斯特狂》，这部片子还有几周才能杀青。“谁人”在谢伯顿制片厂（Shepperton Studios）集结录音时，罗杰是坐双发 Jet Ranger 型直升飞机来的，他向我们宣布，这是他的直升飞机。半个钟头后他又飞走了。罗杰家在西苏塞克斯，直升飞机无疑很有用，但我们都觉得怪怪的。《冲破黑暗谷》既让他荷包满满，又让他成了无数少女心中的性偶像。

基思赤裸裸地嫉妒了。这两人一直在较劲儿，都想压倒对方。他凝视着罗杰的直升飞机，直到它消失在视野中。看得出来，他渴望这样的东西。

我渴望什么？我渴望我的发际线能停止后移。

一个夏日的夜晚，我辗转难眠。凌晨五点半，太阳刚一升起，我就跟着起床，下楼到客厅，泡杯茶，走到屋前一扇打开的窗户前。

我铺上一张垫子，盘腿坐下，开始冥想。几分钟后，我进入了某种幻境。太阳把我的眼睑照得热乎乎的。十分钟后，我问道：

“最亲爱的美赫巴巴！我该怎么办？我将接受您的答案。”

一个声音随即传来：“回到‘谁人’。”

这不是我希望听到的。

“这是您的旨意？请给我一个迹象。”

我正前方的窗台上忽地窜出一个赤膊的男人，一头乱蓬蓬的红发，一张脏兮兮的脸，一双黑漆漆的眼睛。他的身上洋溢着炽热的生命力。他直视着我的眼睛说：“我听到你的话了。”

我一跃而起，冲向屋门，见他正朝门前的河匆匆跑去。我在前花园见过他几次，不是睡在报纸上就是躺在纸盒上。他一定是被我的祈祷叫醒了。

《谁人序列》出人意料地大受好评。罗杰还在生我的气，我对《新音乐快递》放的话让他难以释怀。我们的纽约律师艾娜·梅巴赫建议我给罗杰更多的控制权。

“控制权？控制什么？他现在只想告基特和克里斯。”

“我不是在说法律问题，”她平静地说，“我说的是‘谁人’。”

“我们几个都没在控制‘谁人’。没人能控制得了它。”

“能考虑下我唯一的一条建议吗？”

“好的。”我答道。

“让罗杰赢一次，”她说，“让他赢。”

我让罗杰赢过一次。在乐队的创作方向上，我曾向罗杰做出过让步，借此，我们拧成了一股绳。所以我知道，艾娜给出了一个好建议。

我给罗杰写了封致歉信，提出无论他想做什么，我都会予以支持。是时候尝试些不同的东西了；是时候与罗杰全面结盟，疏离约翰和基思的“后排”派别了；也是时候抛弃对基特和克里斯的幻想了。艾娜的建议令我豁然开朗。

我不喝酒了。酒瘾就这么被我戒掉了，不费吹灰之力。给罗杰写信那几天，我的头脑变得清晰起来。

1975 年秋天，“谁人”再度踏上巡演征程。10 月 18 日，在莱斯特的格兰比会堂（Granby Halls），“谁人”首次利用大功率激光灯来渲染演出气氛。我们是世界上第一支使用大功率激光灯的乐队。成本有多高昂我们并不关心，沐浴在神秘的光束中实在诱人。格兰比会堂演出前一天，基思的愤怒达到了沸点。数百万英镑就这样砸在巡演设备上——这笔巨款大到可以支付整个巡演团队下一个十年的工钱，而他本可从中分得一杯羹的。这是一个雾天，我们被困在苏格兰的一座机场。基思走向英国航空公司的服务台，对地勤人员粗鲁地撒野。他被警方当场逮捕。

此后数月，我们荣登所有航空公司的黑名单。为了完成接下来的不列颠及欧陆巡演，我们不得不转而租赁飞机，整个花销相当于今天的 200 万英镑。基思嬉皮笑脸地反驳道：“没问题，亲爱的孩子们，我们能用它们来冲销税金。”

曼彻斯特的演出结束后，罗杰和基思与一群女孩在化妆间嬉戏得不亦乐乎。她们是基思在拍摄《星尘》期间搭识的。在我右手边，一个落单的女孩目不转睛地盯着我。

“你，”她带着品评的眼光说，“看上去像丧事承办商。”

英国朋克运动登上历史舞台之前，真正有实力与我们争夺摇滚之王宝座的仅有“滚石”乐队和摇滚新贵布鲁斯·斯普林斯汀。1975年10月的一期《纽约时报》上登载了一篇长文，标题是：“就算没有布鲁斯·斯普林斯汀，乐评家也要虚构出一个来。”我已经在心里虚构出一个布鲁斯·斯普林斯汀和一个约翰尼·罗顿（Johnny Rotten）。我想象过他们把我推下王位，迫使我提早退休。我的心里五味杂陈。

摇滚乐于我而言就是在舞台上纵情燃烧，比别人多付出一分努力。“滚石”乐队能纵情燃烧是因为米克·贾格尔从不松劲且从不分心。布鲁斯能纵情燃烧是因为他深知观众的重要性。他场场唱足两个多小时。他的表演方式与我殊途同归，不耗尽自己绝不罢休。他的发声方式与罗杰异曲同工，都是工人阶级式的，让歌声从心底和肺部同时传出。

10月，比尔·柯比什利建议我们趁着《冲破黑暗谷》在日本首映，一举攻入日本演出市场。欧洲和北美巡演已经让我们精疲力竭，开辟日本、澳洲和南美洲这样的新疆土，不仅意味着我们将失去宝贵的休整时间，还意味着我们将付出挂掉一名成员的代价，而这名成员极有可能是我。罗杰和约翰跟比尔说，只有在路上巡演，基思的命才能保得住，因为我们能照管到他。我觉得这是个借口，他们只是想一直巡演下去。基思无数次地跟我说他麻烦大了，但我总忍不住去想，也许我们都被耍了：基思是个聪明的男人。

巴吞鲁日站的演出落幕后，一个执拗的女孩被基思赶出了他的房间。午夜时分，我发现她在大堂啜泣。她对与我们同行的乐评人尼克·科恩说，“基思拿走了我的心，然后把我像坏掉的玩具一样扔了”。她有着草莓金色的头发、鲜红的嘴唇和美丽的眼睛，穿着磨破的牛仔短裤，红色的上衣胸口开得很低，看上去像德州吧女。她的眼妆被哭花了。我问她，“你没事吧?”她控制住情绪，冲我笑了笑。

“喂，”她笑着说，“你不用担心我，我又不是第一次因为话多被赶出摇滚明星的房间。不过他都没有先干我。”她说起话来抑扬顿挫，略带些美国南方口音，听起来既老成又有修养。

她身上有种东西让我感到很自在。“你需要出租车么?”

“基思把我从南卡罗来纳送到了这里，宝贝，千里之外。”

我又迷乱了。在美国的时候，除了在海边，我从来不知道自己身处何方。

“可以给你开间房么?”

她突然起身，甩了甩头发，似乎完全恢复了镇静。她冲我莞尔一笑，牵着我的手朝电梯走去。

“挺好，我陪你。”

一段持续了15年的友谊就此开始。和我一样，唐娜·帕克也是“奇想”乐队和雷·戴维斯的忠实粉丝。

“有酒没?”她像头黑豹似的在屋里打转。

“我不喝酒，”我回应道，“至少现在不喝。我可以拿些喝的给你。”

她要了珍宝威士忌和可口可乐，我往里面加了冰块。她有趣、性感还聪明。她翻阅起我那本《老人与海》，她专注的样子告诉我，她是个爱读书的女孩。

她向我扑来，我拒绝了。如果我喝了酒，就会缴械投降。她朝我甜甜一笑，和衣躺到另一张床上，很快就进入了梦乡。我的阴茎整晚上都雄赳赳地勃起着。我极力控制着自己，不去触碰那副美妙的胴体。第二天早上，她在浴室里待了很久。

“亲爱的，”她慢吞吞地说。她令人窒息地模仿起玛丽莲·梦露，轻拭着自己的臀部。“我擦得很干净，不是吗?”

她短短的花裙子把小蛮腰裹得紧紧的。她的大腿真迷人。

“把你地址给我，我还想见到你。”我说。在酒店大堂，我把我的住址写给她，并给了她 150 美元，让她坐飞机回家。前台接待员做了个鬼脸，仿佛闻到了臭鸡蛋。

“不是你想的那样，”我告诉他，“我们只是盖棉被纯聊天。”

唐娜对我侧目而视。

“纯聊天?”她搂住我，对着接待员大喊道，“我连着要了 5 次，直到他告饶为止!”

我觉得自己是个摇滚明星了。

北美巡演期间，基思变得阴郁起来。他还是很幽默，但多了几分烦躁。他掺在鸡尾酒里的毒品种类日趋多元。

1975 年 12 月的一天，在中西部的某地，基思的保镖道格尔挨个给我们打电话，邀请我们参加基思的生日宴会。基思的生日明明是在 8 月份，当我表示不解时，电话那头说这场宴会是为基思的一位好友补办的。

我们走进房间，逐个入座。餐桌中央摆放着一大束各式各样的鲜花。

基思的衣着搭配很荒谬：吸烟夹克、黑天鹅绒拖鞋、白衬衫和黑围巾。他手上戴着几只看起来非常昂贵的戒指，脖子上挂着金质圆形徽章。

“这些花儿真美啊，谢谢你，道格尔。”他摘下一朵花吃了起来。这是他惯用的搞笑伎俩，一直都很逗笑。

“最亲爱的粉丝们!”他鞠了个躬，用漂亮的英式英语说道，“感谢你们大驾光临。来吧，亲爱的……”他把一个金发女孩领到一张空位上坐下。是个非常漂亮的妞儿，十六七岁的样子。

“这是我最爱的朋友凯西，她是个演员，想在好莱坞成就事业。我俩的生日紧挨着，所以并在一块庆祝。”

他在撒谎，我看得出。我冲他微微一笑，他回敬我以冷冷的目光。基思转向凯西，给她斟酒，看菜单，低声建议她吃哪道菜。她表现得跟老电影里被宠坏的小明星一样。我再次担当起喜剧演员基思的捧哏，端起酒杯大声说："让我们为基思和凯西的生日干杯！祝他们寿比南山!"

气氛一下子热烈起来。大家举起酒杯起身，重复着祝酒词。基思故作谦逊地站起身来，示意我们坐下。他环视了下众人，举着杯子说："我还有一个消息要宣布——我要离开'谁人'了。"

我们都以为基思是在逗我们开心，但他非常严肃地继续说道："马丁·斯科塞斯的新片给我留了个角色，我授意经纪人接了下来。"

他坐下来，狡黠地对凯西窃窃私语着。她咯咯笑了起来。我觉得基思的玩笑开得过头了。

"基思，我们正在巡演……"

基思转向我。"我有义务去完成这次巡演，不过巡演一结束我就会离队。把酒杯举起来，祝我好运吧。"

凯西没有意识到事态的严重性。她欢快地举起酒杯，一脸崇拜地凝视着基思。等了半晌，见无人响应，她放下了酒杯。我火冒三丈。

"下面是什么节目?"我质问道，"再吃一朵花?"说到"花"字时，我瞄了凯西一眼。

"不!"基思很冷静。"轮到你吃了。"他瞥了瞥那束花。

我不会拒绝这个挑战。我从那束花里抽出一枝，塞进嘴里嚼了起来。

我的喉咙突然感觉火辣辣的，接着肿了起来。我的呼吸变得困难，还伴有呼哧呼哧的声音。我对塞进嘴里的花过敏。只有基思意识到情形不对。他冲到我身边，看着我的脸。

"你怎么了?"

"我他妈的噎住了。"我喘着气喊道。

“保持冷静，”他说，“请保持冷静，叫辆救护车来。他有麻烦了。”

大家这才行动起来。过了一会儿，我的喉咙顺畅点了。

“好些了，”我气喘吁吁地说，“喉咙肿得厉害。干！真可怕。”我看到基思的脸上写满了关切。

“谢谢你。”我说。

基思蹲在我面前，看着我一点点地恢复。他的眼里噙着泪水。他是多么地在乎我，多么地为我担心。见我已无大碍，他站了起来。

“香槟!”他拿出一贯的派头喊道，“1924 年的唐·培里侬香槟王。”

“基思，”我语无伦次地说，“我们不想庆祝你离开‘谁人’。”

“逗你玩呢，老兄。我是向可爱的凯西炫耀来着。其实她不知道“谁人”是何许人也。这小傻妞，除了好莱坞外一无所知。”

凯西满腹狐疑地看着我们，仿佛是在说：“这些人都疯了吗?”

我的婚礼；我的伴郎是斯皮迪·基恩（凯伦左边者）；父母站在我后面，弟弟保罗和西蒙站在我前面，1968 年 5 月 20 日

位于沃德街的录音室，我站在唱盘前，假装自己是盖伊·史蒂文斯

为《时尚》杂志拍照片，1969 年 7 月

“谁人”在伍德斯托克音乐节，1969 年 8 月

和杰克·里昂斯，20 世纪 70 年代初

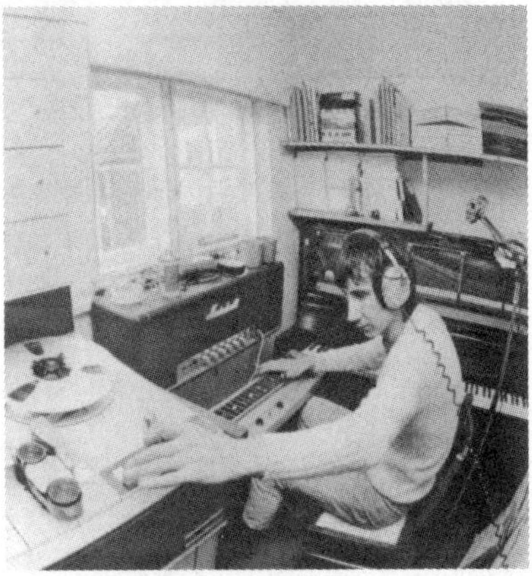

位于特威克南的家庭录音室，1969 年

和妈妈及两个弟弟保罗和西蒙

在迈克·麦克伊纳尼家的后院派对，1970 年

在我的“巴巴简”号上，1973 年；我爱帆船和大海，扬帆远航对我来说是一种冥想

基思和我发布一辆“谁人”赞助的赛车，它将参加 1973 年英国汽车拉力赛，1972 年 10 月 5 日

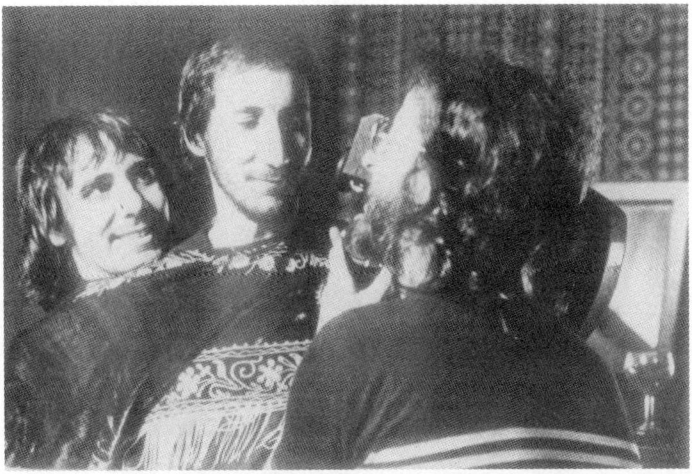

克里斯・莫菲特在拍理查德・斯坦利，理查德・斯坦利在拍基思和我；“四重人格”巡演曼城站，**1973** 年 **11** 月

特威克南寓所门外，凯伦、爱玛、敏塔、西班牙猎犬 **Towser** 和房车，**1972** 年

“谁人”经纪人比尔·柯比什利，1972 年

旋风式印度之旅期间，第一次公演《溺毙》，1972 年春

与新“谁人”在麦迪逊广场花园演奏，1979 年 9 月

敏塔和爱玛在特威克南家中，1973 年

和凯伦、爱玛、敏塔在戈林，1971 年

和儿子约瑟夫，20 世纪 90 年代初

我、罗伯特·福克斯、泰德·休斯、马修·伊文思，前面是“公牛塞克斯顿”，1987 年

克里斯·斯坦普和尼克·科恩在沃德街音轨唱片办公室自由讨论，1971 年 9 月

丽萨·马什和我们共同的朋友希瑟·莱利，1993 年

1981 年，我在“大使馆”夜总会邂逅拼字游戏骗子露易丝·瑞伊，被她收拾得很惨，一盘都没赢过她

“拯救生命”义演；左起：大卫·鲍伊、艾莉森·莫耶（Alison Moyet）、我、鲍勃·盖尔多夫、保罗·麦卡特尼，1985 年 7 月 13 日

与乔治·马丁（中坐者）和戴斯·迈克安纳夫（中右）一起录制《汤米》原声，1993 年

“精神弃儿”美国巡演期间，在纽约灯塔剧院外被粉丝团团围住，1993 年 7 月 12 日

大阪，首次日本巡演，2004 年

手足同心：罗杰和我在演出中，2008 年 12 月

“谁人”压轴伦敦奥运会闭幕式，2012 年 8 月 12 日

和瑞秋，相识于 1996 年，相守至今

19

从容自信

“我坠入爱河了。”

我对穆希德·杜斯（Murshida Duce）说。穆希德是加州苏菲主义运动的头儿。我说的是唐娜·帕克。她让我神魂颠倒，我们甚至还没上过床。

我几乎不喝酒了。通过穆希德的引荐，我认识了王医生。王医生是来自中国的草药医生，他从中国的深山老林采摘草药和植物，为我特调了一种药茶。第一杯下肚，我像是成了超人。翌年，每次演出前我都会饮用那种茶，它让我有使不完的劲儿。1975 年底的巡演期间，是王医生的药茶充当了我的燃料，而非科尼亚克白兰地。至于基思，麻烦依旧。

1976 年 3 月 9 日，“谁人序列”第二轮北美巡演在波士顿拉开帷幕。我们才演了两首歌，基思便瘫倒在台上。演出被迫中止。这种状况非常令人担忧。歌迷情绪十分激动，对现场和地铁实施了打砸。第二天我们就得站上纽约麦迪逊广场花园的舞台，然而基思还在病中。这轮巡演周期不长，岔子倒出了好几个，演出日程因而屡有变动。

鲍勃·普里登在舞台两侧挂起两组音箱，用于进行侧场补音。突然间，也许是罗杰故技重施，像甩流星锤一样甩起了麦克风，这两组音箱尖叫了五秒钟，我耳朵一阵剧痛，人不由自主地跪在了地上。这股突如其来的噪音狠狠地击中了我的耳膜。我的左耳什么都听不到了。几天后，我的听力恢复了一些，但只能是一些而已——九年前，我们上“斯莫瑟兄弟”的节目时，基思制造的爆炸已经让我的听力永久性受损。

我们重返旧金山，在比尔·格雷厄姆的冬之地舞厅（Winterland Ballroom）连演了两晚。王医生给我送来了新泡好的药茶。我像一粒跳豆般活蹦乱跳了两晚。演出接近尾声时，我还在没完没了地即兴弹奏，一脸兴奋地跳来跳去。基思央求我鸣金收兵。他疲惫不堪，折腾不动了。

乘着我的“巴巴简”号快艇在泰晤士河上航行时，我注意到一栋奇怪的建筑。它看上去像是建于20世纪50年代，三座木质双扇门面朝泰晤士河，显然处于废弃状态。我问比尔·西姆斯知道它的来历么。比尔是一位游艇制造商，“巴巴简”号的锚位就是跟他租的。

“那座船屋是我的，”他答道，“我自己建的。”

“你打算怎么处理它?”

“没想过。”

他似乎不想解释，但停顿了好一会儿后，他说道：“我原打算和妻子搬进去住，我们住楼上，楼下作建造赛艇用。这是泰晤士河畔最棒的地方之一。”

“然后呢?”

“她不想搬过去。”

“啊。”

每次见到比尔，我都会转到这个话题。

“比尔，”我故作随意地问，“你考虑过卖掉它么?”

“没有。”

过了一会儿，我又转到这个话题。

“比尔，你觉得它值多少钱?”

“不能用钱来衡量，不是吗？老鹿公园（Old Deer Park）的美景一览无遗，坐拥壮美的泰晤士河景。举目远眺，你能看到列治文山和老码头。棒极了。”

“哼。”

比尔巧妙地吊着我的胃口。我甚至都没进去看过。我也没有多余的现金，打造克利夫的“庙”已经快让我弹尽粮绝了。

一天，我让比尔带我去一睹真容。出于建造赛艇的需要，楼下天花板设计得非常矮。楼上没有楼梯，我们得顺着梯子爬上去。几个房间布局合理，俨然一套大公寓。露台大得有些过分，站在上面放眼望去，泰晤士河的风光尽收眼底。景致太美了。但它还是毛坯房，既没有窗户也不通水电。

“我出 4 万英镑。”再次见到比尔时我说。

“不行，我不想卖。”

我加了几次价，但比尔就是不肯卖给我。然而他又准许我随时参观，并告诉我钥匙藏在哪里。有一次，我站在船屋外面，掏出一枚正面是美赫巴巴头像的硬币，将它抛向空中。

“巴巴，”我大声说，“如果您希望这座船屋用于您的工作，我会买下它。”

我看向硬币。是正面。我又抛了一次，还是正面。我抛了一次又一次，每一次都是正面。第二天上午，我找到比尔。

“比尔，”我轻快地说，“我想买下它。我出 7 万 5 千英镑。你要是不同意，我绝不再提。”

“成交。”

我计划将船屋改造成集会议中心、美赫巴巴信徒的寄宿处、美赫巴巴的影片资料库、电影剪辑室、录音棚于一体的美赫巴巴海洋中心（Meher Baba Oceanic Centre）。

美赫巴巴海洋中心成立后不久，罗尼·莱恩找到我，要我为他制作一张专辑。这位“面孔”乐队的贝斯手与队友罗德·斯图尔特无法继续共事，选择了退出乐队，紧接着就缺钱花了。我提议我俩联手出一张专辑，由格林·琼斯担纲制作。罗尼也是美赫巴巴的信徒，但我俩无意把对他共同的敬爱写进专辑里。我们只是想走进录音棚，看看能碰撞出什么样的火花。

我知道，这张专辑很快就会录完，而且我也会乐在其中。罗尼是我当时最要好的朋友。

在美赫巴巴海洋中心的成立庆典上，我破了酒戒。1976 年 8 月，“谁人”在美国展开一轮旋风式巡演，首站是马里兰。收官站迈阿密体育场的演出结束后，记者兼酒友克里斯·查尔斯沃斯（Chris Charlesworth）前来向我道贺，我一口气喝光了一大烧杯人头马。

基思的拍子没以前稳了，他最拿手的技巧也失去了一贯的水准，但他还是抗下了整场演出。回到酒店后，他突然瘫倒在地上。我们送他去医院，他在那儿待了八天。出院后，除了服药外，他每天都要干掉一瓶人头马。我担心基思，于是问梅格·帕特森能否像当初帮助埃里克一样帮他一把。梅格把她的丈夫乔治介绍给基思。乔治是虔诚的基督徒，致力于将瘾君子的注意力转移到耶稣身上，用基督教伦理道德来辅助他们脱瘾。这个聪明真诚的男人被基思忽悠得团团转，所有说教都是徒劳。基思说他被一对鬼上身了，那对鬼叫派特尔夫妇。基思在温布利的一个社区长大，那儿的印度移民全姓派特尔，所以我知道他在鬼扯。乔治信以为真，他不是个容易上当的人，但基思比他厉害太多了。

面对一堆我写的歌，到底选择哪儿首进行录唱，罗杰有了更多的话语权。他最近推出的个人作品让他更加自信，他的表现力也更上一层楼。他未必总是参与创作，但他的想法很多，而那些创作人听他的。他对我为“谁人”写的新歌更挑剔了。没有了基特和克里斯在那儿哄骗他信任我的创作，这就意味着，我一般三个月就能写完的专辑，现在得耗上一年去写了。

10月，“谁人序列”北美巡演走完了最后一轮。琼·贝兹献演了其中一场。我在艺术学院上学时是她的粉丝，所以我想知道她怎么看我们。琼的评价很简短：“太吵了。”我真想告诉她，你听起来就像个修女，但我还是跟她说了句好听的。那天，我的好友、旧金山摄影师吉姆·马歇尔告诉我，他爱上琼了，事实上一直都爱。合乎情理。我第一次听到琼·贝兹的歌声是在1962年，比我接触迪伦还早。同一时期我还听到了“嚎狼”和马迪·沃特斯[1]（Muddy Waters），她与他们分庭抗礼。她美丽聪慧、坚韧不拔、天赋过人、言之有物。她说的没错，我们是太吵了。

基思像是恢复了健康，鼓点打得精彩绝伦。约翰弹得也是惊人的好，一组全新的指弹技巧已经十分娴熟。他的保镖米克这次没和他一道上路，有传言称，米克向约翰的妻子透露了约翰在路上与妞们鬼混的秘密，此后两人便有了地下情。

“谁人序列”北美巡演在多伦多枫叶花园（Maple Leaf Gardens）收官。我们恢复了元气，这让我们大为惊讶。我和约翰一致认为，我们很少能表现得如此出色。我和一位绝色美女在庆功宴上共舞，之后带她回房。我们尽情肉搏，愉悦而纯粹。我变得从容自信起来。翌日，身为硬汉和摇滚明星的我在机场昂首阔步，高跟马靴把我的海拔增高到一米九，蓝色的枫叶花园冰球夹克让我仿佛拥有了橄榄球运动员的胸肌。我从未感觉自己如此无所不能。

然而我害怕回家。我无法面对慈善团体成堆的捐助请求、初出茅庐的乐手寄给我的恳求信、美赫巴巴信徒对在海洋中心没有受到公平

1　马迪·沃特斯（1913—1983），美国布鲁斯音乐家，“现代芝加哥布鲁斯之父”，其音乐影响极其巨大，涉及布鲁斯、节奏布鲁斯、摇滚、民谣、爵士和乡村等音乐类型。“滚石”乐队、《滚石》杂志均得名于他的一首单曲《滚石》。

对待的抱怨以及他们的各种资助要求。采访邀约也让我感到了巨大的压力，我担心自己的无心之言会打乱“谁人”的新平衡。还有，凯伦会看到我眼中的负疚么？

我没法全身心地投入到美赫巴巴的事业中去，除非我放弃摇滚乐。然而摇滚是我的宿命。

与罗尼·莱恩合录《粗混》（Rough Mix）的时光已变得模糊不清，但一些特别的时刻我依然记忆犹新：我头一次与一支交响乐团同步录音——我们一起完成了《城里的街》（Street in the City），管弦乐编配和乐团指挥是我岳父埃德温·阿斯特利。古典音乐家们对我尊敬有加，着实令我讶异不已；《我的宝贝送掉了它》（My Baby Gives It Away）里的鼓是查理·沃茨打的。与查理的这次合作让我意识到，他深受爵士乐影响的演奏风格对“滚石”的成功极为重要。

结识“兔子”约翰·邦德里克（John Bundrick）是我音乐生涯中的一个重要事件。《粗混》录制期间，他走进录音棚，希望参与这张专辑。这是一位和鲍勃·马利有过合作，弹奏水准与比利·普莱斯顿[1]（Billy Preston）不相上下的哈蒙德电风琴手。“兔子”鲁莽冲动、酗酒嗜毒、爱讲疯狂的段子，但像他这样技艺精湛的乐手不可多得。

专辑即将杀青时，罗尼和我发生了口角。当我跟他解释自己为何闷闷不乐时，我犯了个错误，告诉他我背叛了凯伦。

“为什么？”他愤怒地说，“你要毁掉她么？”

我惊呆了。我以为他会同情我。

“你什么意思？”

1　比利·普莱斯顿（1946—2006），美国创作歌手、键盘演奏大师，尤其擅长弹奏哈蒙德电风琴，与小理查德、雷·查尔斯、“披头士”、“滚石”、埃里克·克莱普顿等众多巨星有过合作。

“你想把她赶跑，难道不是?”

我勃然大怒，一边骂骂咧咧，一边抓住他的肩膀猛推了一把。罗尼像纸人一样飞了出去，险些狠狠撞上混凝土台阶。我差点失手杀了他。一开始我还以为是自己用力过猛，后来我才知道，罗尼罹患了多发性硬化症。这次经历告诉我，即便是我最好的朋友也能引发我动粗。兴高采烈时我动粗，郁郁寡欢时我动粗。当我发脾气时，我就知道动粗。

这年秋天，我陷入了深深的惆怅。我在听迈克·奥德菲尔德[1]（Mike Oldfield）的第三张录音室专辑《奥玛的黎明》（*Ommadawn*）。其中一首《在马背上》（On Horseback）深深地触动了我，唤回了我记忆中的老英格兰。我听了一遍又一遍，并给迈克写了封短信。他回信说，如果我造访科茨沃尔德（Cotswolds），他会备好一品脱吉尼斯黑啤。

1976年12月17日，基思的律师迈克尔·罗森菲尔德发来一封电报，我那股惆怅的情绪旋即消逝无踪。基思对乐队的课税方案表达了关切，因为它们是为他住在英国的三名队友制定的。眼睁睁地看着在美国巡演挣的钱被英国的税制大肆盘剥，基思一定很沮丧。

基思住在加州马利布。一个困扰我已久的问题开始烦扰基思了。“谁人”看上去是个协作的整体，所有事务都由大家定期开会投票决定。但摇滚乐队不是兄弟连，它不够稳定，每名成员都有着不同的野心。

“感恩而死”乐队是一个例外，我们和他们在奥克兰同台演出过两场。有人告诉我，他们的巡演技师能拿到与乐队成员相当的酬劳。

1　迈克·奥德菲尔德（1953—　），英国作曲家和多重乐器演奏家，他的作品将前卫摇滚乐与世界音乐、新世纪音乐、氛围音乐、古典音乐、民谣乐、电子乐融为一体。1973年，刚刚成立的维珍唱片签下迈克·奥德菲尔德，出版了其处女专辑《管钟》，取得了巨大的商业成功，维珍老板理查德·布兰森的事业就此起步。

我们对自己的巡演技师也很慷慨，但还没慷慨到那个地步。我们讨论过，但没法达成共识。

和“谁人”一样，布鲁斯·斯普林斯汀、“皇后”和 AC/DC 也在想方设法抑止乐队成员间的内讧和矛盾。我开始相信，我们的粉丝乐见我们明争暗斗，所以在接受采访时，我有意夸大“谁人”的内部矛盾。罗杰总会上我的当。尽管“谁人”内部并没有真正开战，但我们的确有自己的麻烦：经济上，只有在我们巡演时，我们的厂牌才觉得他们是我们的一部分；社交上，基思一直在我们和洛杉矶之间来回跑；音乐上，我们没能拿出什么新东西，对于罗杰和我来说，答案并不简单。

1977 年，朋克摇滚就像一场突如其来的惊世海啸般威胁着我们的生命。你能在街上看到它，在俱乐部里听到它，你甚至能在空气中闻到它。我对这股音乐新势力持欢迎的态度，虽然我很清楚，他们有潜力把“谁人”和我们这一代摇滚乐手变成摇滚恐龙。当然，我们也有了充分的理由从自满中摆脱出来，同时做出些新东西。

这一年，朋克运动在伦敦破茧而出。基思君临 100、“漩涡”(Vortex) 等俱乐部，就像伊丽莎白·泰勒步出她的劳斯莱斯。他给小朋克们讲笑话，买酒给他们喝。他们画着 Z 字形眼妆，衣服上别着安全别针，大多是装酷的中产阶级小毛孩。他们恐吓基思，基思不以为然，邀请他们坐他的车去兜风。我没他那么勇敢。我有天晚上与他同去，遇到了朋克乐手比利·爱多尔 (Billy Idol)。比利有些凶神恶煞，弄得我也想摆出一副凶相。

亚伦·谢克特把我召到纽约。亚伦是我在纽约的会计师，负责为我的英国版权管理公司的美国分部做账。他说有件十分紧急的事情需要我去处理。他带我来到一家大银行门口。

“进去。”他说。

“为什么?”我不解地问。

"进去就是。"

我走进这家银行，走向一个美女出纳。

"早上好，汤森先生。"她说。

哇！一银行"谁人"的粉丝！

"对不起，汤森先生，"她纠正我道，"我不是'谁人'的粉丝。您想知道您账户的情况么?"

"我没在这儿开户。"

"汤森先生，我们得记住一些重要客户的脸和名字，您是其中之一。"

"好吧，我想知道。"

"您有130万美金的高息活期存款，此外，您的主账户上还有5万美金。您要不要提款?"

"不了，谢谢你。"我这辈子还没见过这么多现金。

"问你自己吧，皮特，"亚伦说，"你有一笔钱存在这儿，为什么你不知道?"

回酒店的路上，我撞见了安妮·莱柏维兹[1]（Annie Leibovitz）。

"嘿，安妮，"我嘟哝道，"给我拍照片，我有钱。"

回到伦敦后，我径直去找大卫·普拉茨（David Platz）。大卫是我的版权管理合伙人。我抱怨说我在美国的词曲版税收入被存入了纽约的一家银行。由于基特和克里斯的厂牌的美国分部就在这家银行开户，我担心这件事的背后有阴谋。大卫·普拉茨说他注意到了这个问题，已经要求他的朋友艾伦·克莱恩出面摆平此事。

我大吃一惊，不过大卫向我保证，我很快就能拿到这笔钱。没过多久，我被召往大卫的办公室，去跟艾伦·克莱恩会面。与会的还有克里斯和我的律师山姆·西尔维斯特。

1　安妮·莱柏维兹（1949—　），美国肖像摄影师，二十多岁时便已在摇滚摄影界打响名号，日后进入时尚摄影界，逐渐成为全球身价最高的摄影师。

克里斯解释道：“大卫和艾伦私下有不当交易。现在艾伦有权冻结这笔钱。”

“艾伦要什么？”我问山姆，“一大笔佣金？”

“恐怕是。”山姆说。

克莱恩提出，不但这笔钱得有他的份，我未来的版税也得分他一杯羹。

茶、咖啡、三明治。更多的茶，更多的咖啡，更多的三明治。谈判从上午一直持续到晚上。克莱恩进进出出，每次进来都捧着一沓新的数据报表。“如果你给我百分之十，大卫和克里斯各减持百分之五，他们的净收入仅损失百分之二，你的毛收入则将增加百分之二十。”

我茫然无措。我从未觉得自己如此愚蠢。数学我不在行，最基础的我也拿它没辙。我越来越疲倦，克莱恩却越来越机敏。这种谈判是他的强项。

晚上八点，我们终于达成了一致。大卫、克里斯及基特支付给克莱恩一笔佣金。基特没来，由大卫和克里斯全权代理。他们也减持了自己的股份，以让我获得更多的收益。我拿到了一张支票。

“谢谢你，克里斯。不过基特会怎么看？”

“他会发疯的，”克里斯答道，“走吧，我们去喝一杯。”

我们来到“地下酒馆”俱乐部，邂逅了两把“性手枪”。我唠叨地劝诫他们，告诉他们我刚刚经历的破事，说摇滚已死。我把保罗·库克[1]（Paul Cook）当成了约翰尼·罗顿，和他说了好一会才意识到他不是约翰尼。我没那么醉，只是对我们屈服于克莱恩感到愤怒。当我终于坐进我的大豪车时，一辆劳斯莱斯在我身边停下，歌手汤姆·琼斯（Tom Jones）和谐星吉米·塔巴克（Jimmy Tarbuck）从车里探出头来。

1　保罗·库克（1956—　），“性手枪”乐队鼓手。

“里面有妞没?”他俩的脸上写满了期盼。

“没有，”我答道，“只有几具尸体。”

第二天，我写下了《你是谁》，反映我陷入的窘境。接下来我接连写了几首关于音乐、歌曲和巡演的新歌：《音乐必须改变》(Music Must Change)、《新歌》(New Song)、《路上没有浪漫故事》(No Road Romance) 及《迪斯科姐姐》(Sister Disco)。随着我的名下多了一百万英镑，我决定暂停巡演，登上我的“艾哈迈德讷格尔女王”号帆船，与父母一道沿着康沃尔郡航行。我和马修·普莱斯携手创立了图书出版公司“鳗鱼派”书业 (Eel Pie Books)；我和迪莉娅·德·利昂开了间名叫“魔法巴士”的书店，巴尼和我合著的《汤米的故事》就在那儿售卖；我还开了家乐器设备租赁公司，为小型演出提供服务。

专辑《你是谁》录得不开心。我为我做的新歌感到骄傲，不过罗杰觉得部分小样有过度制作之嫌。他没因此和我干架，但他对着制作人格林·琼斯的鼻子猛打了一拳。我舅子乔恩·阿斯特利 (Jon Astley) 接掌了制作人之位。基思的健康状况日渐衰退，录音进程为此大受影响。录《音乐必须改变》时，基思吃力地打着六八拍摇摆乐节奏型。当我表示要把这首歌剔出专辑时，基思突然来了精神。他站了起来，甩掉鼓槌。

“我能打爵士三连音！我跟菲尔·西蒙 (Phil Seamen) 厮混过。”(菲尔·西蒙，英国传奇爵士乐鼓手，1972 年死于滥用海洛因和酗酒。)

“我是最好的……”

我难过地看着他。他迟疑了片刻。

“我是全世界最好的……”他又迟疑了一下，“基思·穆恩式鼓手!”

没有人会怀疑这一点。

“兔子”也有酗酒的问题。1978 年 3 月的一次彩排后，“兔子”醉得厉害，为了逃车钱，从行驶中的出租车里跳了出去。他摔断了手腕，几场演出因而取消。我心里很不是滋味——彩排太激动人心了。

“兔子”人如其名，是个速度型的键盘手。他为《音乐必须改变》和《迪斯科姐姐》等棘手的新歌注入了强大了生命力；有了他，我们演出前也不再需要预录合成器伴奏音轨。他在哈蒙德管风琴和钢琴上的独奏扣人心弦。不过，不管“兔子”有多失序，最让我关切的还是基思。

一天晚上，基思邀请“兔子”和我去基思·理查兹家参加一个小派对。和米克·贾格尔同去的是模特兼摄影师卡琳西亚·韦斯特（Carinthia West）。她身材高挑，美丽动人，是在场的唯一女性。当米克和基思在听老节奏布鲁斯唱片，我在跟喜剧明星埃里克·艾德尔（Eric Idle）和大西洋唱片的头儿阿迈特·厄尔特冈（Ahmet Ertegun）打趣时，“兔子”把浴缸放满水，试图淹死自己——他觉得自己这辈子都没法成为米克这个级别的摇滚明星，所以泡到卡琳西亚这个级别的美女就只能是泡影了。然后他推开窗户，从二楼跳了下去，在大街上赤裸狂奔。

杰夫·斯泰因（Jeff Stein）在为“谁人”拍摄传记影片——《孩子们都很好》。该片主要由我们现场演出的片段组成。我听说基思和杰夫私下在构思一部电影。基思依然在我们和洛杉矶之间来回飞。“谁人”有次开财务会议，他迟到了很久，显然是刚从机场风尘仆仆地赶来。

“我从好莱坞带来了消息!”

他开始像基特一样穿毛皮大衣。他坐下，匆匆脱下大衣。两条浓浓的黑眉毛下，是一双锐利的黑眼睛。

“我和 007 电影的执行制片人艾伯特·布洛克里（Albert Broccoli）会过面了，他同意由我来出演詹姆斯·邦德。当然，这将是部喜剧。”

“你们在哪儿会面的？”我问。

“比弗利山一家餐厅。我跟梅尔·布鲁克斯（Mel Brooks）也是在那儿会面的。”他骄傲地说。接着他更骄傲地说：“布鲁克斯先生把《希特勒的春天》（*Springtime for Hitler*）的戏剧改编权给了我。”

“那片子是叫《制片人》（*The Producers*）吧。”我纠正道。

“不，”基思看着我说，仿佛我是个弱智儿，“《希特勒的春天》，戏中戏，剧中剧。”

“下一部007是喜剧片？”

基思开始阐述他的概念，怎么听怎么像日后迈克·梅尔斯（Mike Myers）主演的《王牌大贱谍》（*Austin Powers*）系列。搞笑极了。当然，也荒唐极了。

基思能在另一条路上有所斩获于他于我们都很重要。我们新成立了“谁人”影业，他也许能帮我们从好莱坞拿到合同。音乐方面，他打鼓的状态时好时坏，新专辑《你是谁》的录制已经陷入了停顿。最终，《音乐必须改变》里的鼓声被脚步声取而代之。

《孩子们都很好》拍摄进入尾声之际，杰夫·斯泰因提出要拍一场“谁人”的现场。他让我感到了巨大的压力。尽管担心基思每况愈下的状态被摄影机捕捉得一清二楚，我还是答应专门搭台演一场。

这是一场糟糕透顶的演出。基思全然不在状态，没多久我便出离愤怒了。在酒精和镇静药的双重作用下，他可以用半死不活来形容。台下有朋克少年起哄，我回敬以一通谩骂。

“你们这些小讨厌鬼，想夺走我的吉他是吗？有种试试看！”

台下满是希望我们演砸的小朋克，他们如愿以偿了。

杰夫·斯泰因说服了我们再录一场。我们只需演奏《巴巴·奥莱利》《不再上当》等几首歌，观众将是清一色的“谁人”歌迷。在谢伯顿制片厂录影时，基思心情很好，虽然一遍又一遍的重录让他疲惫不堪。除了基思外，我们都有足够的肾上腺素供我们闹腾。基思的耳机不断地往下掉，没了辙的他干脆用厚厚的电工胶带将它们绑在头上。拍摄间隙，名导托尼·理查德森（Tony Richardson）把我介绍给尼古拉斯·罗伊格。米克·贾格尔主演的《迷幻演出》就是尼古拉斯导的。

我对“谁人”的幻想破灭了，主因是基思已经跟不上乐队的节拍。不过，和基思一样，我也在拓展其他路径：书、书店、录音棚、厂牌、展览、设备租赁、个人专辑、电影等等。

这年夏末，录音室专辑《你是谁》及同名单曲发行问世。尽管“谁人”没有进行推广巡演，它们依旧大卖。与此同时，我们卖掉了《四重人格》的电影改编权。

基思飞来伦敦，参加在当代艺术学院（ICA）举行的“谁人展览”开幕式。他和粉丝亲切互动，和蔼、友好、魅力十足。他看上去要开心些了。在活动现场，我第一次见到了我的偶像、波普艺术家彼得·布莱克，他和新浪潮歌手伊恩·杜里（Ian Dury）在一起。

8 月，我去了趟马利布，一来为在那儿录音的里克·丹科（Rick Danko）和埃里克·克莱普顿弹钢琴，二来试图帮助基思。里克·丹科是 The Band 乐队贝斯手兼歌手，他教了我几招新奥尔良风格的钢琴弹奏技法。基思酒喝得很凶。我告诉他，我们全都希望他回家。他被触动了。我回到伦敦后，基思打电话给我，请我帮他租下歌手哈利·尼尔森（Harry Nilsson）位于“花花公子”俱乐部对面的公寓。基思想回伦敦，但他没有钱。哈利尽管顾虑重重，但还是答应租给我。他告诉我，这是个被诅咒的地儿。“妈妈与爸爸”合唱团的卡斯·艾略特就死在这间公寓里。我让哈利放心，因为闪电不会两次击中同一个地方。

“滚石”乐队贝斯手比尔·怀曼有处寓所就在这间公寓附近，他密切注视着基思的动向。一天晚上，比尔·怀曼和斯皮罗斯·尼阿科斯（Spyros Niarchos）来找基思喝酒。斯皮罗斯是希腊船王斯塔夫罗斯·尼阿科斯（Stavros Niarchos）之子。酒过三巡，基思走向窗户，二话不说，纵身从三楼跳了下去。

比尔和斯皮罗斯冲向窗户，见基思面朝天地躺在一个大建筑垃圾箱里。准确地说，他是躺在床垫上——他事先将几张床垫塞进了垃圾箱。他站起身，掸掸身上的灰，朝着两位瞠目结舌的旁观者大喊道：“‘花花公子’俱乐部见。给我来杯橙汁。”

基思变着法子从医生那里获取药品，主要用于缓解戒瘾过程中产生的不适症状。但至少，他决心从酒瘾和毒瘾中走出来。他几乎每天午夜都打我电话，说他爱我。

9 月，罗杰打电话到我的家庭录音室。他言简意赅。

“基思挂了。”

纵观我这一生，每逢身边的人离去时，我都没有太难过。这个糟糕的缺点让我看起来很冷血。我有我奇怪的应对方式。就基思之死而言，我的反应不理智到几近疯狂。我没有让“谁人”渐渐远走，继续始自《粗混》的单飞生涯，而是做出了一个令所有人大惑不解的决定——带着新“谁人”上路巡演。当我要求罗杰加入我时，就连我自己都感到惊讶不已。约翰还没从震惊中缓过来，但表示随时准备上路。

这真是个疯狂的主意。别的不说，我真的很担心我的听力。我被耳鸣困扰，整日整夜地听到鸟叫声。最为荒谬的是，我已经开始了新的生活，并渴望巡演永远成为过去式。

基思之死带来的翻江倒海的情绪让我失去了所有逻辑。我确信只要我们能上台表演、上路巡演，一切都会好的。尽管我早就担心基思会挂掉，但我从未想到它会真的发生。基思是个大麻烦，但也是个开心果。他走了后，谢伯顿制片厂的会议室里缺失了一些不可替代的东西：毛皮大衣、宏大的方案、艾伯特·布洛克里和梅尔·布鲁克斯的愿景。“拉姆港”录音棚里同样缺失了一些无可取代的东西。什么都没了，只剩下打鼓的幽魂、爽朗的笑声和燃烧的耳机。

“拉姆港”如今成了一座诊所。多么应景。基思的新任医生杰弗里·戴蒙德没有觉察到基思滥用镇静药的历史，给他开了整整一瓶100粒镇静片，以缓解他的脱酒瘾症状。基思一口气服用了32片，随后命丧黄泉。

基思的葬礼上，罗杰似乎是我们三个中最悲恸的一位。查理·沃茨缅怀他的老友时泪眼汪汪，我却冷酷地没有流下一滴泪。

菲尔·科林斯（Phil Collins）给我打电话，说愿意成为“谁人”的一分子。他当然能胜任“谁人”的鼓手，但他一面忙着与“创世纪”乐队（Genesis）录音、巡演，一面还在拓展个人的音乐事业，这怎么行得通？他说他能应付得过来。我心里已经有了合适的人选——“小脸”乐队的肯尼·琼斯。肯尼是我的朋友，我们以前合作过，我觉得“小脸”限制了他的发挥。

电影版《四重人格》开拍在即。“性手枪”的约翰尼·罗顿和我一块出来喝酒。我俩成了朋友。《四重人格》的主人公叫吉米，是个爱整洁的“摩斯族”，我俩都觉得他不该争取这个角色。[1]

我的律师艾娜和美国的大厂牌频频接触，商谈我的个人唱片约事宜。风闻我打起了退堂鼓，可能不打算出个人专辑了，她连忙飞到伦敦，赶来我家。艾娜知道我的心已不在“谁人”身上。她觉得我需要发挥我的创造力，而一张个人专辑将容许我更好地表达自己，以我自己想要的方式。然而我答应过凯伦，只要“谁人”还在，我就不会签个人唱片约。

1　约翰尼·罗顿试镜了吉米一角，但影片发行商拒绝让他主演，他被英国演员菲尔·丹尼尔斯（Phil Daniels）取而代之。

几年前，艾娜建议我让罗杰赢一次，结果给“谁人”带来了意想不到的复兴。这次我依然相信艾娜是对的。但凯伦反对艾娜的建议。我们谈不拢。凯伦回房睡觉后，我与艾娜借酒消愁，感到难以做出抉择。

第二天，艾娜安排我与哥伦比亚的头儿沃尔特·耶尼科夫（Walter Yetnikoff）会面。沃尔特开出的条件十分诱人，除了高额的签约金，还包括一笔丰厚的签约奖金。两天后，我和阿特科（AT-CO）唱片的道格·莫里斯（Doug Morris）见了面。阿特科隶属于阿迈特·厄尔特冈创办的大西洋唱片。道格为我开出的价码恰好是沃尔特的一半，而且没有签约奖金，但我觉得道格跟我合拍。接下来，我还见了几个唱片业大佬，为他们的热情和承诺欢欣鼓舞之余，我也变糊涂了。花落谁家好呢？

我跑去听阿迈特的意见。我想听到这位雷·查尔斯的工作伙伴说他也想成为我的工作伙伴。然而他的态度很明确：我应该跟道格·莫里斯签，而不是跟他。

“决定吧，皮特。做出一个选择。不管怎样，现在对你来说是个好时候。”

20

摇滚明星之殇

新“谁人”于1979年4月初开始排练，一排就是一个月。“兔子”和肯尼还处在试用阶段。为了让《四重人格》里从未公演过的曲目能重新焕发生机，我说服了罗杰和约翰，由我来指挥一个四人铜管乐组排练。

我觉得老“谁人”已随基思一道死去，所以新“谁人”对我而言是一个新契机，一个只要基思还活着我就迎不来的新契机。有人觉得基思死了我很开心。有次我差一点就笨拙地承认，也许是基思之死导致了“谁人”的重生。

罗杰钦佩肯尼的鼓技，也喜欢他这个人，但就是觉得他缺乏“谁人”鼓手该有的表现力和激情。我对罗杰说，继续玩下去可以，但只能由我说了算。如果你感觉不爽，我就单飞，录制我自己的专辑、进行我自己的巡演去。

1979年5月，新“谁人”在伦敦彩虹剧院首演。我的愉悦心情表露无遗。肯尼打得很棒，“兔子”让我备受鼓舞。罗杰剪短了头发，扮演一个穿着皮夹克的硬汉。那晚他太出色了，约翰也是。评论界同样是一片盛赞。

一周后，我与凯伦赴戛纳出席与“谁人”有关的两部电影——《四重人格》和《孩子们都很好》的首映式。期间，“谁人”去弗雷瑞斯（Fréjus）圆形剧场演了两场，所以我们没怎么参加庆祝，但看到国际媒体以巨大的热情和严肃的态度迎接我们的到来，我们都深感荣幸。

无可讳言，无论是对我，还是对我的自私自利、过度工作和饮酒无度，凯伦都已感到厌倦。而最令她恼火的，我想，是我未能做出一个选择：选择摇滚乐，把家庭抛在一边，或是叫世界滚蛋，做个好丈夫和好父亲。对于我的境地，我向她抱怨过，她也给我出过主意，但我听不进去，即便她是唯一一个知道原委的人。相反，我只是凭直觉行事。

凯伦在努力攻读学位。她每天上午都会接到一个名叫本的年轻男子打来的电话，然后她会顺路接他去学校。一听到本的声音她就喜笑颜开。她毫不掩饰他们在学校里时常一块玩耍。她每晚都会送他回家。五月底，她的课程进入到了最后阶段，她丢下我和孩子们，去什么地方学习了一周。她回家的时候脸上泛着红晕。不知是直觉还是瞎猜疑，总之我感觉她和本有了一腿。我没问。她或许觉得我满不在乎，可实际上我惊慌失措。

戛纳之后，“谁人”在苏格兰连演了两场，先是在格拉斯哥，翌日在爱丁堡。爱丁堡的演出结束后，我在一家俱乐部把自己灌得烂醉。我像个混球一样跳舞，完全是乱跳一气，边跳还边撕扯自己的裤子。由于没穿内裤，我的阳具挂了出来。直到第二天晚上，我在伦敦家中醒来后去冲澡，才看到镜中的自己浑身青一块紫一块，有抓痕，有咬痕，还有牙印。连脖子上都有。凯伦不可能没有注意到。我依稀记得一个红发女孩扑向了我，但之后我就断片了。

我以个人身份参演了“大赦国际”主办的义演“秘密警察的舞会”（The Secret Policeman's Ball）。坐着玩“不插电”不是我习惯的方式，没了蹦跳腾挪激发的肾上腺素，我渐渐陷入了恍惚。周围总有谁要么比我喝得多，要么比我嗑得多，所以我总觉得自己没那么坏。演员、讽刺作家及喜剧明星彼得·库克（Peter Cook）当晚忍住了没喝，理由是肝脏不好。他通过吸大麻烟转移了注意力，并建议我效仿他。“巨蟒组”[1]（Monty Python）成员格雷厄姆·查普曼（Graham Chapman）偕男友出席，两人微笑着深情缅怀了基思。

下个月，我参与组织了“摇滚反抗种族主义”（Rock Against Racism）义演并登台献演。我成了“良心艺人”，这对我很重要。与此同时，在哈维·戈德史密斯的安排下，“谁人”登上了温布利大球场，为我们暖场的是AC/DC等乐队。但演出效果并没有预想的那么激动人心。大伦敦议会限定了音量，并禁止我们使用激光灯。我们卖力地对着8万观众表演，他们很买账，回家后给我们寄来了一封封洋溢着赞美之词的信件，但我的感觉就是不大对。

我在深夜的客厅里孤独地写歌，陪伴我的是人头马、开盘机和吉他。重归“谁人”让我感到困惑。我对凯伦许诺我会安定下来，然而我明摆着无法信守这个承诺。

一个晚上，我们奇迹般地同时上床睡觉。趁她还没睡着，我问她：“你还爱我吗?”

“不了。”

“一点也不?”

“可能有一点点，”她答道，“睡吧，或者干你的活去。我明天要早起。”

美赫巴巴秘书阿迪·艾拉尼访问伦敦期间，我去听他的意见。

“我妻子不爱我了，我该怎么办?”

“一点都不爱了?”他晃着脑袋说。

“她说只爱一点点。”

“啊!”阿迪拍手笑道，“一点点！很好。爱无处不在。爱没有疆

1　英国的一组超现实幽默表演团体，其之于喜剧的影响力，不亚于“披头士”乐队对音乐的影响。

界。所以一点点就够了。”

我写了首《一点点就够》（A Little Is Enough），用录《让我的爱打开心扉》（Let My Love Open the Door）的那套设备录下了它。我觉得我的情歌大都写得不怎样，但这一首是我写过的最好的歌曲之一。

“谁人”回到美利坚，进行一轮短期巡演。我爱与新“谁人”合奏。我在舞台上纵情喝酒，但只要我踢跳腾挪个不停，我的身体状况就出色如常。

在纽约逗留时，我意识到自己是“谁人”里唯一一个独自上路的团员。肯尼和罗杰都带着太太，约翰身边多了一群新跟班。我在纳瓦罗酒店办的派对美女如云。我常被她们拒绝，但我满不在乎。

我和凯伦没有分居，我们甚至从未提及这个话题。但我确信我的婚姻已经名存实亡。我开始视自己为派对动物、老朋克兼花花公子。比尔·柯比什利的助手克里斯·查普尔陪我去见了U2、布鲁斯·斯普林斯汀和“冲撞”乐队（The Clash）。克里斯热爱“冲撞”，是个时髦的小年轻。“冲撞”令人惊艳，魅力十足，灵魂人物乔·斯特拉莫（Joe Strummer）有一颗金子心。他触及政治议题（尤其是反种族主义）的创作令人鼓舞。

在所有与年轻有关、彰显酷劲的事物上，克里斯当仁不让地成了我的新顾问。我开始穿松垮的西装和厚胶底鞋（Brothel-Creepers），把日渐稀疏的头发堆在头顶。素来是个好舞者的我不再像个混球一样瞎跳一气，而是踏起了“冲撞”的米克·琼斯（Mick Jones）和保罗·西蒙侬（Paul Simonon）的舞步。这一年我34岁，装嫩不成问题。

我们在斯塔福郡的新宾利堂（New Bingley Hall）进行了一场狂暴的演出。演出结束后，在酒店堂吧，我看到“兔子”和苏·维克斯在亲密交谈。苏的老公是我的老友、“曼弗雷德·曼恩”乐队（Manfred Mann）的迈克·维克斯（Mike Vickers）。“兔子”家离维克斯家不远，他们常在一块玩。

“你太棒了！”苏吻了我的面颊。

“太棒了。”另一个声音插了进来。

苏身边坐着一个姑娘。她的鼻子很漂亮，有一点点朝天鼻。她金发及腰，说话的时候头发在脑后晃来晃去。“我是她女儿。”姑娘解释道。我退后了几步，她头上射出的光线刺得我两眼发花。

“你有小孩吗？”来自外太空的姑娘问我。

“是的，”我咕哝道，“有两个女儿。”

“她们喜欢马吗？”

他娘的。她能看透别人的心思。

“是的，”我答道，“她们会骑马，也一直缠着我给她们买马，但我没勇气让她们拥有自己的马。”

“你得给她们买。”

姑娘在吞云吐雾，一个个蓝色的烟圈在她的脸旁缭绕。她滔滔不绝地说马儿有多棒，让她在青春期时觉得自己值得在世上走一回，说了足有一刻钟。

我突然觉得自己要跌倒了。“皮特，扶我回房。”我轻声对我的朋友皮特·霍根说。霍根是美赫巴巴的信徒，掌管“魔法巴士”书店。

“我也要去睡了，”姑娘说，“让我扶你一把。”

我一只手搭在老友肩上，一只手搭在美妙的姑娘肩上，蹒跚着上楼。在楼梯顶端，喜不自禁的我闹出了不小的动静，一位母亲从屋里跑出来，用食指抵住双唇，示意我安静。她在哄她宝宝睡觉。我不住地道歉，说我明白她的感受。

翌日上午醒来时，我看到床头柜上有一本护照。它的主人叫杰姬·维克斯。我打电话到苏·维克斯的房间，她女儿在。我向杰姬道歉，虽然我不知道因何而道歉，然后她打断了我。

“我一会儿过来拿我的护照。”

“你昨晚想操我。”来到我房间后，她对我说。**他娘的，又有谁不想！**

“护照是怎么回事？”我问道，“我没要求看你的护照吧？”

“没有，你个傻瓜。”她翻着“护照”说，“这是我的假身份证，我靠它进酒吧。”

“所以我想……”

“我要你强暴我，结果你睡着了。”

我的全新个人大碟《空玻璃杯》（*Empty Glass*）于1979年11月19日进棚录制，制作人由克里斯·托马斯（Chris Thomas）与我共同担任。我和克里斯结识于保罗·麦卡特尼的哈默史密斯剧院（Hammersmith Odeon）音乐会，他是那场演出的现场录音师。专辑的每首歌“兔子”都有参与，他的贡献无与伦比。肯尼·琼斯、詹姆斯·阿舍（James Asher）、西蒙·菲利普斯（Simon Phillips）等鼓手参与了录制。

克里斯选定的录音地点是韦塞克斯（Wessex）录音棚，就是在这里，他为“性手枪”制作了经典专辑《别在乎睾丸，性手枪在此》（*Never Mind the Bollocks, Here's the Sex Pistols*）。11月21日是“兔子”的生日，当天的录音收工后，我们去迈克·维克斯家为他庆生。杰姬和她的民谣歌手男友雷格·梅乌罗斯（Reg Meuross）坐在一起，她妹妹凯茜也在。迈克告诉我，他和苏的婚姻出了状况。

我突然有了个主意。“你们何不一块去纽约？我们11月30号首演，大伙儿可以提前过去玩几天。我安排你们坐协和飞机！”

如此，迈克和苏就能共度一段黄金时光。大家可以去看演出，逛画廊，刷我的信用卡购物。

然而这个棒极了的主意并没有得到大家的热烈响应，我把杰姬拉到厨房里问道："怎么回事？"

"雷格去不了。"她说。

"噢，"我失望地说，"那你妹妹呢？"

"她要上学呢，你个傻瓜。"

"那你呢？"

"我去的。"

我们移师牛津街 AIR 录音棚，继续录制《空玻璃杯》。克里斯·托马斯帮《空玻璃杯》、《一点点就够》、《朱尔斯和吉姆》（Jools and Jim）等棘手的歌曲找到了一种新的声音，为《让我的爱打开心扉》这样的纯流行歌叠录了动听的和音。我小样里的好动机克里斯都会采用，一如他的前任格林·琼斯。

克里斯刚为克里茜·海因德（Chrissie Hynde）的"伪装者"乐队（The Pretenders）制作了处女专辑。克里茜的声线非凡而特别，有着十足的张力。为她录音时，克里斯大量使用"拼接"（Comping）手法，即反复录多次，然后从中摘出最完美的片段，拼接在一起。到与我合作的时候，他已经能精准地帮助初试啼声的歌手找到触及灵魂的声音。这是我第一张正儿八经的个人专辑，我得学会唱硬摇滚、飙高音、吟低音，表达性感和激情。

一天晚上，"谁人"的三名成员与肯尼·琼斯夫妇在希尔顿酒店就餐。屋里的气氛很嗨。尽管罗杰不同意，我仍坚持认为肯尼应该成为"谁人"的一员，应该与我们三个平分新唱片约的签约金——比尔·柯比什利帮我们从华纳兄弟唱片的莫·奥斯汀（Mo Ostin）那儿拿到了一纸唱片约。这份合约价值一千万美金，"谁人"需要做的是在七年内推出四张录音室专辑和一张精选集。

与此同时，阿特科唱片的头儿道格·莫里斯专程来到伦敦，向我提供一份五年三张个人专辑的合同。签约金极其丰厚。

“你应付得过来吗，皮特?”道格问。

七年七张录音室大碟，我得更疯狂地写歌。

“是的，”我漫不经心地说，“我应付得过来，我鸿运当头。”

我最好的朋友巴尼和他的女友简被赶出了租住的公寓，所以我让他们搬进了我的前办公楼。巴尼很快就想买下整座房子。我向巴尼提出，接下来的一轮“谁人”美国巡演，如果他能与我同行，我就把这座房子送给他。这个提议他无法拒绝。

“我需要做什么?”他问道。

“做我的朋友，如果我行为出格，告诉我。”

“我是你的朋友，而你的行为一直出格。我告诉你，你从来不听。”

“我会听。”我保证。

“该死的撒谎精。”

“我不是撒谎精。”

“你看，”巴尼得意地说，“你不听吧。”

当我带着点宿醉赶到希斯罗机场时，只看到苏、杰姬和“兔子”三人。苏递给我一封信：“亲爱的皮特，谢谢你邀请我们去纽约，但苏和我已经覆水难收。请照顾好我的家人。爱你的迈克。”

协和飞机起飞的时候，杰姬攥住了我的手。她要我讲笑话给她听，分散她的注意力。于是我给她讲了一个关于沼泽里的河马的笑话，那是我爸的最爱。我正讲得起劲时，她扭头向后排望去，接着突然紧紧地抓住了我的胳膊。

“我的天哪!”她做出呕吐状，“妈妈和‘兔子’在激吻!”

如果不是苏和“兔子”自此成了一对儿，一直到 2007 年苏过世两人才最终分开，我不会把这件事写进书里。苏一回到伦敦家中迈克便搬了出去。很遗憾，杰姬的妹妹凯茜总觉得是我拆散了她父母的婚姻。

在纽约的第二夜，苏和“兔子”开始同床共枕。落单的杰姬跑来跟我睡。我觉得她是上帝派来帮助我，让我觉得人生圆满了的天使。我看到她心跳就会加速。杰姬说她爱上我了。我说我也爱她。我从未如此快乐。醒来后，看着身边的大美人，我总忍不住傻傻地笑。

舞台上的我时而欣喜若狂，这是一种全新的感受。我从未像这轮巡演般如此享受演奏。我时常即兴奏出吊诡的过门乐句，有时也会当场填上歌词，试图发展成我的新歌。“兔子”、肯尼和约翰能跟得上我的节奏。然而我的随心所欲让罗杰难以适应。我不断接管主麦克风，即兴唱响新歌。我的肾上腺素急剧飙升，我根本控制不了自己。

1979 年 12 月 3 日，巡演的第三站在辛辛那提河滨体育馆（Riverfront Coliseum）举行。演出结束后，我们在化妆间集合。比尔有个沉痛的消息要宣布。

“今晚发生了一件惨剧，”他说，“死了十一个歌迷。具体细节我不清楚。”

“什么时候发生的？”有人问，“演出进行时？观众席里？”

“不是，”比尔让我们保持冷静，“入口处，外面的广场。”

“演出之前？”我站起身来。

“我们决定等演出结束再告诉你们。”他说。

回到酒店，我们聚在一间会议室里看电视。看到尸体横陈、让人联想到大规模枪击案的画面，我们中有人哭了起来。我们无言以对。我们喝了点酒压惊，但我已呆若木鸡。

这场演唱会的一万八千多张门票销售一空。当我们开始试音时，瑟瑟寒风中等待进场的观众以为演出已经开始，于是争先恐后地涌向入口处，意图抢占前排的站位区（Festival Seating）。他们不知道的是，入口处的大门还没有打开。排在队伍最前面的歌迷中，有十一位被从后面蜂拥涌来的歌迷挤压、蹬踏至死，此外还有多人受伤。这是摇滚演唱会史上最惨烈的灾难之一。

有次我们在纽约“费尔摩东”俱乐部表演，演得正酣时，隔壁起了火，比尔·格雷厄姆决定不告诉我们，害得我踢了一个条子的卵蛋，被告上法庭。我在脑海中一遍又一遍地回放刚才的表演。我说了蠢话没？有这个可能。《巴巴·奥莱利》末尾的歌词“这不过是少年荒原”“他们都没用了”与摆在场外的一具具尸体有呼应之嫌么？比尔为什么不能信任我们，告诉我们发生了什么？

答案显而易见。如果我是比尔，我也不会跑去告诉正在疯狂表演的乐队。可怜的比尔只能在台下默默祈祷，祈祷我们没有把局面搞得更糟。要知道，我们的演出极具煽动性，后果往往难以预料，而他常用“邪恶”来形容我在那个阶段的舞台形象。

我应对媒体不当。接受《滚石》杂志的格雷尔·马库斯采访时，我冷嘲热讽，怒斥摇滚工业蠢到让摇滚乐迷丧命。与此同时，我们错上加错，决定巡演照旧进行。我们至少应该在辛辛那提再待上几天，以表示我们尊重逝者和他们的家人。尽管我们真心地为逝者感到难过，我们仍遵循了“表演必须继续”的信条，第二天就飞去了水牛城。

巡演间歇，我租了一架喷气式飞机飞往美特尔海滩，希望能从美赫巴巴永存的精神里得到慰藉。巴尼和我的哥们杰夫·吉尔伯特去了美赫巴巴家，然而我却没有了造访的勇气。相反地，我和杰姬在海滩上走了一整夜。第二天我们睡了一整天。美赫巴巴与我们同在，虽然我有时会努力不去想他。

1980 年 1 月 7 日，莫·奥斯汀来到 AIR 录音棚，做我的个人大碟《空玻璃杯》的第一位听众。回去后他告诉道格·莫里斯和阿迈特·厄尔特冈，说你俩已经手握一张热门专辑。我不愿回家，回家成了一件难事。有两三次，结束一天的录音后，我就在附近找了家酒店过夜。有杰姬陪我。关于我跟她该何去何从，她在等我做决定。我的保镖兼时尚顾问克里斯·查普尔知道国王路上有处闲置的公寓，我租下它暂时栖身。

一天晚上，录完音后，我的友人杰瑞米·托马斯（Jeremy Thomas）把他担任制片的《性昏迷》（*Bad Timing*）放映给我看。在这部尼古拉斯·罗伊格执导的杰作中，阿特·加芬克尔[1]（Art Garfunkel）饰演的大学老师与特丽莎·罗素（Theresa Russell）饰演的女学生展开了一段缠绵纠结的性欲史。我的歌曲《你是谁》在多个场景里出现，烘托了这场师生恋的混乱与焦虑。

特丽莎年方二十三，正是她最美丽的时候。她的表演极具说服力，是个美貌与演技并重的女演员。影片充满了露骨的性爱镜头。克里斯·托马斯和我被她迷得神魂颠倒。杰瑞米说她与尼克·罗伊格[2]卷入了一场波涛汹涌的感情漩涡，尼克与妻子苏珊的婚姻已被彻底摧毁。我明白个中滋味。

当时我正在兜售《生命之屋》的电影剧本，尼克极有可能接盘。看起来，去洛城找尼克谈谈是个好主意。我拨打了他的号码，一个女人接的电话。我马上听出是特丽莎。

“你好，我是皮特·汤森，请问尼克在吗？”

“你好，”她答道，“我是特丽莎·罗素。他人在巴黎。”

“妈的，我正准备来洛杉矶找他呢，”我顿了顿，说，“我喜欢你在《性昏迷》里的表演。”

“太好了，谢谢你，”她显得很高兴，演员的表演得到认可和恭维时都是这种反应。“用你的歌是我的主意，我一直喜欢你的歌。”

“好，好。”我没什么要说的了。我听到了我想听到的声音，真好

1 阿特·加芬克尔（1941— ），美国歌手、诗人、演员，最为人熟知的身份是民谣摇滚二重唱组合“西蒙和加芬克尔”成员。

2 尼古拉斯·罗伊格的昵称。

听啊。我们互道再见，挂上电话。

我无助地站了一会儿，两眼盯着脚下的地毯。我又打了过去。

“‘平克·弗洛伊德’的《迷墙》(The Wall) 演唱会下周在洛城举行，我打算邀请你、尼克还有几个朋友一块儿去看。我知道你落单了，也许你愿意和我们同去?”

“哇。哇。太棒了呀。你到洛城后再打我电话确认下，好吗?”

我放下电话，激动地跳起舞来。

《迷墙》之夜，我先是去马尔蒙庄园酒店见我的好友、喜剧作家比尔·敏金 (Bill Minkin)。我不知为何刮掉了胡茬，脸色显得有点苍白无力。想到就要见到特丽莎，我紧张极了。我吸了点比尔提供的可卡因，然而不怎么管用。我们开车去接特丽莎。走进她家，我赫然发现她金色的长发变成短发了，看起来还有点红。

“我搞砸了，”她边说边捋她的波波头，“漂白剂刷多了。”

“你看上去真漂亮。”上帝啊，她无疑是我见过的最美丽的女人。她的眼睛能催眠，像是猫的眼睛。她有些烦躁不安。

“你还好吧?”我说。

“是的——不——是的。”她拎起一只包包。“咱们走。”她头也不抬地说。

幕间休息时，我们去了后台，我把特丽莎介绍给罗杰·沃特斯。罗杰又露出一脸困惑的表情，仿佛是在说，你他妈的怎么做到的？我上一次见到他露出此番表情是在 1967 年的 UFO 俱乐部“平克·弗洛伊德”现场，当时依偎在我身边的是凯伦。《迷墙》演唱会精彩绝伦。大卫·吉尔莫 (David Gilmour) 对《惬意的麻木》(Comfortably Numb) 的诠释将伴我一生。罗杰·沃特斯一如既往地大气磅礴，令人望而生畏。

看完演出，我们去日落大道上我最爱的餐厅 Le Dome 就餐。我试图给特丽莎留下深刻的印象。我和比尔插科打诨，一唱一和地讲笑话。她是个十足的派对女郎，一度跷着二郎腿坐在桌子中央，要我和比尔唱歌给她听。我假装晕过去了。她一遍又一遍地呼唤我的名字："皮德尔，皮德尔。"她说话带着一种可爱的美国口音，至今音犹在耳。"起来，皮德尔。"她笑着把我拖回椅子上。我装作瘫软无力。

"他好可爱。"她说。

"他装的。"比尔说。

餐毕，我陪她走到家门口。她不让我进屋。

"我爱尼克·罗伊格。"她说。

"但我爱你。"我呜咽道。

"我也爱你，皮德尔，"她笑了起来，缓缓地关上门，"你很可爱，但尼克是我的男人。他是领袖，亲爱的。"

门哐当一声关上了。我敲了几次，最终放弃。我颓然倒在地上，感觉像是被附有燃烧物的枪矛一枪戳进了肠子。童年的痛楚再度袭来。母亲因为要工作，就把尚在病中的我丢给她的母亲——"邪恶女巫"邓妮带。我号啕大哭，妈妈走在街上都能听得到，然后她把我接回了家。

三十年后，在酒店里，我又号啕大哭起来。这次回应我的是酒店经理。他打电话到房间，让我小声点。我打电话给我的司机，说我需要可卡因。

"我他妈的快挂了。"我呻吟道。

"皮特，"他安慰我道，"冷静些。不就是个妞么。"

第二天是情人节。我带着一大束百合和玫瑰、一箱龙舌兰，前往特丽莎家。她不开门。我听到她在和尼克通电话，他显然在责备她。她冲他大喊大叫，哭着为自己辩解。她肯定是把昨晚跟我们出去的事告诉他了。

我把东西丢在门外，像只老鼠般悄悄溜到"朋友"（Amigo）录音棚。我有歌要写。一个毒贩赶了过来，卖给我一点货。量不多，但绝对是一等一的好货。我的创作效率奇高，创作速度飞快，一口气写了八首歌并开始做小样。其中有句歌词说出了一切："我觉得自己像暴风中一只被压扁的蚂蚁。"[1] 在莫·奥斯汀家的豪宅就餐时，我说出了我和特丽莎的故事。莫的妻子伊芙琳要我"追她"。这不可能。

我判定可卡因有助于我进行创作，于是让一个工作人员去搞了许多回来。货很次，但我继续吸了下去。开销极大。跟特丽莎的事让我心绪难平。跟杰姬的事依然悬而未决。我是不是见一个美女就爱一个？我睡了她们后会无法自拔？没睡到的话会更加无法自拔？

我和凯伦该怎么办？两个宝贝女儿年纪还小，我想念她们，她们也想念我。我不是第一个陷入这种困境的愚蠢丈夫。我准备好对杰姬作出承诺了。我对她着了迷，但又没准备好离开凯伦。真是荒谬。

有天晚上，凯伦来国王路找我。这是一个糟糕的夜晚，我吸食了那批蹩脚的可卡因。

"告诉我你怎么了，皮特，"她说，"我想帮你，但你不吭声的话我可帮不上。"

我无法解释。这很讽刺，但的确如此。她脸上写着伤心、批评和怜悯。

尼克·罗伊格终于兴师问罪来了。我们约在苏荷区一家泰国餐馆见面。他若有所思，一副闷闷不乐的样子。我正要开口，他先发制人了。

"你的所作所为很伤人。"

"我和她什么都没发生，"我说，"抱歉。"

"你个王八蛋，背着我泡我的女人。"

1　皮特·汤森为特丽莎·罗素写了首《特丽莎》，后来更名为《雅典娜》（Athena），是"谁人"最后一支打入英国单曲榜前40位的单曲。

他说的没错。然而我非但没有认错，还把错误归咎到他身上。

“是你的错，”我笑着说，“是你把《性昏迷》里特丽莎拍得那么美艳动人，那么挑人色欲。我肯定不是唯一……”

尼克比特丽莎大得多，他也许一直担心被他年轻许多的男人横刀夺爱。事实上我错了，他们后来结了婚，共同生活了多年。

尼克换了个话题。“《生命之屋》的剧本很棒，有些人物很好，不过我觉得还不够。我感觉不适合我。”

我的心一下子沉到了谷底。这是我最为大胆的一个项目，我本已坐拥与一位大导演共同完成它的黄金机会，然而却被我自己葬送掉了。

3月，“谁人”重新上路，赴德国、瑞士和奥地利巡演。我至今仍搞不懂大西洋唱片国际部的头儿菲尔·卡尔森（Phil Carson）为何要与我们同行——他整个巡演的唯一贡献，是某天晚上安排我们去了阿姆斯特丹的一家妓院。瑞士站的演出结束后，我出现了严重的戒断症状。我跟比尔·柯比什利抱怨说我需要可卡因，我得飞回伦敦。比尔对我的要求不予理睬。他和基思一定发生过很多这样的争执。

在别称“熊城”的瑞士首都伯尔尼，我没有回舒适的酒店房间，而是到街上漫步。天寒地冻。我整夜地走，上坡，下坡，穿过公园和广场，在乡间迷了路，之后沿着路边流往山谷底部的小溪走回了城里。伯尔尼的熊苑（Bear Pit）闻名遐迩，里面喂养着供游人观赏的熊，我决定去瞧瞧。我没看到熊。我对着熊苑大嚷大叫，后来索性爬过护栏，朝洞穴里窥看。谢天谢地，我没被熊吃了。

等我回到房间，他们已经飞去了维也纳。比尔让“假发”留下来等我。“假发”给我准备了可卡因。这一次是上等好货。从那一刻起，我和“假发”成了粉友。没有比粉友更紧密的友谊了。

没有熊的伯尔尼？可以成为一首歌来着。[1]

4 月 10 日，我赴纽约开启个人专辑推广巡演之旅，与此同时，“谁人”也展开了新一轮的美国巡演。两个巡演搅在一块，让我难以区分。我喝酒喝得很凶，同时也吸可卡因。我叮咛“假发”，工作人员想吸时，不要吝啬。可卡因我吸得不是很多，也很少在台上或刚演完时吸。它对我来说就是个消遣，所以我没有真的上瘾。我还是更爱人头马，常常像抱着婴儿一样抱着它进入梦乡。我甚至会对着酒瓶唱歌，直至入睡。

巡演收官时，我在可卡因上已经花了 4 万美金。我从不把毒品带上飞机，所以我扔掉了许多好货。嘿，我有钱。

我喝酒多是图个高兴。我爱笑。巡演路上和录音棚里洒满了我的笑声。笑是一剂良药，让人感到快乐。当我有了麻烦时，畅饮几杯，欢笑几回，心情就会好些。我醉酒时极少生气，相反地，我嬉笑逗趣，像一颗跳豆。我不是那种一醉就挥舞拳头打人的家伙，虽然 6 月初的一个晚上，醉醺醺的我的确打断了自己的手。我在仿效“兔子”。

“嘿！”“兔子”吼道，“操翻一切！”他挥拳猛击一堵墙面，墙上的嵌板被他击出一个洞。

“喂！”我吼叫着一拳击向另一堵墙面，结果不得不手上打着石膏完成接下来的巡演。真够奇怪的，我的弹奏没怎么受影响。

在洛城马拉松式地连演七场后，我们来到了亚利桑那老兵纪念体育馆。我在后台邂逅了一个时装模特，她爱听我的热门歌《让我的爱打开心扉》。我让她等我一小会，说冲完澡就回来。

吉姆·卡拉汉负责这轮巡演的安保，同时也负责把“谁人”周边产品经营权的出让收益转交给我们。经营周边产品的依然是那些前盗版商。他们支付我们现金，我们管它叫“粉钱”。我们也不知道数额

---

1 这次经历激发了皮特·汤森的灵感，促使他写就一首《Cache Cache》。

会是多少，反正乐滋滋地笑纳就是了。吉姆递给我一个信封，这次里面装着5万美金，是我收到的最大一笔。我把信封朝包里一塞，一把搂过正在等我的女模特。我简直不敢相信我有那么好的运气。

稍后，女模特带我去一家夜总会。她想向别人炫耀我。去夜店的路上，我们接了她哥哥及其女友。这家夜总会没有人头马卖，只提供一种廉价的法国白兰地。我喝得暴躁不安，急切地想来点儿可卡因。女模特、她哥哥，还有豪车司机试图帮我搞货，最后全都无功而返。

当晚我和她共度良宵。翌日她送我去机场。“你得来达拉斯，”我央求道，“你得来。我把机票寄给你。把你电话号码给我。”

她说她会来的。我们拥吻道别。我的心一路狂跳到达拉斯。

踏上达拉斯的土地后，罗杰的保镖道格把我拉到一边。

“罗杰把他的那份钱落在酒店的保险箱里。”他说。

“你得回去取，”我解释道，“数目比你想象的要多。”

“你那个妞不是要来么，可以让她去酒店取。”

“我把她号码给你。你帮我安排她的机票，还有接送之类?”

道格点点头。

我安顿好后，接到了道格打来的电话。

“有麻烦了，”道格说，“我过来找你?”

“她不肯来?我就知道。”这种美妙的关系注定是短命的。

道格推门进来，看上去有些紧张不安。

“我打了她电话，她妈妈接的。”

“怎么说……”

“她说她女儿不会来达拉斯。”

“该死。”

“她还说……”道格做了个鬼脸，把我弄糊涂了，“她说我们甭想要回钱了。”

“她还没取到罗杰的钱吧?”

“是啊，罗杰的钱还在保险箱里。你那份呢？”

“我那份在我包里。”说完我便感觉不妙。我翻了下我的包，钱没了。当晚我写了首《你偷了我的钱么》（Did You Steal My Money），希望它能大赚一笔。

回伦敦后，我在国王路的公寓待两天，特威克南的房子待两天，酒店待两天，就是不回我和凯伦的寓所。

一天晚上，我回到久违的家，一把钥匙接一把地试开，就是打不开门。我疑心是凯伦换了门锁，一气之下把一串钥匙扔进了黑暗中。我找了一个钟头。

我试了斯派克·米利甘的方法。**每件事物必在某处。**

不走运。

我试了夏洛克·福尔摩斯的方法。**当你排除了绝不可能的因素，剩下的无论可能性有多小，必定就是事实。**

不走运。

我睡在了花园里。至少是夏天。

“谁人”转投华纳兄弟后的首张专辑《脸之舞》（*Face Dances*）由比尔·西姆兹克（Bill Szymczyk）担纲制作。比尔选定的录音棚是伦敦的奥德赛（Odyssey），因为那儿有他需要的美制 MCI 调音台。马文·盖伊当时就在奥德赛的二号录音室录《在我们有生之年》（In Our Lifetime）。马文的《宝贝别这样》（Baby Don't You Do It）是我心目中最伟大的歌曲之一，当然也是塔姆拉（Tamla）厂牌出品的最佳作品之一。是他的声音让歌词显得如此感人至深、打动心灵。“宝贝别这样，别伤我的心。”

马文依然非常英俊，就是身体状况比我还遭。他是我的偶像，我难以接受这一点。伦敦上层社交圈对他献着殷勤，他和“伦敦咖啡馆社交界女皇”伊迪丝·福克斯韦尔夫人（Lady Edith Foxwell）成了一对儿。我认识伊迪丝，她是我最爱光顾的“大使馆”夜总会的股东。那些名流炫耀着他的存在，说白了还是给他们自己脸上贴金。

马文包办了整张专辑的词曲、演唱、编配、制作和录音。键盘的部分也由他在鼓机打底下亲自完成。我努力地理解着他的弹奏。

一天晚上，马文跟一个毒贩讲价时（他打算购买一块足有网球大小的可卡因），我决定告诉他，他的音乐对我意味着什么。

“歌词来自头脑，”我说，“音乐来自内心。”

我故意停顿了一下。

“但歌喉，马文，”我抖出了包袱，“来自上帝。”

“谢谢你，皮特。”他的语气一如既往的和蔼。

他转向合成器，继续信手弹奏起来。马文也许不是一个出色的键盘手，但他总能找到自己想要的音乐动机。

12 月 9 日，“皇后”乐队在温布利开唱，我和凯伦去看了。“皇后”是我见过的最疯狂的乐队。在当时的英国，他们已经比“谁人”火了。前一天，约翰·列侬在纽约被歌迷射杀，人人都在谈论这件事。我只见过约翰一两面，但我非常同情洋子、肖恩和朱利安。

《脸之舞》录得很开心。录音完工后，比尔决定把母带带到佛罗里达他自己的录音棚里缩混。途经纽约时，我去看了大卫·鲍伊主演的百老汇音乐剧《象人》（*The Elephant Man*）。翌日上午醒来，我听新闻说杀死约翰的凶手马克·查普曼最近也去看《象人》了。我不寒而栗，酒一下醒了。

清醒的状态没延续多久。为了庆祝《脸之舞》录音杀青，我一个人在房里把自己灌得烂醉。第二天上午醒来，我发现自己浑身赤裸，屋子中央污秽不堪，像是污水管漏了。原来昨晚我喝得上吐下泻，也没来得及去卫生间解决，最后就倒在洗涤槽的大理石台面上呼呼睡去。我从楼下清洁女工的办公室偷来各种肥皂和消毒剂，花了几个小时才把房间清理干净。

我开始在泰晤士河上划船，一天划五英里。我变得强壮起来。我的耐力不错。去佛罗里达前，我因胸痛去体检。X线、心电图、血常规，一切正常。原来是我划船时拉伤了一块肌肉。我怎么这么健康的?

相信自己不可战胜是危险的，我身边就有个活生生的例子。基思最终死于药物过量。我得更加小心了。

第三幕

为老天爷而奏

曾有一个音符，纯粹又简单
奏得那么自由，像微风荡漾
它永恒不朽，我听到它，它看到我
我们永远融合，我们永远死亡
《纯粹又简单》(Pure and Easy)(1972)

卓越的正面背后
卓越的正面——是一个假面
这是一个卓越的正面
卓越的正面——是一个假面
《卓越的正面》(Eminence Front)(1982)

我不需要努力证明我的对
我不需要被宽恕
《巴巴·奥莱利》(Baba O'Riley)(1971)

21

最后一杯

1981 年，朋克乐诞生四年后，“性手枪”已分崩离析，“冲撞”、“果酱”（The Jam）、“特别”（The Specials）和“苏克西与女妖”（Siouxsie and the Banshees）似乎是硕果仅存的几支真正致力于改革摇滚乐的朋克乐队，而“滚石”、“皇后”、“谁人”和“现状”（Status Quo）这些“老帮菜”，却依然保持着强大的票房号召力。

“谁人”的成员更迭对乐队的影响似乎不如对我个人来得大。基思死了，我们继续前行。当时，新浪漫主义及其繁衍出的众多分支流派正大行其道，朋克运动已被取而代之。为了顺应这股潮流，我和罗杰甚至剪去了长发。我们才三十来岁，还不打算置身潮流之外。这是一个属于少女歌迷的新时代，“疯狂”（Madness）、“亚当和蚂蚁”（Adam and The Ants）、“杜兰·杜兰”（Duran Duran）和“斯班道芭蕾”（Spandau Ballet）等美男乐队让她们为之疯狂。

壁垒正在被推倒。“皇后”主唱弗雷迪·莫库里尽力不让他的性取向上头条，“乔治男孩”（Boy George）则毫不掩饰自己是同性恋者。Devo、“发电站”（Kraftwerk）、“面容”（Visage）、“超音波”（Ultravoxand）等乐队开始用电脑化合成器和鼓机来制造一种全新风格的音乐。有乐评人声称吉他已成明日黄花，我不禁回想起 20 世纪 50 年代末，父亲和他的单簧管被以同样的方式冷落一旁。

肯尼的鼓和“兔子”的键盘融入进来后，“谁人”形成了新的风格，我爱它，然而我觉得“谁人”已经跟追随者失去了联系。这与我们的音乐没多大关系，与我们是谁，我们成为了什么有关系。我们在为谁而奏？我不够确定。布鲁斯·斯普林斯汀似乎卷走了我们的老观众，而“冲撞”乐队甚至扬言要向他挑战——如果“冲撞”能维持得够久的话。

1964年，“谁人”之船扬帆起航后没多久，我们便知道了我们在为谁而奏，为何而奏。如今，我们的歌迷中坚——工人阶级青年散开了。他们中的许多人和我们一样迷失，不知该如何看待朋克运动那么快就被新浪漫主义更迭这件事。作为一个艺人、表演者和词曲作者，我没法欺骗自己，假装年轻一代里有我们的忠实主顾。“我们这一代”要么惬意地奔四，享受着富裕的中产阶级生活，要么在距富有的伦敦西区仅半里之遥的滑铁卢区周围铺上纸箱，让纸箱给他们挡风遮雨，熬过寒夜。

“谁人”起步之时，工人阶级青年中洋溢着乐观情绪，他们知道自己有机会改变和发展。“你们从未有过这么好的生活。”1957年，当时的英国首相哈罗德·麦克米伦（Harold Macmillan）如是说。那一年我12岁，此后光景越来越好。破天荒第一遭，整整一代人有机会凭更好的教育和充盈的口袋对饱受战争创伤的父辈死守的工厂工作说不。

伴着奔流涌动的希望和乐观，一代人为了生活和自由而努力奋斗着。“谁人”开始清楚地表达他们的快乐和愤怒。那是我们的职责所在。大多数时候，我们干得漂亮。我们先是成功地推出了多首热门单曲，随后，我们在摇滚歌剧方面也高奏凯歌——摇滚世代通过它们来进行社会、心理和心灵层面的自省。

然而，到了20世纪70年代末，工党政府执政进入尾声，撒切尔夫人领导的保守党政府即将让失业人数增加两倍之际，是朋克乐清楚地表达了新一代青年的虚无主义、狂怒和蔑视。他们感到了背叛，党得自己被扔进了废料堆。没有未来，没有希望，“谁人”最初的宣言成了一纸空文。

形势变了。《我们这一代》《不再上当》曾是一代人的国歌，可到了 1981 年，“谁人”和新一代乐迷间已经有了一道鸿沟。我们的声名在伍德斯托克达到了顶点，随后就开始走一条漫长而缓慢的下坡路。事实上，从伍德斯托克上的某一刻起，我们改变自我的能力就渐渐下降了。那一刻，太阳从我们身后升起，罗杰唱着“看着我，感受我，触摸我，治愈我”，我的吉他对着 50 万睡眼惺忪、头发蓬乱的观众厉声尖叫。

谁是我当前的主顾？如果是与我一起长大的一代，那么较之“谁人”的专辑，我能通过个人专辑更为直接地与他们对话。我开始看向音乐之外，参与社会议题，涉足慈善事业。我想做一个对社会更有用的人。我也想把创造力多分配给文字这一块：写书，撰文，如果必要的话，用文字向人开炮。

1968 年，我为友人理查德·斯坦利的电影处女作《独行侠》(Lone Ranger）做了配乐。独行侠原本是个迷惘的男孩，后来戴上面具，骑着白马，和印第安人通托（Tonto）一道惩恶扬善，拯救需要帮助的人。我和他一样：我戴上面具扮演着摇滚明星；我希望在拯救别人的同时也能救赎自己心中那个迷惘的男孩。简言之，我需要成长，变成一个受社会尊重的男人。

在一部关于《四重人格》的纪录片中，我说道：

> 吉米是男主人公……它无关乎“谁人”，无关乎罗杰，无关乎皮特，无关乎约翰，无关乎“摩斯族”，无关乎“A 脸”[1]，无关乎毒品。它只关乎吉米……他意识到自己一直在向外看，而他

---

1 Ace Face，电影《四重人格》中的角色，由著名歌手斯汀扮演。

现在得扪心自问了。

接下来的两年，我的生活以意想不到的方式发生了改变——通过拯救别人，我救赎了自己。最重要的是，拯救别人不再只是我歌词里的口号，而是化为了实际行动。

我承认，我为年轻人而奏、为年轻人代言的日子屈指可数了。我的新主顾坐在剧院后排便宜的座位，离我太远，我看不到他们。我和以往一样迷惘困惑，和以往一样纵饮无度，不只是在路上与人共醉，在客房独自畅饮，也在妻儿面前大喝特喝。谢天谢地，我没跟人动粗。我想和家人在一起，但酒精和可卡因的召唤实在强烈。凯伦建议我住外面。我加入了圣詹姆斯俱乐部，开始在这家绅士俱乐部和克利夫的“庙”之间轮流居住，此后极少再回特威克南的家。

1981 年 1 月，新“谁人”行动起来，为《脸之舞》的推广巡演排练。一阵子后，约翰的《安静的那一个》（The Quiet One），我的《别松开外套》（Don't Let Go the Coat）、《你最好赌上》（You Better You Bet）、《棘手的又一天》（Another Tricky Day）和《你怎能单干》（How Can You Do It Alone）均已整装待发。我们还完善了一些来自上两张专辑——《谁人序列》和《你是谁》中的歌曲。基思走了，有些曲目再也回不到从前。

一月的最后两天，我们在美丽的海滨城市康沃尔演了两场。在凯伦看来，这是孩子们和我共度好时光的良机。她带爱玛和敏塔来到康沃尔，入住海边的休憩胜地崔吉纳城堡酒店。然而，第二场演出结束后，我与队友在我们下榻的酒店狂饮作乐，一直喝到酣睡过去。第二天上午，我的家人便退房走人。要不是我对凯伦还有用处，她一定会把我掐死——凯伦为遭受家暴的妻子创立了一家避难所，正忙着四处募款。几天后，凯伦找到比尔，问“谁人”能否为她在彩虹剧院做一场义演。

二月初，我们在伦敦刘易舍姆剧院连演了两晚。第一夜，扎克·斯塔基[1]（Zak Starkey）和他妹妹来到后台，一副醉醺醺的样子。我这个上梁不正的叔叔无耻地给他上起了课，他一定觉得我疯了。第二夜，杰姬·维克斯来了，我把《你最好赌上》的小样放给她听。几周前，在苏荷区的录音室里，我为她写下了这首歌。随着巡演的车轮滚滚向前，渐渐滚遍了整个不列颠，一个接一个的现场在惊奇和酒精的迷雾中被抛在了身后。

这一月，敏塔寄给我一张卡片：

亲爱的老爸：

我好想你，盼着你能回家。有人提到你的名字时，我总是不开心。听说你感冒后我感到很难过。我在收音机里听到《你最好赌上》了，我喜欢它。这不公平！别人的爸爸晚上都回家。希望下次你来看我们时不是一副疲惫不堪的模样。

爱你的

敏塔

她的恳求让人心酸，把我居住的半幻想世界砸出一个窟窿，然而我收不住脚。

我请来朋友彼得·布莱克为《脸之舞》设计封套。这是彼得继《佩柏军士孤独之心俱乐部乐队》后首次设计唱片封套。他邀请了12位英国艺术家参与创作，每人所要做的就是画一位“谁人”成员的肖像。他们中包括我的偶像大卫·霍克尼（David Hockney）、罗恩·

1 扎克·斯塔基（1965— ），英国鼓手，自1994年起开始为“谁人”乐队打鼓，是“谁人”的非官方成员。皮特·汤森和罗杰·达尔特雷均认为他是继基思·穆恩后与“谁人”最为合拍的鼓手。扎克也是“绿洲”乐队的第三任鼓手。其父是“披头士”鼓手林戈·斯塔尔。

基塔伊（Ron Kitaj）、理查德·哈密尔顿（Richard Hamilton）等，彼得自己也贡献了一幅。《脸之舞》于1981年3月发行问世，乐评界的反应不甚理想，不过卖得还不错。华纳兄弟强攻电台的举措收到了成效，《你最好赌上》成了大热金曲。但罗杰和肯尼之间的不快影响了乐队的心态。罗杰想开掉肯尼，暗中恳求比尔说服约翰和我。

春天里，比尔召集大家开会。罗杰向肯尼坦承：他没法再与其共事了。他责怪肯尼使《脸之舞》缺乏激情。肯尼责怪我把好歌留给了自己的个人专辑《空玻璃杯》。约翰责怪制作人比尔·西姆兹克。我责怪歌曲。

我总会跟约翰探讨乐队的创作方向和人员结构。我们的聊天有昔日重来之感：两个13岁的阿克顿男孩坐在一块儿，弹着低档吉他，吃着炸鱼薯条，憧憬着能和"影子"乐队一样红。约翰说他对新"谁人"很满意，无论是"兔子"极具创造力的solo，还是肯尼朴实无华的鼓击。和我一样，约翰在新"谁人"的音乐里找到了更多的空间。我们也都欢迎铜管乐的加入。

我和约翰坐下来聊天时，"谁人"非常具有乐队之感，如果这时罗杰加入进来，"谁人"便会多出一份帮派之感。它包含着忠诚、荣誉、历史、牺牲、勇气、苦干和责任。我和约翰之间没有领导者，但对于我、约翰和罗杰来说，不管"谁人"是乐队、品牌还是帮派，罗杰都是领导者。我对"谁人"和"谁人"的音乐方向有着很大的掌控权，因为我包办了乐队的绝大多数创作，但罗杰才是"谁人"的领导者，一直都是。

新"谁人"在罗杰那儿为什么行不通？罗杰过去总是随着基思的鼓点跳舞。他擅于上肢舞动，就像我长于下肢踢蹬。我对罗杰说，如果他能把我的腿安到他身上，他就完美了。肯尼加入"谁人"后，罗杰没法随着我们的音乐起舞了。他说基思总是跟着他的人声走，相应地，他也总是跟着基思的鼓点走。然而基思斯人已逝。

肯尼留了下来，但新“谁人”带给我的快乐几乎烟消云散。

我苏荷区的工作室离比尔·柯比什利的办公室仅几步之遥。我们的美国厂牌华纳兄弟的英国分部WEA在同一条街上，宝丽多唱片就在附近的牛津街。我的图书出版公司“鳗鱼派”书业设在工作室的顶楼。《新音乐快递》前编辑尼克·罗根（Nick Logan）成了我的房客：他在楼里租下一间屋，捣鼓他创办的潮流生活杂志《面孔》（*The Face*）。

1981年3月的一个晚上，我离开“大使馆”夜总会时，与罗恩·内维森不期而遇。六年前，他操刀了《冲破黑暗谷》原声大碟的后期混音，此后我就没见到过他。他站在“大使馆”门前的楼梯上，试图说服一个女孩跟他回家。

他在纠缠她。她的白毛衣上横着深蓝条纹，下面穿一条黑短裙，齐肩发乱蓬蓬的，像是小心地烫染过。罗恩懊丧地走了。她瞥了我一眼，眼睛水汪汪的，露出深深的倦意。她非常漂亮。

“我们去‘流浪者’夜总会吧，完了我送你回家。”我说。我和露易丝·瑞伊（Louise Reay）的暧昧关系就这么开始了。我对她一厢情愿的痴迷差点让我失去理智。

4月，我飞往纽约，为下一张个人专辑录小样。和往常一样，我住在纳瓦罗酒店。录音地点是位于中央公园西路的大西洋唱片录音棚。这是一处传奇开始的地方，在阿特科唱片的太平盛世，雷·查尔斯、艾瑞莎·富兰克林、阿迈特·厄尔特冈和杰瑞·维克斯勒[1]（Jerry Wexler）在此并肩战斗。在卡洛斯·桑塔纳的鼓手迈克尔·施里夫（Michael Shrieve）助阵下，我用键盘录了两三首有趣的曲子。我和米克·贾格尔打了几次照面，他在这儿录他的首张个人专辑。

---

1 杰瑞·维克斯勒（1917—2008），乐评人出身的音乐制作人，摇滚史上最杰出的制作人之一，为鲍勃·迪伦、“齐柏林飞艇”、“恐怖海峡”等众多大牌制作了多张经典专辑。“节奏布鲁斯”一词就是他创造出来的。

4月8日上午，我被一阵剧烈的敲门声吵醒。基特·兰伯特昨晚挂了！他从他母亲家中的楼梯上掉了下来。我望向窗外，中央公园西路的达科塔公寓大楼尽收眼底，那是约翰·列侬被枪杀的地方。我有点头晕目眩。基特的猝然离世让我清醒地看到生命是如此脆弱。我当下决定去双子城探望埃里克·克莱普顿。我听说他住进了那儿的一家医院。我的吉他技师兼保镖艾伦·罗根，詹姆斯·泰勒（James Taylor）的女打击乐手乔迪·林斯科特（Jody Linscott）与我同往。到了医院，我们才知道埃里克只是嗑了太多止痛片。当然，我很高兴能见到老友。

离开双子城后，我们去了洛杉矶。我计划和詹姆斯·泰勒的伴唱歌手大卫·拉斯利（David Lasley）一块录点东西。在洛杉矶时，我们去拜访了我的朋友乔·沃尔什。乔是前“詹姆斯帮”乐队主脑，之后加入“老鹰”乐队，直到一年前乐队解散。他家在圣巴巴拉，我们开了好久才到。乔把一团可卡因散放成一条长长的细线，从大理石台面的这一头一直连绵到另一头，至少有三码长。在我们惊诧的目光中，乔迪将它们一口气吸光。

“一共就这么多，乔迪。”乔慢吞吞地拖长了音调说道。

当然不是。

1981年5月11日，基特的追悼会在科芬园举行。我怀着诚挚的心情给基特致悼词。伦敦交响乐团演奏了《汤米》的《序曲》、我岳父埃德温·阿斯特利改编的《弹球奇才》、康斯坦特·兰伯特的《格兰德河》（Rio Grande）选段及亨利·珀塞尔作品《戈尔迪之结松了》里的乐章《恰空》。一切完美。追悼会结束后，我和克里斯·斯坦普嗑起了可卡因，这也很应景。

音乐剧《猫》伦敦首演之夜，“大使馆”夜总会的股东马克·麦考利邀我和女儿前去观看。我要求马克扮演露易丝·瑞伊的男友，这样我就可以和露易丝共度珍贵的一晚。露易丝新弄了头发，比以前要贴着头，穿一袭高领蓝底白波点连衣裙，看起来雍容典雅。遗憾的是，我的两个女儿虽然一个不过10岁，一个才8岁，却一眼看穿了我的伎俩，回家后向凯伦报告说我和一个女人在一起。

露易丝一不在我身边，我就感到痛不欲生。这一次不只是唤回了童年的痛楚。我希望她在我身旁，就像我们一块儿看《猫》一样。我的眼里只有她，即便是《猫》中的女星邦妮·兰福德（Bonnie Langford）一边神气活现地来回踱步，一边冲我心照不宣地眨眼时。

我不顾一切地想要抓紧她，让她照亮我的生活。在大西洋录音棚录音期间，我邀她来到纽约。我们与米克·贾格尔及其女友瑞莉·霍尔（Jerry Hall）一起出席一个派对，席间和克里斯托弗·里夫（Christopher Reeve）、罗宾·威廉姆斯（Robin Williams）等人相谈甚欢。摄影师大卫·贝利（David Bailey）告诉我，他的妻子——超模玛丽·海尔文（Marie Helvin）是我的粉丝。他俩之间应该是出了问题，因为他希望我和她约会。

换妻的氛围延续到了派对结束。米克问露易丝要电话号码，露易丝竟然给了他！这已经不是第一次了。此前我们参加国际金融家伯尼·康菲尔德（Bernie Cornfeld）办的一个派对，伯尼问她要号码，她也给了。雪上加霜的是，凯伦打听到了我住哪个房间。她打电话进来，抱怨说我带着新欢入住她最爱的酒店。我沮丧地爬上床，露易丝则一个人跑去看“疯狂”乐队的演出。

第二天，露易丝回来了，说她度过了一个美妙的夜晚。我觉得对不起她，把她从大西洋那边拖过来，只是为了满足我的占有欲，抑或是让她见识我幼稚的行为。

新浪漫主义有属于他们自己的华丽形象。即便是“冲撞”、“疯狂”、PiL[1]等蔑视这一潮流的乐队，也会走进影棚，精心地拍摄摇滚

1 “性手枪”主唱约翰尼·罗顿自组的后朋乐队。

大片。我希望自己的下一张专辑能顺应这股潮流。作为“谁人”的一员，我也许是个摇滚老炮，但作为一个单飞的艺人，我的前方海阔天空，容得下我做一切想做的事。

5月中旬，正在为《银翼杀手》(Blade Runner) 担纲剪辑师的特里·罗林斯邀我为该片配乐。特里曾操刀《冲破黑暗谷》音乐剪辑，《冲破黑暗谷》后期制作阶段，他给了我莫大的帮助。特里跟导演雷德利·斯科特 (Ridley Scott) 打包票说我能干好。这是一个绝佳的机会，然而我没法拥抱它——我的下一张个人大碟正等着我去做。

6月初，布鲁斯·斯普林斯汀驾临伦敦。我和露易丝去伯明翰看他表演。事实上我上台与他合奏了。没什么比与布鲁斯·斯普林斯汀一同弹奏《为跑而生》(Born to Run) 更来劲的了。这是一首冲破藩篱的歌。数天后，我和一众乐手走进新落成的美赫巴巴海洋中心录音棚，开始录制我的第二张个人专辑。录音师是“谁人”的现场录音师鲍勃·普里登。我决定采用同步录音，让乐手在棚里合奏，彼此听到对方。一周过后，《脸之舞》、《在你里面》(It's In You)、《停止伤害》(Stop Hurting People)、《大海拒绝河流》(The Sea Refuses No River) 和《交流》(Communication) 等曲目已经排练成型。曲风是史诗式的。

秋天来临之前，我回到位于克利夫的寓所“庙”，并邀请妈妈过来同住。她也有酗酒的问题，这些年一直与世隔绝地住在梅诺卡岛的度假别墅里。那是多年前我为她和爸爸买下的。我以为我们能互相扶持。**两个酗酒者团结在一起。**这真是个疯狂的主意，跟妈妈把我送到“邪恶女巫”邓妮那儿，以为这么做对我有好处有得一拼。“庙”是一处宁静之地，我以为把她接过来对她有好处。我俩的确互相扶持了几天，但我很快就厌烦了她的偏执。

我得想出一个彻底忘掉露易丝的法子。巴尼建议我去泡“滚石”吉他手罗尼·伍德的前妻克里茜·伍德。我去她的宅邸“维克”找她，她还是那么可爱又古怪，还是张口闭口伍迪伍迪[1]的。

---

1 伍迪是罗尼·伍德的一个昵称。

我带克里茜去贝克街的一家夜店玩儿。我玩得非常尽兴。当我醒来时，发现自己躺在切尔西的一所医院里。我的胸口插着一根六英寸长的肾上腺素注射针。我吸食可卡因过量，倒在夜店的卫生间里不省人事。严格来说我已经死了，但我踩到狗屎运，及时苏醒了过来。

我抢在凯伦看到小报上的报道前赶回特威克南家中，把这件事向她如实禀报。她狠狠地击打我的脸，打得我眼冒金星。她手里好像握着把木匙。痛得要人命。这是我俩之间第一次有人动手打对方。

“别打了，”我静静地说，“目前还没有为受家暴的丈夫设立的避难所。”

9 月 24，我写信给比尔·柯比什利，说我需要休息。他第二天就回信了。

> 这肯定是好事。你需要休息两三个月。扬帆远航，打打网球，晒晒太阳准没错。别吸毒，别酗酒，别泡吧。

他非常理解和体谅我。关心我的人比我想象中要多。新专辑将推迟到明年春天发行，“谁人”秋冬季美国巡演也泡汤了。

我没法将露易丝推出心门。我恳求她给我一点时间。我们去苏格兰的波多贝罗海滩玩了几天。一天晚上，露易丝把我介绍给她姐姐和姐夫，然后跟我讲起她不幸的少女时期。当我愤愤地断言她有了孩子才能真正快乐起来时，她哭了起来，打电话给一位前男友。那人拍马赶到，试着安抚我们。

一天，克里斯·托马斯打来电话，邀我飞赴巴黎，为埃尔顿·约翰的新歌《球与链》弹原声吉他。克里斯在帮埃尔顿制作新专辑。我带上爸妈和露易丝同往。我异想天开地打算组建一个“速成家庭”。妈妈对露易丝的评价就两句话，一句有利，一句不利：“她是个美女”，“她太年轻了”。露易丝 23 岁，我 36 岁，13 岁的年龄差距对我来说不算大。

巴黎录音之旅棒极了。录音时，我磕了一点可卡因，喝了不少人头马。录了几遍后，我感觉上帝正与我同在，不禁越弹越舒爽。翌日埃尔顿没有现身——他也在和自己的心魔交战，我借此机会录了首自己的歌《薇薇安》(Vivienne)。

我们在巴黎待了两三天。约翰·恩特威斯尔和他的跟班碰巧也在，所以我为20号人办了个派对。派对后我们去一家俱乐部继续吃喝。我在那儿又喝大了，对着香槟桶狂吐不止。

回到“庙”里，我见到了魔鬼。他就坐在床尾，我能闻到他身上的气味——令人作呕的气味。翌日上午，我打电话给我的医生。他安排我见一位能帮人戒掉酒瘾的催眠治疗师，这救了我的命。他也给我开了劳拉西泮片和安眠药。为了庆祝事态在朝好的方向发展，我买了自己的第一辆法拉利。当然，我不会酒驾的。我正在变成基思·穆恩。

随着圣诞节的临近，我开始加热吸用精炼可卡因。有次在纽约，我和我的朋友艾克及几个华尔街经纪人全程都在用这种方式吸可卡因。一天早上，飘飘欲仙的我们步出一家可卡因馆，艾克的身边多了一个迷人的女孩。一个华尔街经纪人向我走来。

“告诉你的朋友，”他低语道，“他搂着的不是女的。”

我把艾克拉到一边，告诉了他。

艾克看着我，好像我疯了似的。“我才不管她是男是女。”

我们在可卡因馆里“飞”了12个钟头，至少吸掉了一公斤可卡因。我觉得性别真的没那么重要。

1982年1月，我独自一人住在“庙”里，平时开着法拉利四处转悠，交了几个新朋友。我有两个月没碰酒精，但我仍需要摆脱处方药和海洛因。我打电话向梅格·帕特森求助。她安排我住进加州巴波亚岛的一处房子，运用她的NET疗法帮我戒毒。

梅格要我把凯伦喊来陪我戒毒。我觉得凯伦不会来。梅格说，如果她不来，她就没有在这段混乱不堪的婚姻中尽到自己的责任。这一阵，我和凯伦的关系大为好转，我去见催眠治疗师就由她陪着。但女儿们的学业正处在关键阶段。最后她没有来，我没有强求。

有那么五天，我天天攀墙，天天听乔治的说教。迷人的乔治是梅格的丈夫。他的基督教信仰很有感染力，但我觉得美赫巴巴从未让我失望过。我得找到回家的路，不管家在何处。

在加州的最后一天，我和保镖艾伦·罗根驱车去拉古纳海滩吃午餐。这一天是情人节。饭毕我们去海边散步。我花了30天进行戒毒治疗，现在终于和毒品说再见了。突然间，一个褐色的药瓶映入眼帘。它静静地躺在沙滩上，是美国毒贩用来盛放可卡因的专用药瓶，我认得出。我第一次拥有这种药瓶是在1980年的情人节，当时我被特丽莎·罗素无情拒绝，于是让一个朋友帮我搞来一瓶疗伤。一晃整整两年过去了。我捡起它，旋开黑色瓶盖。我尝了一丁点儿。

可卡因。15克左右。

一定是某个在游艇上狂饮作乐的家伙扔下来的。我旋紧瓶盖，将它扔进了海里。艾伦看着我，目光里透着疑虑。

“什么?”我觉得自己做了件好事。

“你是戒掉可卡因了，”他笑着说，“但我……”

在格林·琼斯的新录音棚里，“谁人”重新集结，开始录制新专辑。我的代班吉他手是久经沙场的安迪·菲尔韦泽·劳[1]（Andy Fairweather Low）。我倍感压力，想中断戒毒治疗，直接杀到录音棚，像两年前的情人节之殇后我做的那样。然而我没有。直到3月3日，我才与“谁人”会合。

约翰的创作风格可能再也改变不了——他的创作方式适用于他的

---

1 安迪·菲尔韦泽·劳（1948— ），威尔士吉他手、创作歌手和制作人。他是埃里克·克莱普顿和罗杰·沃特斯的御用巡演吉他手之一。

个人作品。罗杰和肯尼则想演奏反映当下议题的歌曲。

“他们比我更茫然。”我的司机保罗送我回家时，我对他说。

1982 年是我咬紧牙关坚持戒酒的第一年。这一年我和露易丝就聚过一次——为了做个了结，我们一块吃了顿饭。我们轻松地说笑。一吃完我就赶到自己的录音室，想写出一首我觉得亏欠她的歌。这年稍后我又见到露易丝一次。从我的治疗师那儿出来时，我远远地看到她。我希望她生个孩子。孩子能救赎她。

凯伦和我都想找点时间两个人单独相处，所以我们去了趟威尼斯。回来后，我们在“庙”里度过了一个周末。凯伦难以泰然处之，我则和往常一样心绪复杂。

7 月 21 日，我参演了首届“王子信托基金”(Prince's Trust) 慈善音乐会。这是这一年我第一次登台。作为音乐会的主办者之一，我邀请大卫·鲍伊与我同台献演。他同意了，消息也发布出去了，然而因为演出日期在我不知情的情况下有所变动，他来不了了。他在伦敦拍《千年血后》(*The Hunger*)，没法重新调整时间表。我和鲍伊的交情没有受到影响，但他的经纪人自此对我辱骂有加。

我最后一次见到我的朋友兼粉友艾克就是在这天晚上。“你去自首了。”我们在后台碰面时他对我说。这是当年瘾君子间的行话，说给抛下他们去戒毒的粉友听的。数月后，艾克死于吸毒过量。直到在艾克的葬礼上遇到他的家人，我才晓得他的父亲是高级外交官，并且已经与他断绝了父子关系。艾克的家人认为我本来可以救他一命的。去年我和他走得最近。我极其喜欢他，但我没办法救他，我甚至连自己都救不了。

“谁人”新专辑《很难》(*It's Hard*) 于 1982 年 9 月 4 日首发。差点就没发成。罗杰觉得终版还有提升的空间。但巡演已迫在眉睫，我说服了他保持原状。

有两首歌被罗杰唱绝了。第一首是《活一次就够》(One Life's Enough)。这是一首慢歌，关于接纳和性爱之乐。我打算自己唱，作为专辑的点缀。最后还是罗杰唱的，唱得优美又柔情。罗杰这首歌里的声嗓是我的最爱之一，堪与他录《汤米》时首度唱出的那段假声相媲美；第二首是《想哭就哭》（Cry If You Want）。这又是一首我觉得必须由我来唱的歌（至少也得跟罗杰合唱）。它很难唱，歌词听起来犹如倾泻的河水。录我的个人专辑《最棒的牛仔都有中国眼睛》（*All the Best Cowboys Have Chinese Eyes*）时，我录唱了几遍都不满意，最后只好作罢。罗杰把歌词熟记于心后走到话筒前。他妥妥地搞定了，就是差点因为一口气接不上来晕倒在地。歌词噼里啪啦地从他嘴里跳将出来，快稳准厚。

格林·琼斯希望我录唱《卓越的正面》。这也许是专辑中电台 DJ 最爱播的一首歌。他认为我录第一遍时唱得最好，我倒觉得还可以唱得更好的。专辑不到一个月就录完了。事后想来，这实际上是一张出色的专辑。不过当时谁也没有想到，“谁人”发下一张录音室专辑居然是 24 年后的事了。

我们从伯明翰启程，连演两晚后便转战美国。清一色的大型体育场或体育馆，包括纽约的谢亚球场。我们在谢亚也连演了两晚。这轮我们演得棒极了的巡演被宣传为“谁人”的“告别巡演”。我无意争辩。

这是“谁人”建队以来最赚钱的巡演之一。离收官还有好一段时间，我们圈子里的每个人就都已经知道我将宣布退出乐队。“谁人”在急速下坠，但没有被火焰吞噬。没有舞台上的心脏病发作，没有客房里的吸毒过量，没有自杀。我在台上的举动没有激起罗杰猛击我的后脑勺，没有惹得他拂袖而去，或是向媒体抱怨我过长的即兴独奏和过分的自我沉溺。

1982 年 10 月 11 日，亨利·蒙特-查尔斯（Henry Mount-Charles）联系上身在纽约的我，说要给我提供一份工作。亨利任职于享有盛誉的伦敦费伯出版社（Faber & Faber）。感到荣幸的同时，我也觉得十分好奇。11 月，我与亨利的老板马修·伊文思见了面。我和马修很快成了朋友。

这一阵，我跟弗雷迪·阿什顿爵士吃了顿饭，他想和我聊聊他的教子基特·兰伯特。我告诉他我对基特朝思暮想。“我要为他写点什么，”我说，“不光是聊他，讲他的轶事。”

“那就写吧。”弗雷迪爵士说。

“为他写首情诗怎样?”我有点开玩笑地说。

“如果是写爱情，那就来首十四行诗吧。”弗雷迪爵士向前探过身子，认真地说。

所以我为基特写了这首十四行诗：

我的爱人走出我的夜晚之拱门，
进入我的白天之小巷。
你的幽灵是我的，尘世中你与我若即若离，
走近些，让我在光中拥抱你，
触摸你如此健康的面庞，曾如此苍白的面庞，
拥你入怀是我所有祈望；
我长久地陷入你的悲伤，
听你的笑是我永远的欢畅。
我们爱对方，但从未是情人，
然而我们会在黑暗之城重逢，
再度叙说一起干过的愉快勾当；
斯文加利式的新手特丽尔比。
但曾经是心的音乐，现在在街上；
曾经是你的天分，现在在我身体里。

随着“谁人”在我眼中已寿终正寝，我进入了深度精神治疗的第二个年头。有许多行为需要补救，许多老友需要共进午餐，许多生意

需要去开展，包括我的“鳗鱼派”书业。我搬进了新居“锚地”，和家人住到了一起。我把地下室的卧室改造成美术工作室，紧隔壁一间小屋打造成录音室。在我的事业规划里，平面和视觉艺术将与录音齐头并重。我的海洋中心录音棚正被注入新的活力，即将摇身变成多媒体视频实验室。

1983年2月底，我为下一张个人专辑的概念写了一个简单的提纲。我想包办这张专辑的所有插图，所以郑重其事地重拾画笔。在制作人海伦·威尔金斯（Helen Wilkins）的帮助下，我从众多由我演绎并制作的“谁人”歌曲小样及一组全新的小样中选了25首作品，推出了小样精选集《独家新闻》（*Scoop*）。我继续创作短篇小说，酝酿着一个个灵感。1982年2月的一个是：**男人与女孩做爱时，女孩吊嗓子，假装高潮来了。**我不知道自己是想模仿博尔赫斯还是“巨蟒组”，总之那些画面轻松愉快。我画了几幅皮特·怀利（Pete Wylie）的画像，用来配《精彩布鲁斯》（Brilliant Blues）的歌词。我把凯伦和她妹妹弗吉妮亚·阿斯特利[1]（Virginia Astley）的脸组合在一起，在周围画上天使。我效仿彼得·布莱克的画风，画了幅自由先生的肖像画。我还用宝丽来相机对着电视屏幕拍了一组照片，将它们拼接成一张关于家暴的拼贴画。

我放弃了源自《我无法解释》的“金贩社交俱乐部宣言”。这个宣言指出，我的作品是一个倾空的器皿，听众能在里面找到他们自己。如今，我需要找到我自己。画画成了新的宣泄管道，但我依然在用老法子做音乐。我即兴弹奏吉他或钢琴，有了好的动机就发展成简单的小样。“锚地”、“庙”、苏荷区的工作室、美赫巴巴海洋中心里都有我的录音室。

到1983年4月，敏塔就12岁了。当我闭门创作时，她总是好奇

---

1 弗吉妮亚·阿斯特利（1959— ），英国知名唱作人。

心十足。爱玛已经组建了自己的乐队，名叫“自助洗衣店”，其他成员都是她在圣保罗女校的同窗好友。我和她们合录了一些东西，爱玛的音乐天赋显露无遗。她也越发的亭亭玉立，眼角的笑意也回来了。

我决定买一艘游艇，有长过道的那种，这样我就能带上全家去冒险。我在马略卡岛相中了65英尺长的“费拉拉”号，它是苏格兰造，可以出海几千英里。我们的首次探险之旅在希腊群岛展开，在探访了两三个岛屿后，“费拉拉”被暴风雨困在了锡罗斯岛。敏塔展现了她的语言天赋，用短短几个小时内记住的希腊单词和当地的烟草贩子像模像样地交流起来。我觉得自己开始了一段新的生活。

1983年5月，过38岁生日前几天，我驾车前往罗杰位于苏塞克斯的都铎式别墅。我的记忆回到了1962年：我拎着琴盒走向罗杰家的门阶。他女友摇摇晃晃地朝我走来。罗杰对她漠不关心，她给他下了最后通牒。**让她滚蛋。你进来。**当时我是多么渴望**进去**，现在我是多么渴望**出来**。这一次，我明确地告诉罗杰，我不会再与“谁人”一道巡演。罗杰已经猜到了。

21年前，我期待看到失去金发小女神的罗杰痛哭流涕。然而他一滴泪也没有流。21年后，他依然一滴泪也没有流。我说我会考虑与他合作慈善演出、音乐剧等等，但唯独不考虑摇滚巡演。他似乎乐于接受。

> 会弹“影子”乐队的《谜一样的男人》么？
>
> 会。
>
> 那好，咱们哈里家见。

结束就和开始一样快。我期待罗杰能和我想到一块去。我在笔记本上写道：

“我迈向了自由。”

22

疯癫依旧

我跟费伯出版社总编辑罗伯特·麦克克拉姆（Robert McCrum）会了面。我们谈到召开一场新闻发布会，宣布我就任费伯出版社编辑，负责“流行艺术”类图书的策划。麦克克拉姆没有流露出一点傲慢和自大，虽然其父曾是著名的伊顿公学校长。

发布会后，记者们露出了狰狞的面目，《星期日泰晤士报》尤其下流。但我知道，这是伦敦出版业最好的工作岗位之一，即便他们给我的年薪仅为 7 000 英镑，如果是畅销书的话另有提成。我不会浪费这个机会的。

他们说我西装笔挺地坐加长豪车去上班，但过去几年我就是这个范儿。即便是在我最糟糕的年头，台下的我都比在台上要注重形象。我和诗歌编辑、诗人克雷格·雷恩（Craig Raine）合用一个办公室。克雷格穿得像个邋遢的美术老师，跟造船工一样粗话连篇。剧本编辑是弗兰克·派克（Frank Pike）。我最先引入的作者之一是名演员兼剧作家史蒂文·伯克夫（Steven Berkoff）。伯克夫 1986 年的剧本《击沉贝尔格拉诺号！》（*Sink the Belgrano*！）被称作是“以朋克-莎士比亚之声进行的长篇抨击”。

我的私人助理朱迪·华林退休后，我在报上刊登了招聘广告。在大批应征者中，我选中了新助手妮可拉·乔斯。她入职后做的第一件事就是与我飞往洛杉矶。我去告诉莫·奥斯汀我想解除唱片约。莫很有礼貌地接受了这个事实，不过很快我就收到了高级副总裁大卫·伯曼发来的电报，要求我退还高达数百万美金的预付版税。而如果我的队友不同意我的决定，我还得把他们拿到的预付版税一并还上。

我和凯伦依然是夫妻，依然住在一起，但眼下我维持婚姻承诺的能力已变得脆弱不定。1983 年 6 月，我们去温布利体育馆看大卫·鲍伊的演出。幕间休息时，我的直觉告诉我，只要我非常仔细地环顾眼前黑压压的观众席，就能看到露易丝。我远远地注意到一个女人，坐在观众席的另一头，就在我们正对面。她旁边坐着个小孩。她扭头的动作，她的着装趣味，毫无疑问，是她。我走过去向她问好。

"我想你也许会在这里，"她说，"我和我朋友还有他女儿一道来的。"

第二天，我满脑子想的都是露易丝。我什么事都做不了，连呼吸都觉得困难。凯伦比以前更恬静更有魅力，但我还是陷入了心魔。露易丝不惦念我。

我每周进行两次精神治疗。"疯癫依旧。"从治疗师那儿出来后，我对等候我的司机保罗说。我偶尔会被焦虑发作困扰，除了接受治疗外别无他法。我又没法参加"匿名戒酒会"（Alcoholics Anonymous），我是个名人，怎么保持匿名？

和爸妈还有敏塔共进午餐时，我看到老爸时而沮丧时而犯急。他以前很开朗的。他关掉了他的旧货铺，我觉得这是个错误。

我在日记中写道：**凯伦变得惊人的美。她的脸和身体变得生动起来。她更加光彩照人了。**此前，和年轻女人调情时，我感觉凯伦已经成了黄脸婆，不再吸引我。她没老，老了的人是我。

我的三名队友与我摒弃前嫌，与彼此摒弃前嫌，与所有人摈弃前嫌——他们希望"谁人"还能继续上路。他们想做些怀旧演出，我想。6 月 15 日，"谁人"在比尔·柯比什利的办公室开了个会。我去意已决。比尔似乎是唯一看出我去意已决的人。散会时，比尔的妻子杰姬朝我走来。

“你也许完蛋了。”她的语气还算友好。

“谁人”下一次聚在一起开会，是很久很久之后的事了。

妮可拉的秘书乔安娜接手了处理歌迷信件的任务。她将它们一一拆开，送给我阅读。我对不友好的来信一般置之不理，但对于坚决要求我回信的，我会没好气地为自己辩解，这往往招致他们进一步发难。我希望我的粉丝理解我为何离开“谁人”。

一个女歌迷在信中写道：“一派胡言。你晓得你的头发没了么？嗯，你的诚实也没了。”我和她你来我往通了几封信，我想我应付得很好。让我难以接受的是，许多歌迷更希望我死磕摇滚乐，一遍又一遍地燃烧自己，直到最终像基思一样被大火彻底吞噬，而不是猛踩刹车，救自己一命。

妮可拉和乔安娜把来信按地址和姓名归档，建立了一个数据库。我注意到，如果是男性寄来照片，通常会是家人的合影，父与子，一群男人在看摇滚演出或棒球比赛；如果是女性寄来照片，基本上都是想和我发生点什么。

后“谁人”时期，我继续挺进激动人心的新领域。1984 年 1 月，报业大亨兼慈善家大卫·阿斯特（David Astor）把我介绍给唐纳德·伍兹（Donald Woods）。伍兹写过一本关于反种族隔离斗士、黑人觉醒运动（BCM）创始人史蒂夫·比科（Steve Biko）的书，正在为释放曼德拉积极募款，我说我会尽力帮他。阿斯特是个真正的慈善家，我俩成了好友，除了一起资助奇斯威克家暴救助中心外（凯伦也在援助这家中心），还一块致力于街头慈善项目，包括一个音乐合作社和一本袖珍诗歌杂志。

麦克克拉姆建议我写一本短篇小说集。这主意不错，有拿得出手的文学作品，我这个编辑会被作者更当回事。他还建议我从费伯的旧版书里挑出有重版价值的图书，同时甄选从四面八方投来的书稿。我每过两三天就会从堆积如山的投稿中取出三本书稿带回家，这意味着我平均每周读六本书，写六封退稿信。我爱读这些手稿，不过不管我喜不喜欢它们，费伯出版社都不会将它们付梓——不是费伯编辑约的书稿，在费伯出的机会微乎其微。

我再版了小说家约翰·奥哈拉（John O'Hara）的处女大作《相约萨马拉》（*Appointment in Samarra*）。麦克克拉姆把艺术家布里昂·基辛（Brion Gysin）介绍给了我。威廉·巴勒斯（William Burroughs）著名的写作技法——“剪裁法”（Cut-up）就是基辛建议他使用的。基辛住巴黎，工作上的事我俩全是电话联系，数月后，他那本根本没法编辑的著作由费伯付梓。

弗兰克·派克交给我几本让·热内（Jean Genet）的旧版书。它们饱受争议，不久前由美国格罗夫出版社（Grove Press）再版。热内当时还健在（他卒于1986年）。我去巴黎找他，去和他谈再版的事。很遗憾，我没能追踪到他。

我一加入费伯就联系了布莱恩·伊诺。我想把他那本著名的笔记本整理出版。我让“动物”乐队主唱埃里克·伯登住进我的“庙”里，专心撰写自传《我曾是一只动物，但我现在没事了》（*I Used to Be an Animal, But I'm All Right Now*）。我不确定他是否真的没事了——我也一样。

费伯的作者群里文豪荟萃，包括P. D. 詹姆斯（P. D. James）、威廉·戈尔丁（William Golding）、泰德·休斯（Ted Hughes）、汤姆·斯托帕德（Tom Stoppard）、哈罗德·品特（Harold Pinter）和瓦莱丽·艾略特（Valerie Eliot）。他们尊敬我，愿意给我一个机会，虽然对我存有疑虑。真令人激动。我每周去费伯两次，其他时候多在海洋中心的新办公室开相关会议。

瓦莱丽是T. S. 艾略特（T. S. Eliot）的遗孀。她很看重我。她跟我说，摇滚乐手的反常行为跟费伯早年的作者和编辑比是小巫见大巫。要知道，艾兹拉·庞德[1]（Ezra Pound）曾是T.S.艾略特的编辑。

安德鲁·洛伊德·韦伯的音乐剧《猫》[2] 给瓦莱丽和费伯出版社带来了收益。3月，在瓦莱丽和费伯主席马修·伊文思的邀请下，我陪她出席了韦伯新剧《星光快车》（*Starlight Express*）的首演之夜。她跟马修说她有些怯场，但她知道自己应该去。和我一样，她觉得这是费伯人的责任。

《星光快车》看得我心惊肉跳。《猫》是一部大获成功的杰作，老练高明地在娱乐和文学之间找到了平衡点。然而《星光快车》的音乐和歌词极为老套，似乎是有意为之。随后的派对上，我向几个人大肆吐槽，没料想该剧词作者理查德·斯蒂尔格（Richard Stilgoe）就在他们中间。他震惊得说不出话来，我立刻意识到自己失言了。

首演就是这样，常常尴尬收场。经由修正，一部新剧会在数周后发生彻头彻尾的变化。多年后，我在拉斯维加斯看到了修正版《星光快车》，又觉得它令人陶醉了。

摇滚书是我策划出版的图书中最成功的类别之一。它们包括查尔斯·沙尔·默里（Charles Shaar Murray）写的吉米·亨德里克斯传记《城际交通》（*Crosstown Traffic*），乔恩·萨维奇（Jon Savage）著的“奇想”乐队传记，布莱恩·伊诺与罗素·米尔斯（Russell Mills）合著的《比鲨鱼更黑》（*More Dark than Shark*）等。

6月，我的短篇小说集《马颈》（*Horse's Neck*）完稿了。麦克克拉姆把我的手稿砍掉一半多，将近300页。

“皮特，”他审慎地说，“你意识到读者会认为这些都是你自己的

---

1 艾兹拉·庞德（1885—1972），美国著名诗人、文学家，意象主义诗歌的主要代表人物。因支持法西斯主义和墨索里尼被以叛国罪逮捕，后通过装精神病躲过叛国罪的审判，被关押在精神病院12年。

2 《猫》是作曲家安德鲁·洛伊德·韦伯根据T.S.艾略特诗集《老负鼠的猫经》改编的。

故事?”

“他们会这么想。有些故事背景就是我的世界。毕竟我只有一个人生。但我写的是虚构作品。”

“让读者卸下担子,不用一篇一篇地猜主人公是不是你。”

“您的意思是?”

“让每一篇都是你自己的故事。有主人公的话就叫他皮特,没有的话就用第一人称。”

我接受了罗伯特的建议,虽然最后一篇是以一个梦境片段(Dream Sequence)结尾。在这个片段里,一个骑手从马屁股后面跨上了马。我不知道用第一人称会不会引人联想。《马颈》新鲜出炉后,专栏作家、书评人布莱恩·艾波雅(Bryan Appleyard)在费伯的电梯外叫住我。

“读者会认为你和一匹马肛交了。”他郑重地说。

在费伯上班有置身伦敦心脏之感。想到自己差一点就死于吸毒过量,我对自己还活得好好的心存感激。我呼吁关注和帮助瘾君子,呼吁将康复治疗纳入全民医疗服务制度的声音被社会服务部大臣诺曼·福勒(Norman Fowler)听到了。1984 年 7 月,我走进下议院与他会晤。他同意安排卫生副大臣约翰·派滕(John Patten)与梅格·帕特森进一步会谈。我相信,政客之所以重视我,是因为我在体制内从事一份严肃的工作——我是费伯的编辑。

与费伯的大作家交往充实了我的生活。我去了诺贝尔文学奖得主威廉·戈尔丁位于特鲁罗的家。他的朋友们叫他比尔。比尔热情友好,火爆脾气。他的经典巨作《蝇王》(*Lord of the Flies*)与我爸爸的处女唱片大约同期面世。我没想到他钢琴弹得那么好。除了教过古典语文(Classical Language)外,他还教过音乐。我们处得非常好,有天我带他坐我的法尔茅斯小艇出游。多年前的一天,他驾自己的小游艇举家出游，中途险些翻船。此后他再也没有驾船出游过。但他是个天生的水手。

为了宣传《马颈》，我展开了一轮不列颠巡回朗诵之旅。与我一道“公费旅游”的还有小说家兼剧作家卡里尔·菲利普斯（Caryl Phillips）。朗诵会后，我们同去泡夜店，我偶尔还会喝一点酒。这很危险，但能缓解我的焦虑。在谢菲尔德，我注意到前排坐着三个年轻的“摩斯族”。他们穿着派克大衣，抱着米字旗电吉他，咧嘴笑着听我朗诵自己的堕落故事。在都柏林，爱尔兰女作家安妮·戴弗林（Anne Devlin）加入了朗诵的队伍。一名听众向我发问，说想知道她的朗诵功力比我高出太多是不是因为她是爱尔兰人而我不是。

电视系列节目《南岸秀》（*South Bank Show*）主持人梅尔文·布拉格（Melvyn Bragg）决定制作一期以我为主角的《南岸秀》。他们自 5 月起开始对我进行跟拍，当时我正在海洋中心录音棚录制个人专辑。我突然意识到，我的生活并没有发生多大变化。《南岸秀》把我描绘成一个多才多艺的大忙人。镜头下的我录制新专辑，策划编辑图书，推出我的第一本书，拍摄我的第一部电影，创立新慈善机构 Double-O，帮助曼德拉越狱，与凯伦共同掌管世界上最重要的家暴救助中心，为多项慈善事业募款，帮助朋友和陌生人接受戒毒治疗，去勒戒所分享自己的戒毒故事，尝试为罗杰·达尔特雷写歌却以失败告终。

我没有酗酒也没有嗑药。我嗑的是我的首选药——过度工作。

1985 年 7 月中旬，为了大型义演“拯救生命”（Live Aid），“谁人”破例重组了一回。我是为鲍勃·盖尔多夫（Bob Geldof）做的这件事。鲍勃是“拯救生命”的创办人，我爱慕他，现在依旧如此。当鲍勃感觉到我打算拒绝他时，他摆出一副吵架的架势。“如果‘谁人’登台献演，我们的利润会多出几百万英镑，”他铿锵有力地说，“我们挣的每一镑都能救一条命。他妈的算算看吧。他妈的上台演吧。”

后台就像一个伟大的社区。媒体对性感迷人的黑人女歌手莎黛（Sade）趋之如鹜。我和波诺聊了聊。在这样的时刻，他总是热情洋溢地滔滔不绝。我们都为自己在场感到骄傲。大卫·鲍伊穿着一套年轻时穿的西装，他高兴地告诉我，它还是那么合身。

我们的演奏有些生疏，也许被“皇后”乐队和乔治·迈克尔抢走了风头。

几个月前，我和埃里克·克莱普顿出席了“王子”[1]（Prince）电影《紫雨》（*Purple Rain*）的放映会。“王子”把他的亲身经历优雅地融入该片，让我深受启发。我决定拍摄一部关于我自己的电影《白城》（*White City*），将伦敦白城的街头场景与我的音乐结合在一起。

白城聚居着多个族群。我小时候那儿就住着吉普赛人和加勒比人，如今还有新来乍到的亚洲人和索马里人。白城的街道名大多来自大英帝国的全盛时期：英联邦路、印度路、加拿大国庆日路、布隆方丹路，诸如此类，它们与日不落帝国的衰落和全新的生活方式形成了鲜明的对比。

澳洲导演理查德·罗文斯坦（Richard Lowenstein）在我的剧本基础上完成了一个新剧本。旁白者是摇滚明星皮特·汤森，他荣归故里，谈论他年轻的朋友吉米。我童年的创伤经历，正在作的画、写的书、介入的社会事业都被并了进去。《白城》也是我下一张概念专辑的名字，里面的曲目都出现在了同名影片中。

这阵子，我的精神治疗进入了深化阶段。我的治疗师敦促我把童年的伤痛经历写下来，尤其是六岁那年，和外祖母住在一起时，疑似遭到性虐待的经历。她是个荣格派精神分析师。我把我的梦讲述给她听（我对这些梦进行过自我解析），很遗憾，她对它们的解释常常让

---

1 “王子”（1958— ），又译普林斯，美国创作歌手、多重乐器演奏家、演员，20世纪80年代美国流行音乐代表人物之一，被普遍认为是一位天才音乐家。

我失望。

我把自己还记得的梦全部写了下来。我把脑海里的念头和想法毫无保留地写了下来。当凯伦告诉我她看了些我写的东西后，我把几沓短笺连带 20 世纪 80 年代拍的许多照片一并撕毁。其中一张是我和露易丝第二次约会时拍的。凯伦看上去很伤心。

“你不必那么做的，皮特，”她说，“那全是你的东西，是你的人生。”

我的单飞生涯日益稳固，我享受人们尊我为摇滚教父。我决定为我创立的慈善机构 Double-O 做三场义演，地点在布里克斯顿剧院（Brixton Academy），伴奏乐队是我为录制《白城》而组建的乐队“深水区”（Deep End）。

我为友人哈维·温斯坦（Harvey Weinstein）的导演处女作《见者有份》（*Playing for Keeps*）谱写了主题曲《回到生命本身》（Life to Life）。1979 年 12 月，我在水牛城演出时第一次见到哈维和他弟弟鲍勃，当时他俩是各种摇滚演出的主办方，事业做得风生水起。温斯坦兄弟用做摇滚演出挣的钱成立了电影发行公司米拉麦克斯影业（Miramax），日后成了电影大亨。通过在美国发行演唱会电影《秘密警察的另一场舞会》（*The Secret Policeman's Other Ball*），米拉麦克斯影业打响了第一炮。“秘密警察的舞会”系列义演由“大赦国际”主办，它们让这个人权组织得以存活下去。

《见者有份》也许没有《秘密警察的另一场舞会》那般成功，但我和哈维的关系就此拉近。比尔·柯比什利委托米拉麦克斯影业拍摄这三场义演，作为演唱会电影推出。

我重返舞台让凯伦颇为不快，第二晚她没有前来。

1986 年 1 月，我带领“深水区”来到戛纳，在国际音乐博览会（MIDEM）上表演。“深水区”还是原班人马：“平克·弗洛伊德”

的大卫·吉尔莫（吉他），西蒙·菲利普斯（鼓），“兔子”（键盘），彼得·霍普-埃文斯（口琴），丘乔·梅尔尚（贝斯），乔迪·林斯科特（打击乐），一个五人编制的铜管乐组，以及由比利·尼克尔斯领衔的和音组。

托尼·史密斯说这是他看过的最精彩的演出。托尼是菲尔·科林斯和“创世纪”乐队的经纪人。大西洋唱片的高管欢呼雀跃，希望我带着“深水区”上路巡演。做了多年吉他英雄的我现在是主音歌手了。我看起来不错，唱得很好，音乐更是棒极了。但我告诉他们，“深水区”的步伐到此为止。

彼时，“音乐电脑”已经以两种形式闪亮登场。一种是备受新浪漫主义乐队钟爱的合成器/采样器工作站 Fairlight CMI，做《白城》的时候，我也入手了一台；另一种是带有微处理控制音序器的数字调频合成器 Synclavier。它们的问世意味着我能跳过交响乐团以及埃德温·阿斯特利这样的管弦乐编曲家，独自完成管弦乐的编配与制作。它们的音色有着无限的可能，不过我得补充一句，它们从未超越我年少时听到的“天体音乐”。

我才华横溢的叔叔杰克战后在美国从事过雷达和大屏幕电视的研发。他把我介绍给他的一位同事，后者向我展示了数据是如何通过模拟音频流储存到磁带上的。我看出数字化将改变音乐工业。那时，CD 已被广泛使用，而早在 1975 年，百代唱片的托尼·拉姆金（Tony Lumkin）便向我展示了数字录音技术。20 世纪 60 年代中期，“披头士”和“比吉斯”（The Bee Gees）开始使用采样回放合成器 Mellotron 进行模拟采样；数字采样则由数字音频公司 Fairlight 和合成器先驱雷·库兹韦尔（Ray Kurzweil）开创。库兹韦尔把他的第一项发明预留给了史蒂维·旺德。自打拥有一台 Synclavier 后，我看到像我这样的作曲家成了全能战士，录音乐手、编曲家和制作人统统可以不需要了。而一旦数字音乐的压缩技术得以实现，数字音乐就能通过一根电话线完成传输，像我这样的艺术家甚至连唱片公司都不需要了。

1986 年 2 月，我走进皇家阿尔伯特音乐厅，参加为哥伦比亚火山爆发受灾民众筹款的义演，同台的还有安妮·蓝妮克丝（Annie Lennox）、戴夫·斯图尔特（Dave Stewart）和克里茜·海因德等摇滚艺人。结尾大合唱的场景似曾相识——“拯救生命”义演结尾大合唱时，大卫·鲍伊、弗雷迪·莫库里和乔治·迈克尔试图从众多艺人中挤到舞台前方，最后是乔治胜出。这一次，赢家是安妮·蓝妮克丝。

在费伯的夏季派对上，我第二次见到桂冠诗人泰德·休斯。我很想将他的儿童书《钢铁人》（*The Iron Man*，一译《钢铁侠》）改编成音乐剧。马修·伊文思和制片人罗伯特·福克斯说服了泰德把改编权交给我。我开始为这部流行音乐剧创作歌词：《重金属》（Heavy Metal）、《朋友就是朋友》（A Friend Is a Friend）、《男人和机器》（Man and Machine）、《过火》（Over the Top）等。其中一首《假装》（Fake It）直到 1993 年才随着专辑《精神弃儿》（*Psychoderelict*）面世。

《白城》卖得很好，尤其是在德国和澳洲，在美国卖得也不错。“你成了正常善良的好男人了，也变得干净整洁了，”华纳兄弟英国公司的头儿罗布·迪金斯（Rob Dickins）对我说，“你的粉丝都认不出你来了。”

他们认识过我么？我依然在认识我自己。

6 月，“大赦国际”主办的“希望的密谋”（A Conspiracy of Hope）巡回义演在巨人体育场收官。这是我在美国头一次单枪匹马登台。我有点怵场，要是“深水区”在我身旁就好了。

我在后台等待试音时接到一个电话，说爸爸病得很厉害。我立刻包了架飞机把爸爸从梅诺卡岛接往伦敦。紧接着我火速奔往肯尼迪国际机场，赶当天飞越大西洋的末班协和飞机。这是我职业生涯中唯一一次把家人看得比观众更重要。我知道观众不会太挂念我的——演出阵容十分豪华，包括U2、斯汀、布莱恩·亚当斯、彼得·盖布瑞尔、卢·里德、琼·贝兹、“内维尔兄弟”（The Neville Brothers）等。不过如果是“谁人”的专场，我也许就没那么坚决了。

我赶到中央米德尔塞克斯医院，问接待员父亲在哪一层哪一床。接待员答不上来，让我等会儿。我飞快地跑开，火急火燎地将大楼找了个遍，最终发现爸爸半裸着躺在地下室走廊里的担架车上。他大便失禁，被推着他的人遗弃在此，看上去可怜极了。

我当场发飙，破口大骂，然后他才有了床位。父亲结肠上的肿瘤已被切除，然而残留的癌细胞已经迅速扩散至全身。几个月前他还生机勃勃的。我看着状况糟透了的他，陷入了崩溃的边缘。

爸爸就像他的父母一样，病了宁愿拖着也不去看医生。他病了好久了，妈妈的解决办法是大肆喝酒，然后冲他大发脾气。她也冲我大发脾气，经常深更半夜打来“责骂电话”。第二天早上我还会接到她的电话，这时她已忘了昨晚的事。妈妈为我付出的可能比爸爸要多，但想说爱她可真不容易，相反，爱爸爸总是一件很容易的事。

几天后，外科医生说没有开刀的必要了。他们开始给爸爸注射吗啡。爸爸说他非常喜欢我弟弟送他的小仙人掌，因为它们让他想起了梅诺卡岛的度假别墅。他一遍又一遍地对我说他在那儿过得有多开心，也再三感谢我买下它给他住。他愉快地回忆着他的人生，包括他认识的姑娘们。6月28日晚，我去病房看爸爸。我打算在他临睡前看看他。这一天是周六，我是11点左右到的。病房里一片寂静。爸爸被挪进了侧间。我走了进去，暗自企盼他已经入睡。他僵硬地躺在那儿，一动不动。

“你还好吧，爸爸？”

“不，我不好，”他吼道，“我对你已经仁至义尽了。”他转过头去，接着又转回来，责备地看着我。

我很受伤。爸爸没对他的话作出解释。我带着困惑走了。他没能熬过那个晚上。

到 1986 年夏天，我待在家里做一个尽责的父亲已有 4 年。爱玛 17 岁，敏塔 15 岁。她们是很棒的孩子，聪明幽默，富有爱心。我和凯伦的关系仿佛稳定下来了。我们曾经的分离对她造成了很深的伤害，所以我尽力去补偿。我感觉更安定了，不再耽于幻想。我活在当下。

我依然奋笔疾书到凌晨时分。我写星途的凶险，写童年时目击父母和外祖母的性事，以及这种经历如何让我变得“色情化”（接受精神治疗时，我用“色情化”来描述儿童的性欲因过早看到性爱场面而扭曲）。我深入钻研着我的 Synclavier。我对管弦乐的研究要追溯到 1967 年做《列》时，不过我的创作还没有被交响乐团演绎过。我开始创作《钢铁人》，这是一项大工程，至少需要两年来完成。

这一年 9 月，我把妈妈送进普利茅斯的一家勒戒所。她自杀过两三次，令全家揪心不已。9 月 26 日，瓦莱丽·艾略特邀我出席纪念 T. S. 艾略特的英国遗产蓝色牌匾揭幕式，同时受邀的还有泰德·休斯、哈罗德·品特和安东尼娅·费雷泽（Antonia Fraser）。哈罗德和我大谈土耳其库尔德人饱受歧视的状况，他对此表现出了极大的关注（哈罗德·品特 1988 年的剧作《山地话》（*Mountain Language*）就是以此为主题）。

通过在费伯担任编辑，我发现了我的另一面，能探索它是一种荣幸。这年我见的最后一个作者是喜剧演员兼影星马克思·沃尔（Max Wall）。我想出他的自传。马克思曾在哈罗德·品特的舞台剧《看门人》（*The Caretaker*）中饰演主角戴维斯。他讲了个小段子，说有天把哈罗德拉到一边。

“这部戏他妈的讲的是什么东西，哈罗德?”

这一句就足够让我乐不可支了。

我把这个小段子讲给哈罗德听。

“前几天我碰到马克思·沃尔了，”我说，“他把他跟你说的关于《看门人》的话告诉我了。”

哈罗德用他的达斯·维德式表情看着我。

“是么?”他质问道，“他说什么了? 他说什么了?”

我不得不放弃。“他没说什么。祝您有个愉快的夜晚。”

这位诺奖得主不是个闲聊的对象。创作《生命之屋》那阵，我在新维克剧院看过一个版本的《看门人》，我觉得这是哈罗德的杰作之一。

马克思·沃尔自爆年轻时追过我妈妈——当时妈妈是个年轻的歌手。我们的话题转到了音乐。陪马克思前来赴约的是他的一位音乐家朋友。他是个小号手，吹奏路易斯·阿姆斯特朗式的爵士乐——我们称之为“迪克西兰”或“传统爵士”。

我告诉马克思我就看过一次肯·科利尔[1]（Ken Colyer）的演出。我说科利尔也许是英国现代音乐真正的源泉，他的离世真是令人扼腕。

“科利尔今晚有演出，演出结束后我会把他的死讯告诉他。”马克思的朋友说。

太不公平了。爸爸已经走了，科利尔这个糟透了的老酒鬼还活得好好的，还在登台表演。

我漫长的精神治疗几近尾声。从1982年3月到1986年12月，我每周两次的精神治疗雷打不动，中间只缺席过几次。我学到了什么?

我有问题。

---

1 肯·科利尔（1928—1988），英国爵士小号大师，主要演奏新奥尔良爵士乐。

23

《钢铁人》

泰德·休斯与卡罗尔·休斯住在德文郡的查格福德附近，达特姆尔高原的边上，那儿是全英格兰最奇美的地方之一，你会看到淘气的野马驹和流浪的绵羊在马路上休憩。查格福德周围的林区郁郁葱葱，树影婆娑，阳光透过古老的树丛，洒在汩汩流淌的河面上，泛着金色的光泽。徘徊在泰恩河的上游，我的灵感总能无限迸发。

创作《钢铁人》的乐事之一是和泰德在一起。他是一位鼓舞人心的文学巨匠。他是个大块头，有一张英俊的大脸庞，浓浓的头发爬到了颈项，遮住了耳朵。他讲起段子来是典型的约克郡人风格，机智、率直，对与自己的文学和哲学趣味不投的东西没有一点耐心。他的妻子卡罗尔身上有泥土味，但见识多广、老成练达，与泰德是绝配。他特别能侃，什么话题都能讲得滔滔不绝：他的诗友、希腊神话、撒克逊人、后现代主义……而且不会给你以自命不凡之感。

我女儿爱玛尤其喜欢和泰德待在一起，她跟他分享自己多得令人可怕的知识，一点都不觉得自己是在显摆。泰德的《钢铁人》已经成为英国文学考试的必修课本。它从表面上看是本儿童书，但实际上主题非常厚重，包括战争的机械化和计算机化、不同国家和种族间的友谊、生态环境，甚至还有“天体音乐”。

这部小说在各个层面都吸引着我，让我激动不已。事实上，我10岁那年曾幻想过住在一个巨大的机器人里面——它每天载着我去上学，接我回家，让我能够远离周围的每个人。

“钢铁人”的敌人“太空龙”创造的“天体音乐”，让我想到了年少时坐在特丽尔比身边和参加海童军时航行在泰晤士河上听到的那种音乐。泰德在书中还表达了一个观点：经历过战争的人会以军国主义的方式回应每一种神秘事物。让他们相信生命具有一个神秘的层面颇为困难，但“天体音乐”之美能改变人类的精神，给世界带来长久的平静。

我的精神治疗虽然告一段落，但我依然在用从中学到的精神分析法记日记，写永远不会寄出的血淋淋地解剖自己的信件。我的创作力十分旺盛，开始认真思考撰写自传的事儿。我写了篇叫《加长豪车》的短篇小说。有次受邀在皇家艺术学院做讲座，我就是从它展开谈的。

《加长豪车》是一部谋杀题材的黑色小说。一个邪恶的男人朝他的加长豪车里注入诱人的音乐和致命的毒气，然后抢劫、强奸、谋杀、扔掉了他的客户。台下的200位听众一开始都听得全神贯注。接下来我进入了主题：当音乐作为数据被压缩到能通过一根电话线传输之时，就是音乐的末日来临之际。我们觉得自己尽在掌握，但其实我们不过是无助的乘客。作曲家和乐手觉得他们能与客户直接对接了，但他们同时也打开了一扇门，把自己暴露在各种心理和精神污染之下。《生命之屋》的设想变成了现实。

黑胶唱片濒临淘汰，卡带亦然。CD变得多余。我们将用电脑（有的小到只有手表一般大）聆听音乐、分享音乐。我们能听到的音乐多得让我们不知所措。我们听不出它们孰优孰劣了，我们仿佛遭到了抢劫、强奸和谋杀。豪华舒适的加长豪车实则是灵车。

也许我有点太戏剧性了。也许我说的全是屁话。但有一点我能确定：还没等到我抖出包袱，大多数听众就已经中途退场了。

我在努力创作一部不只是受孩子们欢迎的音乐剧。我希望孩子们喜欢它，但我没有忘记它也是一则黑色寓言。1987 年 5 月 30 日，我把音乐剧《钢铁人》的初稿装订了几份，分发给几位相关人士。它由两个纵列组成，左边是情节，右边是歌词和音乐，和肯·罗素的《冲破黑暗谷》剧本一种样式。麦克克拉姆的回应简洁有力："令人钦佩的文字处理，皮特!"

7 月，大西洋唱片静悄悄地推出我的第二张小样精选集《又一条独家新闻》（*Another Scoop*）。它是《独家新闻》的续集，同样也由海伦·威尔金斯编辑整理。这一次，我的厂牌几乎没做宣传，我很想知道这是为什么。

比尔·柯比什利的妻子杰姬给我写了封信，就这个事儿向我表达了同情，接着她话锋一转，提出一个话题。

> 《钢铁人》应该是"谁人"的项目。我们将宣布皮特·汤森过去四年来一直在秘密为"谁人"创作一张摇滚歌剧专辑。这样的一张"谁人"专辑将给我们带来数百万美金的收益，如此，我就能再买一栋别墅，你也是。约翰就能在他位于斯托的乡间豪宅里再住上一年，罗杰就能继续为百事可乐代言。
>
> 你知道这些说得通。我是认真的，皮特。会很有乐趣。又不用巡演。你知道么，罗杰和约翰对这样的机会求之不得，你怎么说？你无需签长期合约。我和比尔讨论过了，他也觉得这是个好主意，是绝妙的一步。皮特·汤森在布里克斯顿剧院是一回事，皮特·汤森在温布利体育馆是另一回事；皮特·汤森的《钢铁人》是一回事，"谁人"的《钢铁人》又是另一回事。

问题是我那时候谱的曲绝对不适合"谁人"，我知道罗杰不会喜欢它们。我上一首为罗杰写的歌是《大火之后》(After the Fire)，收在了他前年发的第六张个人专辑里。这首歌写的是南非种族隔离制度寿终正寝的事儿，却被他演绎成一首怀念年轻时叱咤摇滚乐坛的怀旧歌曲。

“我们后面那个大美女是谁呀?”爱玛对我低语道。

我们在约翰·保曼(John Boorman)的《希望与荣耀》(*Hope and Glory*)首映式上。我扭过头去，见特丽莎·罗素和尼克·罗伊格坐在一起。他俩在冲着我微笑。电影放映完后，我向他们介绍了爱玛，当然这发生在特丽莎捧住我的脸，亲切地吻了我之后。忘却那几个疯狂的日夜对我来说并不容易。多么棒的两个人，多么友好的两个人，但我不知道爱玛会怎么想。

这段时间我和家人过得很快乐。普通人的生活让我乐在其中，而它对我来说曾经是新鲜事物。接送女儿上学，举办晚宴，去朋友和邻居家作客……我记得一位邻居家的女儿边显摆她对 T. S. 艾略特的了解边厚着脸皮问我对他知之多少，直到被她父母呵斥说她有眼无珠，因为我本身就是一位重要的作家。我心里美滋滋的。终于，我为人所称道的不再只是我的过去。

这年 12 月，凯伦妹妹弗吉妮亚的女儿降生了。弗洛伦斯是个喜气洋洋的小宝贝，手脚肥嘟嘟的。小生命的诞生给她们家增添了许多欢乐。不出所料，四十岁的凯伦很快就想再要一个孩子。但我答应过要做弗洛伦斯的教父的，答应过要多花时间陪她，我不能弃弗吉妮亚和弗洛伦斯于不顾——有了自己的小宝贝就没时间陪弗洛伦斯了。我也担心自己沦为全职奶爸。要知道，没有了巡演的进账，我全靠唱片预付版税和做编辑的收入来让一切保持运转。我手头有点紧。我是家里的顶梁柱，休息三年我担当得起么?我的答案是不。

我喜欢承担照顾孩子的责任，但这并非易事。敏塔正值青春期，会在夜里跳窗溜出去，在外面待到很晚。当我对她失去耐心时我会深感苦恼。我不会冲我的孩子发脾气，永远不会。爱玛让我想到了青春期时的自己，有些迷惘，有些矛盾，在创作冲动和学院生活间左右为难。为了捋清头绪，我给凯伦写了一封信。

亲爱的凯伦：

我知道我的焦躁令人心烦意乱：今天还狂喜着呢，明天就看到了窗户的黑缘。但和我们这家子在一起时，有什么东西让我想起我是谁。

不久前你说我像是需要悲伤，需要让悲伤来来往往。但沉重的悲伤属于一个六七岁的男孩，我现在已经悲伤不起来了。

这是一封道歉信，无需回复。

我们用古老的方式努力造人，结果并不理想。我们开始考虑领养一个孩子。我和《滚石》主编扬·温纳聊了聊。扬领养过一个男孩，当时他妻子已有孕在身。扬的养子和亲生儿子处得好极了。不久后，贝斯手丘乔·梅尔尚帮我们物色到了一对等待领养的哥伦比亚双胞胎男孩。我们开始办理领养手续，然而很快就断了这个念头——一家中介机构说我们年龄太大，另一家说我们太过古怪，还有一家则直指我的吸毒史。

我 44 岁了，而且每天都忙得跟陀螺似的。我再要一个孩子的先决条件是有人全天看护他。凯伦同意雇两个保姆。

几项预算的增加让我有了缩小公司规模的打算。这意味着我得租售我的部分录音棚，开掉我的部分员工，把办公室搬到不那么气派的地方。《钢铁人》的预付版税很快就被我烧光了。这是我对待预付版税的一贯态度。

快四年没见的“兔子”终于现身，与丘乔·梅尔尚一道辅佐我编曲配器。比利·尼克尔斯负责和音组。我召来当时世界上身价最高的录音鼓手西蒙·菲利普斯，让他帮我用 Synclavier 进行鼓机编程及叠录真鼓音轨。我要求金牌录音师比尔·普莱斯（Bill Price）把其他活计抛开一门心思录《钢铁人》，结果他狮子大开口。我还向约翰·李·胡克、卢·里德和妮娜·西蒙发出了献声《钢铁人》的邀请，他们都表达了浓厚的兴趣。

道格·莫里斯和比尔·柯比什利要的是热门金曲，而不是自作聪明的音乐剧。他俩知道我永怀一颗创新的心，然而他俩又希望《钢铁人》里能冒出几首电台爱播的热门曲，可我知道自己没这个能耐。

1988 年 9 月，比尔和我聊到做一张新专辑，庆祝“谁人”翌年成军 25 周年。这是我们俩共同的主意。费伯的著名作家常常借周年庆的契机推出新书，次数多到我都数不清了。

在过去的 6 年里，“谁人”只聚首表演了两场：1985 年的“拯救生命”义演和 1988 年的英国唱片业协会音乐奖颁奖礼。如果不回归“谁人”，我能让我未来的孩子过上衣食无忧的生活，享受优质的教育么？我真的不确信。

我建议比尔，新专辑找克里斯·托马斯担纲制作。比尔接触了持有“谁人”大部分歌曲版权的 MCA 唱片。他们出价一百万美金，我没有动心，当然我不能代表罗杰和约翰。克里斯·托马斯的经纪人除了提出分账比例，还要求先拿到一笔不菲的预付款；我也得支付比尔·普莱斯 6 个月甚至更久的高额酬金。

比尔说，如果“谁人”能举行成军 25 周年纪念巡演，这张唱片约的价值会是两百万甚至三百万美金。如此，不仅预付版税能大幅提升，公司赞助也将纷至沓来。“谁人”的每名成员每周将有一百万美金进账，暂定 6 周 25 场的话，扣除税收等之后，将有四百万英镑落入我的口袋。我和我计划领养的孩子将底气十足地奔向明天。

随着身在纽约的约翰·李·胡克及身在伦敦的妮娜·西蒙和黛博

拉·康薇（Deborah Conway）录完了他们的演唱部分，《钢铁人》终于大功告成。约翰·李·胡克饰演“钢铁人”一角，与他共事真好。妮娜演的是“太空龙”，她的演绎棒极了。道格和比尔说服了我与“谁人”合体，为《钢铁人》灌录一首歌曲。我选择的是亚瑟·布朗的《火》(Fire)。

大西洋唱片要的是一张单碟，然而我当初和维珍唱片（Virgin Records）签的是双张专辑。事已至此，我只好咬紧牙关，忍痛割歌。苦作两年后，我总算放下了《钢铁人》这桩心事，与此同时，“谁人”又回到了我的生命中。

我对豪车的兴趣基本转到了帆船。我买了一艘46英尺长的动力帆船，它叫“蓝隼”，带有强劲的艏侧推装置。为了达成这笔交易，我变卖了好儿把名贵吉他，包括一把白色吉普森双颈琴、两把D'Angelico、一把吉尔德 Merle Travis、一把吉普森 Flying V 等。Flying V 是“老鹰”乐队的乔·沃尔什送我的，靠，他要是知道我把这把名琴卖了非气死不可。是“蓝隼”让我成了一个真正的水手。表面上看，我的新玩具远不如老玩具那般对我的音乐生涯有用，但我爱帆船，爱大海，扬帆远航对我来说是一种冥想。

9月22日，比尔告诉我，美国的演出商大多认为“谁人”没有做新专辑的必要。我们只要上路巡演就行。他们预言“谁人”将超越“齐柏林飞艇”，成为1989年的票房冠军，而“齐柏林飞艇”自1980年欧陆巡演后还没有上路过。赞助商很踊跃，我们有足够的钱雇来一帮顶级客座乐手，他们能把“谁人”的音乐变得更加雄浑有力，不过他们的分贝级不能超过“谁人”的一半。我的听力严重受损，而且经常耳鸣，我还想保住仅剩的一点听力呢。

“我有些迷信了，”我在1988年12月4日的日记中写道，“我上一次想和‘谁人’一块儿做点什么时，敏塔因肺炎入院治疗；我在纽约为“大赦国际”表演时，父亲死了；我在戛纳录制现场音乐会时，一场可怕的飓风突然袭来；我在布里克斯顿献演时，凯伦病了。辛辛那提、基思和基特是“谁人”的因果报应。我们真的应该庆祝成军25周年？”

翌日，“谁人”和经纪人比尔·柯比什利聚在一起，开了场长达7个小时的会议。这次巡演的主办者弗兰克·巴萨罗那和芭芭拉·斯卡戴尔（Barbara Skydell）也从纽约赶来赴会。弗兰克就和二十年前逼我参演伍德斯托克时一样焦躁紧张。如果说弗兰克唱的是白脸，那么芭芭拉唱的就是红脸。她友善平和的举止掩饰了她的强大实力——她曾一手操办汤姆·佩蒂（Tom Petty）、基思·理查兹、“冲撞”乐队等的巡回演出。

逢到这种时候，约翰就会习惯性地用手指摩挲着鼻翼。屋里充满了期待与紧张的气氛。再度聚首后，我们感受到了彼此的爱与关怀，可我的心依旧跳得飞快，跳得我头晕目眩。罗杰看上去则有些忧心忡忡，他每次巡演前都会有所担心，但这次有些不一样。

我们讨论了好几个小时也没讨论出什么名堂。比尔让我们在这家酒店住下继续商量。他列出了几家赞助商，其中包括通用食品，结果被我们一一拒绝。于是他建议我们把赞助费捐出一半给慈善机构，大约高达八百万美金。

压力源源不断地袭来，我越来越焦躁不安。到了6点钟，令人奇怪的事情发生了，罗杰变得更加专注，比尔则加快了速度，手上多了几张写有数字和日期的纸。5月排练，6月可能预演几场，接着正式上路云云。

6：20，我产生了幻觉，感觉人们在散发气场。我不想做这件事。我们在讨论巡演日程了。6：25，罗杰说他得走了。去哪里？我想知道。6：30，我感到恶心，想来点儿毒品。我焦虑不安，想见到凯伦。6：33，罗杰走了，他将错过最终的讨论结果。6：40，凯伦打来电话，说想去上考古课。敏塔卧病在床，我什么时候回去呢？

几分钟后，弗兰克问我还好吧，我说不好。芭芭拉问我计划还行么，我说糟透了，我感到害怕，不想活了。我起身向他们道别。当我坐进汽车的时候，我已经感觉好多了。安排这种巡演，感觉有点像知道自己即将中大奖。

两天后，我的情绪再次大幅度波动。我对比尔说我没法将巡演进行到底。我写信给罗杰和约翰，说这事看起来挺美，但当我听到城市、城镇、体育场的名字时，我开始感到恶心、想吐。我在信末写道："谁人"彻底地、完全地、不可逆转地终结了。

这当然不是真的。

1989年初，我偕凯伦飞往纽约。"滚石"乐队即将入驻摇滚乐手梦寐以求的摇滚名人堂，我受邀担任他们的介绍人。业已仙逝的奥蒂斯·雷丁（Otis Redding）与"滚石"同批入驻，为雷丁担任介绍人的是小理查德（Little Richard）。出席这样的场合，尤其是与小理查德这样的大神共襄盛举，让我觉得重启巡演不是件坏事。小理查德还是那么生龙活虎，像是接上了这座城市的电网。他的介绍词慧黠、特别，完全是在模仿奥蒂斯·雷丁说话，模仿得活灵活现。他让我想到了基思·穆恩。

我的介绍词是这样开头的："基思·理查兹曾经对我说，'你想得太多了'。事实上是我说得太多了……只有"滚石"乐队可以让我不害臊地说我崇拜他们。无论是作为一个艺人、一个人，还是一个粉丝，每一位'石头'都给了我某些东西。他们给予我的一切都有益身心、切实有效、有所助益……"

我满心诚意，字字当真。

在纽约时，我跟我们的律师艾娜·梅巴赫开了个会。她帮我算了一笔账。如果我同意上路巡演及推出专辑，来年我将日进14 000英镑。我不能让这笔横财从我身边溜走。而且罗杰和约翰的日子也将好过很多。最终，我决定入伙。

“我受够了，皮特，”凯伦说，“我们不能再这样下去了。”

她带着她的狗跑到威尔特郡的巨石阵思索了一整天。她认真地考虑要离开我，我知道这是为什么。这不是凯伦第一次扬言要离我而去。我经历了许多次急剧的情绪波动，她受够了。她生气时会说，女儿们不在家时，生活对我俩没什么意义。我们人在一起，心不在一起。

我不反对她的说法。我努力过着一种平行的生活，这样我就能专心做我的事，凯伦也能以她的方式掌控她的生活。这对我来说很理想。不管怎样，她不开心。

讽刺的是，我觉得这个家看起来不错，感觉也很对。敏塔 18 岁了，即将走进大学的校门。她像我一样早上起不来，但起来后就会勤学苦干。爱玛在剑桥大学国王学院学习经济和历史。她男友詹姆斯是个管风琴手。

随着这年 3 月，凯伦怀上了第三个孩子，我们之间的困难迎刃而解——至少是解了一段时间。

4 月，“谁人”宣布即将举行成军 25 周年纪念巡演。同月，《钢铁人》率先向乐评人发布。可口可乐相中了专辑里的一首《朋友就是朋友》，打算用它在夏季打广告。我们连排了两个月，排了五十多首歌，不少是我的个人作品。

我启程巡演之前，凯伦去做了 B 超。她回来的时候，我还没起床。

“是个男孩。”她说着笑了起来。

我从床上跳了起来。操，我好开心。怎么做到的？爱玛、敏塔，现在又多了个大胖小子。我岂止是好开心，我开心死了。

6 月 21 日，巡演首战在纽约州格伦斯福尔斯（Glens Falls）打响。第一仗就打得很漂亮，即使是在充满回音的礼堂里都得到了完美的“谁人”之声。“兔子”又喝得醉醺醺的，他以为经过八周的彩排后自己已不可或缺，我的回应是再这样下去就开除他。演出曲目跨度很大，既有来自《汤米》和《钢铁人》中的歌曲，也有约翰的《迟来的英雄》（Too Late the Hero）、波德洛·布莱恩特（Boudleaux Bryant）的《爱让人伤》，还有一系列20世纪80年代的新歌。演出持续了三个半小时，我唱了大约十首自己的歌。

“新的音乐，新的色度，每一首歌都是一个新的挑战。我爱这个。”演完后我写道。然而到了7月中旬，我又产生了焦虑的情绪。我的耳朵嗡嗡地叫个不停，演奏重型歌曲时不得不戴上耳塞，这让我有拳脚施展不开之感。我告诉自己，最重要的是开心，恣意摇滚就好。

乐评文章越堆越高，我对黑我的看得更仔细。“罗杰因为被称作‘如神祇一般的存在’而沾沾自喜，”我写道，“我因为被称作‘如牧师一般的存在’而郁闷不已。”

然而这尊神祇累垮了。比尔告诉我后，我立刻打电话安慰罗杰。他去医院做了全身检查，医生说他没问题。他更不安了。他知道自己有哪里不对劲。8月10日，罗杰给巡演团队发了一封公开信，此前“谁人”刚刚结束亚特兰大的三晚连轴演出：

> 大家好，
>
> 我想告诉你们，自巡演伊始，我的身体和心灵就饱受折磨……我打赢了这场战斗。你们确保这些演出取得了巨大成功，我对你们深表敬佩。这是我歌者生涯中最快乐最难忘的一段表演经历。
>
> 感谢真主！
>
> 罗杰

这封信非但没让我安下心来，反倒让我更加担心了。总觉得自己不对劲的罗杰雇了一个怪异的德国女瑜伽按摩师，并服用形形色色的奇怪药物。然而，让这块滚动的巨石几乎停止转动的却是我。在塔科马（Tacoma），我像往常一样抡起手臂大风车式扫弦，没料想右手掌被电吉他的摇把径直刺穿。我几乎休克过去，所幸凯伦在。我被担架车推着送医时，她泪汪汪地对我低语道："你能别再干这种蠢事么?"

我不知道她说的是大风车式扫弦还是"谁人"的巡演。

1989年8月24日，"谁人"在环球圆形剧场（Universal Amphitheater）上演了《汤米》纪念专场，妈妈也来看了。她一到洛城就开始制造麻烦，喝得烂醉，时差反应，每隔几分钟就把自己锁在房外。我们全家人——我的两个弟弟还有他们的孩子，我老婆和我舅子还有他的老婆全在忙着照顾她，也太让大家分心了。

埃尔顿·约翰没来试音，说是病了，没法客串"弹球奇才"。然而到了大幕拉开的最后一刻，他突然现身，吸了两口可卡因后，呈现了一次精彩绝伦的表演。我太喜欢埃尔顿了，他不光是天赋异禀的音乐家和作曲家，还是一位经验丰富的表演者。

演出嘉宾包括史蒂夫·温伍德、菲尔·科林斯、比利·爱多尔和帕蒂·拉贝尔。美妙的夜晚。莱昂纳尔·里奇和麦当娜坐在观众席中。和之前我们在无线电城音乐厅的演出一样，这场演出也是慈善义演，也募到了巨额善款。

环球圆形剧场虽然是个大场子，但从台上能看到下面的每一张脸。这是一场好莱坞的大聚会，一场好莱坞台前的明星和幕后的英雄向"谁人"和《汤米》致敬的聚会。演出后的派对上，最美妙的时刻是有点微醺的乌比·戈德堡（Whoopi Goldberg）过来向我道贺，她很会挑逗人，让我吃了一惊。我认识了莱昂纳尔·里奇和他的女儿妮可。妮可如今已是大名鼎鼎。莱昂纳尔提议我们在未来展开合作，但我知道6 000英里的距离让这事儿变得相当渺茫。总而言之，这一天是胜利日。

巡演期间，无论我走到哪里，两个来自克利夫兰的警察都寸步不离地跟在身后。这很费钱，但比尔·柯比什利执意要我接受他们的保护。我的前贴身保镖吉姆·卡拉汉在我喝醉的时候很派得上用场，有那么一两次，我在夜店里差点被人暴揍时就是他救的我。但两个持枪警官贴身保护真的有点过了，我都8年没喝酒了。然而比尔很坚决。

“有麻烦了。”比尔拿出厚厚一沓信，信上饰有稚气的绘画。写信人威胁说要在巡演期间射杀我。

“这人病得不轻。”我说。

“我们知道他是谁，所以我们很重视。”比尔的声音有点抖。

“为什么不把他抓起来?”

“我们上路前他突然人间蒸发了。”

“你不知道他在哪儿?”

“现在知道了，”比尔严肃地说，“他在加州，一直尾随我们。探员不时能发现他的行踪，但总让他给跑了。”

这就是他坚决给我配两个警察保镖的原因。

此人的信全寄到了“谁人”的纽约办公室。如果寄到我那儿，我想我会回信的，他保不准会悬崖勒马。我对付这类脑子坏掉的家伙有一套的。我收到过一些扬言要绞死我的信，而我和这些恐吓者甚至会成为一生的朋友。

剧情急剧升温——嫌犯原来是个受过严格训练的狙击手。下一站是地势开阔的奥克兰竞技场，很适合他在演出进行时爆我的头。为了安全起见，比尔安排我的部分家人到大导演乔治·卢卡斯的天行者农场（Skywalker Ranch）做客，其他家人则被安全地送返英格兰。

乐评界对我在奥克兰的表演不够满意，这并不出人意料：我心事重重，一直在等待狙击手的子弹将我击毙。

接下来是德州的两场演出，其中一场是为特奥会而奏。这两场也是此次纪念巡演美国站的收官之演。两个半月的时间里，我们在美国演了四十场，几乎都是在大型体育场。一个月后，我们展开了英国站的演出。伯明翰国家展览中心（英国最大的会展中心）四场，温布利体育馆四场，加上最后在皇家阿尔伯特音乐厅的两场。我们用五十场浩大的演出来纪念“谁人”成军二十五周年。

1989 年 11 月 21 日凌晨两点刚过，爱子约瑟夫（Joseph）呱呱坠地。我伴在凯伦左右。驾车回家的路上，我比磕了药还要嗨。

这年圣诞节，我送给自己一台个人数字助理（PDA）。没几天我就能闭着眼睛输入文本，不管它在我口袋里还是在桌子下面。我开车时也会照输不误。我输入的第三条文本是：

> 周五，1989 年 12 月 29 日，01：15——新的一年快要来到，我的心情有喜有忧……这轮巡演在很多方面都打了胜仗，其中最大的胜仗是让达尔特雷和汤森这两家人合家团聚了。

24

精神弃儿

1990年1月18日，“谁人”正式入驻摇滚名人堂。与我们同时入驻的还有汉克·巴拉德（Hank Ballard)、“四季”（The Four Seasons)、“四顶尖”（The Four Tops)、“五黑宝”（The Platters)、“奇想”和“西蒙和加芬克尔”。摇滚名人堂是摇滚乐界的至上荣誉，由扬·温纳、阿迈特·厄尔特冈等音乐工业里的睿智掮客创立。

纪念巡演前夕，我们承诺向待建的摇滚名人堂博物馆资助50万美金。这座摇滚乐的圣殿将在克利夫兰破土兴建。

我在入驻演讲词中抨击了阉割说唱艺人歌词的唱片公司。当天晚些时候，名人离婚律师马文·米切尔森来到我们桌前。罗杰的妻子希瑟倾过身来，笑着对我轻声说：

“帮我要他的号码。”

1990年4月1日，我给罗杰、约翰和比尔·柯比什利写了封信。

> 我想借此机会对你们说，1989年是我音乐人生中最快乐的年份之一。原因很多，其中最重要的是这次巡演期间，友情的提升无处不在：台前、“谁人”、经纪团队、技师团队、观众……
>
> 好运1990。

回到费伯后，我拼命地投入工作。我力促费伯的同仁探究新兴的CD-ROM市场，尤其是教学光盘。我尝试着使用多媒体制作软件Macromind Director（Adobe Director的前身）。在我看来，它不仅能制作改编自书籍和戏剧的交互式程序，也是某种“剧院”的先驱（这种“剧院”需要依托互联网的飞速发展）。我天天工作到半夜三更。凯伦又渴望起了那个我成为不了的男人。我不时沉溺于幻想，有时凭记忆画凯伦，把她画成我想要的模样。

1990年11月8日，《奥兰多前哨报》（*Orlando Sentinel*）爆出我是双性恋，直接导致我家的天主教清洁女工主动辞职。我的老友、朋克乐教父之一丹尼·菲尔兹把1967年我们共度的那个夜晚用文字记录了下来。那一夜并没有他渲染得那么浪漫。我生了一段时间的气，但我们毕竟曾经是情人，即使那晚他给我服用了迷奸药。我不想为自己辩解。对像我这样的公众人物来说，这不过是个小麻烦。也许还能让我显得更复杂更有趣呢。此外，丹尼也是我非常在乎的友人，我不想失去他。

在那沓我写给上帝的信中，夹着一封我写给爱子约瑟夫的信。“做个悲观主义者，”我在他一岁生日那天建议他道，“这是最安全、最务实的方式。做个乐观主义者可能会丰富别人的生活（通过保持愉快的情绪和微笑），然而你浑然不觉自己将有危险。”

年关将至，提倡做个悲观主义者的我陷入了沮丧的情绪中。最大的一抹亮色是我有多么喜欢约瑟夫。他深深地依恋着我。我们在一起时很开心。

我一直希望自己能多陪妻儿，而不像父母当初待我那样。然而住在我内心深处的那个孩子气的、自私的、浑蛋的、邪恶的艺术家对父亲的责任满不在乎——他需要自由。我知道我得当心。我爱我的儿子，会尽力做一个好父亲，并永远不违背对他许下的承诺。但我也知道，我身体里有需要被关注的基因，它被忽视的话会变得危险。

12月的一个晚上，为了测试自己有多清醒，我呷了一小口科尼亚克白兰地。我立刻就见到了神。不是犹太教或基督教的神，而是酒神狄奥尼索斯或淫乐女神赫多涅。摇滚乐的神。

要开心，神在我耳边低语道，**做爱，去剧院，办晚宴，要开心。**

这一年的最后一夜，我在楼下奋笔疾书到天际发白。凯伦一整宿没合眼。我爬到床上时，她说：

“我们必须做出改变了。”

我多么想做出改变。我多么想以积极乐观的态度掌控局面。但我不能喝酒。如果我破酒戒，一切就都是徒劳。新年派对上，我整晚都在为朋友们倒酒，和女人们调情，想象自己退出乐坛后的人生是什么模样。

当然，我退出乐坛纯属一厢情愿，堕落的生活只能停留在想象中。我很快便开始为我的新专辑《精神弃儿》写歌。为了给这张概念专辑提供情节主线，我同时也在创作一个名叫《玻璃家庭》（*The Glass Household*）的故事。我改写了好几次，兜了好几个圈子。到1991年夏，《精神弃儿》的音乐部分已蔚然成型，我计划于7月将母带交给维珍唱片。故事发生在十年前的“庙”，当时我孤独地放逐在那里。主角盖布瑞尔（Gabriel）是个金盆洗手的前摇滚明星，与一个年轻女粉丝通过电子邮件展开了一段网络孽缘。创作这个故事就像在与一只扭动的野兽激烈搏斗。每次改写都把我带入模糊的情色地域，或是狂热而错位的创作《生命之屋》的日子。

海洋中心录音棚里常有其他艺人录音，我苦于没法专心录小样，便在棚外的驳船上打造了一个新录音棚。它成了我最高效的几个录音棚之一。里面的设备包括一个大型 Synclavier 音乐工作站、一台32轨数字开盘录音机、一个美妙的尼夫（Neve）调音台、一架三角钢琴、两台电风琴等。潮汐来临时，这座驳船上的录音棚会随着风儿轻轻摇摆。

1991年2月，我开始用苹果电脑做音乐、绘图、制作动画、进行文字处理。我在艺术学院时就对多媒体平台感兴趣了，把听觉和视觉结合起来的想法深深吸引着我。Macromind Director被我运用得愈发熟稔，这让我做出一张随CD一道发行的DVD成为了可能。如果我想把《精神弃儿》搬上舞台，这张DVD也能派上用场。我也开始写代码，编程序，以便检索各种数字声音文件。它们让我的创作力得到了提升。

从消极方面说，我睡得不好，和凯伦的作息时间又不一致，这使得我们的关系总是很紧张，有时还会起冲突。凯伦和我太了解对方了(某种程度上或许根本不了解)：当凯伦看着我时，她看到了一个让她恨铁不成钢的朋友、情人、丈夫及父亲。当我看着凯伦时，我看到了一个总是被我辜负的女人。我想弥补之时，一切已然太迟。相比之下，和爱子约瑟夫在一起的时光，则像现实生活里的一泓清泉。

《玻璃家庭》的阴郁主题对我来说并不陌生：堕落、唯我、退休、消失、独处、孤独和疏离。不同的是，这个虚构于1991年3月的故事鬼使神差地在十年之后得到了应验。在这个故事中，一个调查记者截取了主人公——一位避世的摇滚明星的电邮，并且诬陷他是恋童癖。面对针对自己人格的毁灭性攻击，摇滚明星被迫予以还击。十年后，我在现实生活中被指控为恋童癖，不过最后反倒是一位调查记者通过他的调查还给我一个清白。

凯伦鼓动我驾船出游，她大概觉得这比窝在录音棚里更健康。8月13日，锡利群岛中的特雷斯科岛，结束了一整天激动人心的航行后，我上岸租了辆自行车，骑向位于岛另一头的度假寓所。沉浸在无比喜悦中的我一手抓着一台甚高频（VHF）收音机，一手握车把，沿着山路向下猛冲。然后，我撞上一个凹坑，连人带车飞了出去，肩膀在混凝土路面狠狠擦过，顿时皮开肉绽。我滚停下来的时候，自行车砰的一声砸中我的右臂。我的四肢之前没有骨折过，但我感觉这下逃不过了。

一架直升飞机将我火速送到特鲁罗医院。然而手术没能及时进行——医生在忙着抢救一个车祸中幸存的婴儿。他的父母都已遇难。医生管到我时都快凌晨三点了。他说我的手腕受到了重创，要是晚一天来他就没辙了。

术后我打了一个月夹板，我的右手腕里现在还有一块长长的钛金钢板。我弹弗拉门戈不如之前那般干脆利索了。但从某种程度上讲，我的弹奏功力比以前还精进了，因为我卯足了劲儿想恢复到之前的水准。

至于《精神弃儿》，唱片公司给我投了数百万美金，想换回的是电台热播金曲而非音乐剧。比尔一定渴望梦回 20 世纪 70 年代，那时候"谁人"随便出张专辑都能卖出几百万张。他或许希望我推出一张"谁人"式的经典专辑，这没什么错，只不过不是我想要的。

1991 年 11 月，我的情绪屡次剧烈起伏，止痛药是罪魁祸首。我的伤手像爪子似的，我的前臂僵硬沉重。凯伦和我时常起争执。她决定去巴斯（Bath）买房，我视此举为她想离我远点。

自 1992 年起到进入 21 世纪，《汤米》和《四重人格》不断重生，多次被搬上舞台，且不光是在纽约百老汇和伦敦西区。1992 年，音乐剧版《汤米》在加州拉荷亚剧院首演，揭开了这一"重生潮"的序幕。拉荷亚剧院艺术总监戴斯·迈克安纳夫（Des McAnuff）是音乐剧《汤米》的联合制作人。

罗杰来看我，试图说服我归队，赴澳洲和日本巡演。在《精神弃儿》的早期版本里，有雷·海伊（Ray High）造访他的前摇滚明星老友盖布瑞尔的情节。盖布瑞尔此前割断了与雷的联系。我不由自主地觉得罗杰在扮演雷，而我则在扮演盖布瑞尔。

这次我很现实，罗杰心里不是滋味。我签下的两份个人唱片合同堪称完美，让我进账丰厚。我没法丢下它们上路。罗杰说他和约翰已经准备好了。他对“谁人”的热情一如既往地高涨。

当晚，凯伦问枕边的我，罗杰想要什么。她一整天都没开口。她也许怕我上路巡演。

“别担心，”我说，“他很友好，但我帮不上他。现在不是时候。”

“我担心的不是他。”她答道。

1992 年 6 月，我在拉荷亚忙活音乐剧《汤米》的时候，躁狂抑郁的症状依然困扰着我。一个人在客房里时，我极度忧虑，急得要跳墙。它们在约瑟夫一岁那年悄悄潜回，可能是情绪严重波动平息后的反冲。我偶尔会小酌几口，但嗑止痛药才是问题所在。为了纾缓自己的焦躁情绪，我嗑起了止痛药，尽管右手腕的伤痛早已离我远去。

所以，当我被一个使劲摇床的小妖怪摇醒时，我并没有感到奇怪。我对他吼道：“给我滚开。”随即又倒头睡去。迷迷糊糊中，我听到吊灯叮当作响。我坐起身来，意识到房间在摇晃。我走到窗前，见街对面的大楼像只出水的大兽在抖落身上的水珠。

地震了。

我匆匆穿上几件衣服，一口气跑了十四段楼梯，来到酒店大堂。大堂里满是惊慌失措的人们。气氛阴森恐怖。我们离震中很远，然而这幢楼摇摇晃晃个不停，完全没有停摆的意思。我开车去剧院。路面开裂，余震不断，仿佛世界末日。

回到伦敦后，我联系了新维克剧院。我也想把《钢铁人》搬上舞台。他们很感兴趣，我便积极投入进去，编辑整理专辑中的歌曲，让它们与一幕幕剧情交相辉映……这一段时间，我和往常一样，吃力地同时应付多个项目，只不过这次清一色是音乐剧：《精神弃儿》、《钢铁人》和《汤米》。10 月，戴斯告诉我一个重大消息：《汤米》即将进驻百老汇的圣詹姆斯剧院，从此跻身百老汇音乐剧之林。翌年 4 月，《汤米》在圣詹姆斯首演，这一演就演到了 1995 年 6 月，共计上演了 899 场。

1979 年，我通过巴尼认识了莉兹·盖尔。我们之间没发生过什么。不过，她对我的怀疑态度一直让我耿耿于怀。

《精神弃儿》里的《偶尔》（Now and Then）写的是我和她的初遇。我们一见如故，都想把美好的感觉留住。我让莉兹难以忘怀，因为我是个摇滚明星。莉兹也让我难以忘怀，更何况我还常常“独守空棚”。一天，我突然写出了一首真正的情歌，关于一段失意的感情。我一向不是情歌圣手的。

我急切地想把这首歌的小样交到莉兹手里。她在 Cafe 44 上班，与我下榻的纽约美仑酒店仅隔几个街区。当我喝光第六杯可口可乐的时候，我问她这儿有没有我们在英国喝的那种“无酒精啤酒”。她递给我一杯“滚石”（Rolling Rock）。

我只花了几秒钟就意识到杯中有酒精。自 1981 年 10 月起，我已经有 11 年没在公开场合喝酒了。

“这不是无酒精啤酒吧？”

“或许是的。”她莞尔一笑。

我没有再喝。

一个小时过后，我在房间里下跪祈祷。我不是在祈求上帝饶恕我的行为，不是在祈求他帮助我远离下一杯，而是在感谢他向我出示了能让我完整的东西，感谢他把对我唯一有效的社交药物还给了我。

我流下了幸福的眼泪。天造地设的 Cafe 44、“滚石”啤酒和莉兹·盖尔。

25

故态复萌

故态复萌没有立刻发生。接下来的几周我没有喝酒，但我很清楚发生了什么事。作别酒精的 11 年里，我阅读了大量关于酒精如何作用于酒瘾者大脑的文献。研究表明，百分之十有酒精依赖倾向的人喝酒时，大脑会分泌过量的神经递质。我喝下去的那点儿“滚石”啤酒还没让我微醺呢，我的大脑里就已经有了内啡肽。

1993 年 1 月 21 日，迪莉娅·德·利昂与世长辞。是她把我和美赫巴巴的距离拉到最近。她的葬礼一点也没有悲戚的气氛，用美赫巴巴妹妹玛尼·艾拉尼（Mani Irani）的话来说，迪莉娅“自由”了。迪莉娅生前一直觉得她为《汤米》的降生出了一份力，某种意义上她是对的。说到《汤米》的降生，美赫巴巴永远都是指路明灯。

2 月 27 日，我把《精神弃儿》的母带交给了大西洋唱片。道格·莫里斯对上一张《钢铁人》很不满意，所以当他预言《精神弃儿》会是我单飞后卖得最好的专辑时，我不禁喜出望外。摇滚歌剧专辑对道格来说挺新鲜，但随着音乐剧版《汤米》即将入驻百老汇并被一致看好，他已准备好向《精神弃儿》张开怀抱。

我在伦敦和纽约之间频繁穿梭。制作音乐剧令我兴奋不已。《汤米》的霓虹广告牌在时代广场上闪烁夺目。一天晚上，我出席了时装业大亨汤米·希尔费格（Tommy Hilfiger）办的派对。席间，一个金发女孩走到我们桌前，在我身旁坐下。“我是来吻你的。”她说。

派对后，巴尼提议一块去格林威治村的“好彩”（Lucky Strike）酒吧。刚才吻我的女孩和她男友迈克尔在一起（她后来告诉我，她跑来吻我是和迈克尔打赌来着）。迈克尔相貌英俊，一头深色长发，是个致力于辅导智障儿童的义工。我和他在出租车上聊天的当儿，他的女友凝视着窗外。

她叫丽萨·马什，是一家时尚杂志的记者，和迈克尔交往好一阵了。我不能自已。

“你真漂亮。”我说。

“真的么?”漂亮女人会如此回应。她们很少会说：“没用的，这招我见多了……”

“你的鼻子完美。鼻梁中间有凸起。”

“我是长了个驼峰鼻。”她摸了摸凸起下方平整的部分。

“你五官里鼻子最好看。”

“你喜欢我的驼峰鼻?”她笑着说，“很好。”

我们聊了会儿，她说她想写本书，我说我专门给别人出书。我们互留了电话。

4 月 18 日，爱玛和她的闺蜜罗斯飞来纽约，观看《汤米》在百老汇的预演。我约她俩在酒店大堂见面。爱玛赶到大堂的时候，看到我正坐着跟丽萨聊天。我特别希望丽萨好好读读希莉·哈斯特维特（Siri Hustvedt）的《眼罩》（*The Blindfold*）。爱玛觉得我对丽萨有企图，因为我送了几本书给她。

4 天后，《汤米》在百老汇正式首演。凯伦专程飞了过来，与我肩并肩地坐在一起观看。当她听到《我相信自己的眼睛》（I Believe My Own Eyes）时，浑身都在颤抖。这是一首我新写的歌，描写的是汤米父母破碎的婚姻。随后的庆功派对上，凯伦焦虑不安地四下张望。我低估了凯伦的直觉。她嗅到了什么。

当晚我们就收获了一堆剧评，第一篇来自人称“百老汇屠夫”的弗兰克·里奇（Frank Rich）。好评。大加褒赞。里奇写道：

> “我希望在变老之前死去。”“谁人”乐队在其早期名曲《我们这一代》中唱道。四分之一世纪后，与其说汤森先生变老迈了，倒不如说他对人性洞察得更深邃了。《汤米》远非又一部怀旧式的百老汇音乐剧——它是几年来第一部让人感觉到勃勃生机的音乐剧。难怪在这两个小时里，它让世界显得风华正茂。

5月的第一周，我和新维克剧院艺术总监大卫·塞克（David Thacker）协力制作《钢铁人》。之后我回到纽约，与乔治·马丁爵士及其子贾尔斯·马丁（Giles Martin）一道录制《汤米》原声。

凯伦知道我破酒戒了。我48岁生日这天，她为我准备了牡蛎和香槟，用行动告诉我她不是太在意。有那么一会儿，我们之间的问题像是烟消云散了。

跟老早不一样的是，我喝一点就会大醉。曾经的海量变得小的可怜。趁着天色未暗，我牵着狗儿去林中漫步。在小山顶上，当我的手机有信号了时，我拨通了丽萨的号码。

她说我的声音很性感，说我疯狂、幽默，说更喜欢不留胡子的我，说喜欢和我聊天，说我很有思想、耐人寻味。她在电话里的声音让我心旌神驰，都快盖过她的驼峰鼻了。她没有提到她的男友。

我生日过后第二天就是我的结婚纪念日。凯伦和我已经携手走过了25个春秋。这一天，我的心情很低落，因为丽萨在我脑海里挥之不去。我提醒自己，虽然凯伦和我经历过不少糟糕的僵持、冷战和妥协，但我俩也有过一些快乐的时光。我们有了三个了不起的孩子。约瑟夫三岁半了，我和他在一起的每一秒都是快乐的。我们谈到要在康沃尔终老。我爱那儿的辽阔沙滩、海滨小道和秘密森林，当然最爱的还是那儿的大海。没什么比在海上扬帆更能愉悦我的心绪，振奋我的精神的了。

约瑟夫的保姆病了，凯伦无法出席托尼奖颁奖礼。我追丽萨有了可乘之机。早先的一次奥斯卡颁奖礼上，我尴尬地守着一个空座位，所以这次我告诉凯伦，我不会再一个人出席。我打电话给丽萨，问她男友介意我偕她出席托尼奖之夜么。迈克尔知道我图谋不轨，然而他居然同意了。颁奖礼当天，我送给丽萨一枚星形钻石胸针。她劝我穿皮裤，可我这辈子还没穿过皮裤。

颁奖礼之夜，我和戴斯·迈克安纳夫紧张得要命。我获得最佳音乐剧原声提名，戴斯获得最佳音乐剧导演提名，另外我们还共同获得最佳音乐剧剧本提名。备受观众和剧评人好评的《蜘蛛女之吻》（*Kiss of the Spider Woman*）是我们的强劲对手。最终，《汤米》成了当晚的大赢家，从获得的 11 项提名中斩获 5 项大奖。戴斯荣膺最佳音乐剧导演，我也如愿获封最佳音乐剧原声。回到酒店后，迈克尔把我拉到一边，说我能给丽萨的他一辈子也给不了，所以他决定退出。我被自己搬的石头砸中了脚。一直到这时，我都只是想跟她玩玩而已，看来这下我得动真格的了。

宾朋散去的时候，我以为丽萨会留下来陪我，可没想到她却送迈克尔回家了——迈克尔醉得不成人形。他是在借酒消愁，可他有她陪着。被抛弃的创伤再度袭来，我的焦虑症再次发作。我在酒店外的人行道上焦躁不安地踱来踱去，忍不住号啕大哭起来。

我和扬·温纳、阿迈特·厄尔特冈乘坐大西洋唱片的公务机飞往克利夫兰，参加摇滚名人堂博物馆的奠基仪式。建筑大师贝聿铭亲自为仪式培土。1989 年，“谁人”为摇滚名人堂博物馆捐赠了 50 万美金，此外，我还以个人名义捐助了一大笔款项。查克·贝里和我做了妙趣横生的演讲。当我向贝聿铭介绍我自己，希望得到两句“你捐了那么多钱，真是好样的”之类的赞语时，却被他喝令“给我让开”。我突然不顾一切地想喝酒，然而一瓶酒都找不着。

一周过后，《精神弃儿》正式发布。我集结安迪·菲尔韦泽·劳、西蒙·菲利普斯、彼得·霍普-埃文斯、“兔子”、皮诺·帕拉蒂诺（Pino Palladino）等顶尖乐手，组建了一支全明星伴奏乐队，于6月26日开始为北美巡演排练。7月6日，我们移师布鲁克林音乐学院进行技术彩排。我的手伤还未痊愈，也是头一回在两个钟头的演出里从头唱到尾，但只要能忍住不喝酒，我就能顺利扛下。

这个时候，我的婚姻触礁已是尽人皆知。我护送丽萨走出剧院，展开了几次尴尬的约会，通常是以我目送她走进家门，然后双膝一软，跪在地上收场。一天晚上，不知何故，她说我可以留下来过夜。我们把自己灌醉，昏天暗地地做爱，跟我想象的一样。

次日上午，我在百老汇街头走着，一个穿着薄T恤的黑妞拦住了我。我把手伸进口袋，以为她问我要钱。她捧住我的脸。

“你有一双最美丽的眼睛。”她说着走开了。

丽萨继续司职我的非官方造型师，鼓动我刮光胡子，穿黑夹克和紧身裤，戴银质子弹或凯尔特十字架。

7月10日，《精神弃儿》在多伦多梅西剧院首演。这是一场融入舞台剧元素的摇滚音乐会，三个舞台剧演员的表演穿插其间，他们分别饰演雷·海伊、雷的经纪人和调查记者。让他们仨感到难以适应的是，台下是躁动吵闹的摇滚乐观众。他们热烈地跟唱，同时又在鼓噪不休：有高呼垃圾的，有大声叫好的，有要我唱《魔法巴士》的，还有要我砸吉他的。挺干扰人的，但也很有爱、很酷。

这是我人生中最好玩的一轮巡演，如果不是中途犯了个“小错误”，我还会继续“清醒”地单飞下去。说到这个“小错误”，我得先把背景说一下。我坠入了情网。丽萨美丽、聪明、风趣、魅力十足、会穿衣服，喜欢吃喝、跳舞和做爱。我对驼峰鼻毫无抵抗力。她陪我来到了芝加哥。登台前，发生了两件事。其一是鼓手巴迪·迈尔斯（Buddy Miles）出现在了后台，开始讲述他的前队友吉米·亨德里克斯最后的日子；其二是我看到了老炮友玛丽·贝思。我与玛丽结识于1989年巡演期间，当时我的支气管出了问题，正在大量用药。我想向玛丽介绍丽萨的，然而焦虑症不争气地又发作了。巴迪还在那儿喋喋不休。我真想叫他们全都退下，留我一个人静一静，但我知道巴迪肯定会不悦。我浑身发抖，觉得极度恐惧。

我让人拿来一瓶伏特加。之前许多次，我就是用酒精赶跑了焦虑。我没想到上一次这么做已经是十一年前的事了。我一口气灌下半瓶，然后挺直腰杆，朝台上走去。我就记得这么多了。后来我才知道，我摔倒在台上，嘴里还骂骂咧咧的，让观众很不快。他们要求退还门票钱。

巡演间歇，我与家人去锡利群岛度了一周假。我和凯伦分床而卧。我没有试图隐瞒新交了女友，接丽萨的电话也不避讳她。回到特威克南的家后，我住进了花园深处的家庭录音室"立方体"（The Cube）。约瑟夫会过来看我，我俩一同嬉戏，其乐融融，但他前脚刚走，痛苦后脚就来。凯伦痛恨我不跟她睡一块儿。有天晚上我试着回屋睡，结果做了一个最可怕的噩梦：我回到了外祖母邓妮身边，一个深夜，房门忽然洞开，一个男人走了进来……

下半程巡演从洛杉矶启程。接受《花花公子》记者大卫·谢夫（Daivd Sheff）专访的时候，我透露自己开始"有节制地"饮酒。旧金山站的演出结束后，我和"珍珠酱"主唱埃迪·维德（Eddie Vedder）聊了一番。他为声名所累，考虑回去做他的冲浪运动员。我告诉他我的哲学：选择权在民众手中，不在我们自己手里。我们是他们选出来的，即使我们从未竞选过。接受它。

我回到纽约，在布鲁克林音乐学院连演了两场《精神弃儿》。布鲁克林音乐学院现场被记录了下来，后来作为现场专辑发行。应摄制组的要求，我于下午进行了一场预演。到晚上正式表演时，我的嗓子变得粗声粗气，听起来像是罗德·斯图尔特。幸好，我的场子没有那么多高音要飙。

8 月 12 日，《精神弃儿》在琼斯海滩剧院收官。翌日，我来到纽约 890 录音棚，为音乐剧《汤米》的巡演之旅排练。那儿的一个门卫看了昨夜的演出，他激动地对我说："这是我该死的一生中看过的最他妈牛逼的摇滚现场之一，另外三场是'谁人'、布鲁斯·斯普林斯汀和尼尔·杨。"我感觉棒极了。

我回到康沃尔，与和约瑟夫共享天伦之乐，日子过得好不快活。我们一块儿捉螃蟹、游泳、扬帆、划船。快满四岁的他还想穿上潜水服，在冰冷的海水里像鱼儿般自由呼吸来着。

《精神弃儿》音乐会北美巡演期间，音乐剧《钢铁人》也在紧锣密鼓地排练。我在美国和伦敦之间频繁往返，渐渐失去了时间的概念。我享受创作的过程，然而再三的改写让我精疲力竭，几乎到了崩溃的边缘。我去麦迪逊广场花园看麦当娜的演唱会，最后是被抬回了我的豪车。我根本就没怎么喝，结果又醉得不省人事。记忆中那场演出极为精彩，然后我就断片了。

《钢铁人》在新维克剧院上演后，我的朋友、前英国工党党魁迈克尔·富特阁下带小外孙前来观看，完了给我留了张条儿，说他被"寓意"震撼到了。泰德·休斯自己似乎也很喜欢，尤其是设计师希拉·基根用废旧杂物做的钢铁人道具。评论界没有欢声雷动，但至少令人鼓舞。票房也还不赖，演员们一口气演到了圣诞节。但当我需要决定下一步做什么的时候，我的脑子一片空白，一片乌云压了上来。

黑暗再度将我吞噬。一切都仿佛画上了休止符。圣诞节前夕，一个阴郁的日子，天空中飘着这年冬天的第一场雪，物业顾问佩里带我去看一处待售房产。房主是"平克·弗洛伊德"的罗杰·沃特斯。它面朝南海岸，里面仅有的几张旧沙发冷冷睨视着外面的阴沉。恍惚中，我感觉自己成了《精神弃儿》中的前摇滚明星盖布瑞尔，哆嗦着遥望远处的怀特岛，身体在海滩上，心儿已经飞到了纽约。

当时，我已录完了《精神弃儿》，结束了个人的处子巡演，和戴斯·迈克安纳夫携手制作了百老汇热门音乐剧《汤米》，和乔治·马丁爵士共同录制了音乐剧《汤米》原声（这是这位超级制作人制作的最后几张专辑之一），把《钢铁人》搬进了剧院，并正在为音乐剧《汤米》北美巡演选角、排练和推广。

我的婚姻挺失败的，但它也带给我两个美丽的女儿和一个漂亮的儿子。两个女儿在大学里表现得很不错。我还坠入了爱河，我爱上的那个女孩也渐渐地爱上了我。我的腰包鼓鼓囊囊的。我心情惨淡到底是为哪般？

矛头很容易指向酒精，但问题并不在酒精。真相是，酒精不再管用了。当我的自我强迫、过度工作、自我中心和躁狂抑郁带来严重后果的时候，它曾是一剂良药。新年前夜，我去罗尼·伍德家参加派对。翌日醒来，我错愕地发现我的奔驰车停在录音室外面。我完全不记得驾车回来这件事。我发誓这种事再也不会发生了。

一个遥远的声音在我耳边回荡，来自 1962 年的阿克顿“白鹿”酒吧。那一年我 17 岁，在那儿第一次喝醉。打烊之时，酒保的话语确切而清晰。

“时候不早了，绅士们，谢谢。”

26

即兴弹琴

1994 年 1 月 6 日，我停止喝酒，开始接受每周两次的个人戒瘾辅导。除此之外，我每周还和几十号酒瘾缠身的同道会两三次面，一起接受互助式团体脱瘾治疗。我很快就感觉好些了。丽萨自始至终都很支持我，介绍能帮到我的人给我认识。埃里克·克莱普顿也向我推荐了一位戒瘾治疗师。

一次派对上，有人介绍丽萨的两个朋友给凯伦认识。凯伦意识到她们是谁，或者误以为其中一个是丽萨，随即掉头就走。我大发雷霆。丽萨对我很好，但我知道自己该怎么做了。

我写信给丽萨，说我不能再见她了。不久后，我收到了她寄来的皮特·哈米尔（Pete Hamill）回忆录《杯酒人生》（*A Drinking Life*）。书里夹了张条儿。我们以忧伤开始，经历过愤怒，以刺痛告终。

> “希望你得到的抵得上你牺牲掉的。”

在未来的岁月里，我将常常深思这句话。

罗杰即将展开一轮名为“罗杰·达尔特雷向皮特·汤森致敬”的巡演，伴奏阵容包括一支交响乐团，曲目清一色是我为“谁人”写的歌曲。这轮巡演将从纽约卡内基音乐厅启程。去年 12 月，我答应过罗杰，助阵他的首演之夜。然而到了来年，我突然对这场演出产生了恐惧和焦虑。

当我电话告知罗杰，我可能没法履行自己的诺言时，他勃然大怒。我的助手妮可拉试图跟他解释，结果被他劈头盖脸地臭骂了一顿。我深吸一口气，再度拨通电话，说我会参加。2 月底，我飞抵纽约，走进卡内基，与罗杰合作了《你是谁》等三首歌。凯伦和约瑟夫与我同往，坐在包厢里观看了演出，而相邻的一个包厢里，就坐着丽萨·马什。

我的朋友约翰·哈特说我表现绝佳，然而许多观众和乐评人并不这么看。一个乐评人说我可以当罗杰的父亲了。一个歌迷写信说她对我很失望，花了一千美金，结果看到了一张苦脸。她劝我享受演出，别老心事重重的。罗杰则公开抱怨我故意不挑"谁人"的金曲唱。

在幕后，罗杰和我之间产生了法律纠纷。他和约翰对《汤米》的版权及分账有异议。我和他俩很快就要对簿公堂，每次见面空气中都弥漫着硝烟味。

《钢铁人》在情人节落幕。泰德·休斯派人把巨大的钢铁人模型从新维克剧院扛回了家。希望它现在还挂在泰德家的棚屋里呢。3 月初，我和凯伦接受了两次夫妻心理辅导。很大程度上，我们是为了约瑟夫才迈出这一步。当然，不管我们离还是不离，我们都需要帮助。

我们制作了《汤米》CD-ROM 互动软件（这是最早的 CD-ROM 互动软件之一）；我们打算在拉斯维加斯或迪斯尼乐园建《汤米》主题酒店；我们还接触了迪斯尼和华纳兄弟，讨论将《钢铁人》翻拍成科幻动画电影的可能性。我忙个不停，也不想停下来，我需要以此来转移我的注意力，让我不致陷入个人麻烦中无法自拔。

我飞往法兰克福，与一位制作人洽谈《汤米》上演事宜。在法兰克福机场，安检员要求我脱掉夹克，可我上身就穿了一件衬衫。我拒绝了，接着和他们爆发了激烈的口角，我的保镖也卷了进来。最终我脱掉了衬衫，每个人都乐了，我们握手言别。

“一切都好，”我用德语说，“没问题。你们好。”

我控制情绪的能力经受了一次真正的挑战。这在我戒酒后是第一次。回到伦敦后，一起接受团体脱瘾治疗的朋友们告诉我，这种冲突对前酒鬼来说是家常便饭。他们提到了路怒症，前酒鬼和其他司机一句话不合就会拳脚相向。秘密在于承受，他们说。

这段时间我迷上了占星术。它抚慰了我。我常常在半夜醒来，警觉地走到窗前，看着月光下的狐狸，脑子里念头翻飞。我和我通灵、直觉、动物的一面再次连接。

7月，为了《钢铁人》翻拍成电影的事儿，我飞了两趟洛杉矶（《钢铁人》这时已更名为《铁巨人》（*Iron Giant*），以区别于著名的美国同名漫画《钢铁侠》）。8月，我驾着我的“帕齐恩扎”号（Pazienza）帆船参加了经典帆船拉力赛。有天晚上，我和暴风雨搏斗了一整夜，才免于撞上码头的厄运。我决定买一艘更大的游艇，作为我在康沃尔海域的移动之家。在尼斯，我找到了可爱的“新思维”号（Nuovo Pensiero），它的前主人是“瑞典冰人”比约恩·博格（Bjorn Borg）的前妻。

“立方体”录音室里有一架雅马哈钢琴，手腕术后康复期间，我一直在通过弹奏钢琴放松肌肉和恢复灵活性。我的钢琴功力与日俱增。我会不知不觉地陷入幻想世界，一连几个小时地即兴弹奏钢琴和吉他。我将它们录了下来。1981年冬天以后，我就没这么弹过了。小时候，姨祖母特丽尔比曾鼓励我即兴弹奏钢琴。在“立方体”，我昔日重来。

1994年秋天，我接到了克莱普顿女友爱丽丝从勒戒所打来的电话。她说她无法面对团体脱瘾治疗——她需要向大家倾吐她和埃里克的过往，而她做不到。我告诉她，如果她做不到这一点，就没法彻底脱瘾。我要她照顾好自己。她不听劝告，固执己见，第二年，噩耗传来，她孤独地死在单身公寓里，好几天后才被人发现。她给自己注射了大剂量的海洛因，尸检报告说她死前喝了很多酒。

我的治疗师住在泰丁顿（Teddington）。1995 年 1 月，我在那儿遇到一个不寻常的年轻人。他在街头募捐。我们聊了一会儿。他说他在莫斯科的孤儿院长大，现在在为一家孤儿院募捐。他的故事对我接下来几年的人生有非常大的影响。

他的双亲是瘾君子，在他还是个婴儿时便撒手人寰。他被送进公立孤儿院，那儿的男孩子早早学坏，偷盗成性，买卖毒品。警察也拿他们没辙，逮到他们后只是简单地命令他们回孤儿院了事。而一回到孤儿院，管事儿的就会把他们嘘走，好继续安心地喝伏特加。

他 12 岁那年逃到了一家私立孤儿院，谁知逃离狼窝又入虎口。这家孤儿院被俄国黑帮控制，里面的男孩被训练成扒手和毒贩，女孩则被逼卖淫。

年轻人名叫奥列格。他说莫斯科新成立了一家孤儿院，旨在让孤儿远离公立孤儿院和黑帮孤儿院，而他就在为这家孤儿院募捐。我给了他几英镑，要了他的电话。

我一有空就驾着“新思维”号去康沃尔郡。船上的生活设施比“立方体”里的还要多。我也会把约瑟夫接上船，与我共享天伦之乐。他和我一样喜爱水上时光。大海是老家伙和小朋友最后的自由堡垒，至少在当时是这样。

约瑟夫五岁了，开始上学前班。送他上学的路上，我发现他爱听爵士乐调频。他开始听爵士乐唱片，探索我庞大的黑胶收藏，约翰·柯川成了他的最爱。我不知道他长大后还能不能记得这些我们共度的时光。和他在一起时我开心极了，我们让彼此开怀欢笑。

保罗·西蒙（Paul Simon）和我是互相敬重的朋友。自打莫·奥斯汀介绍我们认识后，我们的关系一直不错，直到他破坏了对南非的文化抵制行动[1]。曼德拉原谅了他。

1995年，保罗向我抛出橄榄枝，邀请我参加由他发起的一场慈善义演。这场义演旨在为儿童医疗服务募集资金。我同意了，然后打起了退堂鼓，最后又同意了。我有些发怵，也许是因为我只能单枪匹马上阵。

我决定放手一搏，在这场义演上弹奏钢琴。保罗的乐队由爵士小号大师温顿·马萨利斯（Wynton Marsalis）组建，彩排舒服又愉悦。我弹的是一台MIDI钢琴，以便增加一些特别的音色。保罗是完美主义者，也是卓越的领导者。我很享受这次演奏，尤其是与管乐组携手完成《你可以叫我埃尔》（You can Call Me Al）中著名的主歌时。演绎《卓越的正面》的时候，我即兴弹奏了不少乐段。我还和保罗合奏了"谁人"的《孩子们都很好》。看起来，观众不但原谅了我的实验，还热切地希望我展现另一面。

我亲爱的导师山姆·西尔维斯特觉得我住在"立方体"真是说不过去。我理应住得更好。我去彼得沙姆（Petersham）看一幢房子。房子位于泰晤士河畔，漂亮壮观，价钱公道。我想把它的卫生间改造成录音室。

"你居然没去看'维克'，"房产经纪人说，"'维克'总够你住了吧？"

"'维克'？"我不知道"维克"正在挂牌出售，而且已经有段时间了，"售价多少？"

"和这个差不多。"

"我要了。"

"要哪一个？"

---

1 1985年，保罗·西蒙远赴当时还实行种族隔离制度的南非，录制其第六张录音室专辑*Graceland*，并邀请多名南非乐手参与。此举引发轩然大波，回国后，保罗受到一些组织的指控，称其违反了国际上对南非种族隔离政权的文化抵制。

这位经纪人不懂摇滚乐。

“‘维克’。”

“你还没去看房呢。”她告诫道。

“没这个必要，”我说，“我买定了。”

我的一位顾问说我疯了，另一位则警告我说：“你将像只孤鬼一样住在这空荡荡的大房子里”。但我的内心告诉我，我需要一个地方来撰写你们正在读的这本书。我需要一处居所，让我保存讲述这个故事所需的文件、简报、照片以及所有能唤起回忆的物事。

更关键的问题是：我曾数次意欲买下“维克”，结果都遭到了凯伦的反对。她不稀罕这种坐落在山丘上的摇滚明星宅邸，我们在一起时，我尊重她的意见。但现在我可以圆梦了。罗尼·伍德住过那里，米克·贾格尔和瑞莉·霍尔住在附近。“维克”没有被别人抢先买下，我简直不敢相信。看起来是个好兆头。

它也迫使我勇于面对一件事。虽然我是住在花园深处的录音室里，但和凯伦还是同在一个屋檐下。买下“维克”就等于昭告天下，我和妻子分居了。

27

新家

为伦敦版《汤米》彩排期间，我和音乐版权管理公司 Windswept Pacific 签了一份歌曲版权合作协议。他们对我的作品目录钻研得很深入，尤其是一批知名度不够高的歌曲。这份协议不仅能让我安心展开又一轮漫长的创作，还能让我买下“维克”。

1996 年 1 月，川久保玲（Rei Kawakubo）邀我在巴黎时装周上为她的品牌 Comme des Garcons 走秀。这份邀请像是一份证明，证明我又变酷了。我将率领一组年轻人演绎一组灵感源自“摩斯族”的时装。我们将走出一个街头帮派的慑人气势。我的副手是朋克乐团 Sham 69 主唱吉米·珀西（Jimmy Pursey）。

帮我们试衣的是一个日本女人。她吃惊地发现我不是瘦长条子的年轻男模。我的腰围比他们要大出一圈。第一次试衣后，我决定临阵脱逃，然而实在耐不住川久保玲的恳求，最后还是硬着头皮披挂上阵。时尚观众是我经历过的最糟糕的观众。他们冷漠、轻蔑、傲慢，带着高傲的自尊。我本以为会比我参加过的“时尚救援”（Fashion Aid）慈善义演热烈一些的。

我领悟到了一件重要的事情：川久保玲觉得我很酷，但我并未感觉自己有多酷。人们认为詹姆斯·迪恩（James Dean）很酷，即使他颓废沉沦，充满了不安全感。在舞台上弹奏的时候，我能扮演一个角色，一个我在现实中无法做到的角色——我把自己在现实中藏起来的那一面夸张地展露了出来。没有人怀疑这一点，连罗杰·达尔特雷也不例外。但下了舞台，说实话，我就成了一只老鼠，一只情绪起伏不定的老鼠。

2月20日，伦敦版《汤米》拉开了预演的序幕。最后一场预演于3月4日举行，暨为青少年癌症信托基金（Teenage Cancer Trust，TCT）募款。这是我第一次为TCT募款，我计划在演出后的招待酒会上将支票面呈TCT的负责人。

在《汤米》中饰演父亲的阿利斯泰尔·罗宾斯（Alistair Robins）把我拉到一边。

“能让我呈献支票吗?”

“不能，”我笑着说，“这里面大部分是我的钱，捐钱的人是我。”

“这对我很重要。”他坚持说道。

“这对我也很重要。”

“我就是青少年癌症幸存者，”他说，“我离死亡只有一步之遥，是圣托马斯医院（St Thomas' Hospital）的癌症治疗团队救了我的命。圣托马斯医院被我们称作‘汤米’（Tommy's），你知道的。”

我看着这个相貌英俊、充满活力的年轻人。这怎么可能?

阿利斯泰尔·罗宾斯骄傲地代表伦敦汤米公司呈献了支票。

1996年5月，我签下了自传出版合同。签约后的第二天，我买下了我的新房子“维克”。这是一个分水岭：我的婚姻再也无法回头。与此同时，我开始为撰写自传做准备。是的，这本书写了很久，希望你们能喜欢。

时光轴倒到1973年，我的公司“音轨计划”（这家公司致力于为流行及摇滚音乐人打造家庭录音室）为罗尼·伍德的宅邸“维克”打造了一间家庭录音室。我为“维克”布线，隔音，配置了一个尼夫BCM10调音台和一台八轨开盘录音机。罗尼后来换了一个赫利俄斯调音台，把尼夫 BCM10 处理给了我。在这间录音室里，罗尼和鲍比·沃麦克（Bobby Womack）、“面孔”、“滚石”联袂制造了多首经典之作。当我多年后再度走进“维克”，不禁惊讶地发现，录音设备还在，一切都还保持着原样。我只需搬来一台开盘录音机和一个尼夫混音控制台就能开启录音。除了进一步完善模拟录音设备，我还加装了一台 RADAR 数字音频记录器——这也是我对数字录音做出的唯一让步。

我还得给我巨大的 Synclavier 音乐工作站找个栖身之所。我相中了椭圆形花园屋。1973 年，就是在这间屋里，罗尼、史蒂夫·温伍德和我为克莱普顿的彩虹剧院音乐会紧锣密鼓地排练。那是一场重要的音乐会，标志着克莱普顿成功摆脱毒瘾，重归摇滚乐坛。椭圆形花园屋很宽敞，足够放下一架三角钢琴、一台洛瑞·伯克夏（Lowrey Berkshire）电风琴和我所有的老式模拟合成器。值得一提的是，洛瑞·伯克夏电风琴曾在专辑《谁是下一个》中大显身手。

我的新家让我激动不已，同时又让我感到深深的遗憾——它宣告了我的婚姻以失败告终。

我的个人精选专辑《皮特·汤森精选》（*The Best of Pete Townshend*）于 4 月底发行。为了宣传专辑，我飞赴洛杉矶，参演人权组织“目击者”（Witness）主办的一场电视音乐会。R. E. M 乐队主唱迈克尔·斯泰普（Michael Stipe）和“目击者”创办人彼得·盖布瑞尔与我同台献演。这次小型巡演还包括在硬石餐厅的两场演出，在旧金山和纽约的几场小演出。我的伴奏乐手是乔恩·卡林（Jon Carin），他身兼多职，弹键盘、唱和声、添音效、放伴奏音轨，使得我们听起来就像一支乐队。

1996 年 6 月，摇滚歌剧音乐会《四重人格》在海德公园盛大上演，此时距同名摇滚歌剧专辑发行已过去 23 年。开始的时候，是“王子信托基金”邀请我做一场个人演唱会。然后我邀请罗杰担任主唱，罗杰说他来做主唱可以，但贝斯得让约翰弹，鼓得让扎克·斯塔基敲。

天哪。“谁人”卷土重来了。

在同名电影中扮演吉米的菲尔·丹尼尔斯担任旁白。史蒂芬·弗莱（Stephen Fry）演酒店经理，埃德·埃德蒙森（Ade Edmondson）演酒店行李员。试音中，演教父的加里·格利特（Gary Glitter）兴奋地转动麦克风架，直到狠狠地打中罗杰的一只眼睛。罗杰的眼眶被打破了。他戴上眼罩，坚持表演，仿佛什么都没有发生过。

海德公园演出的成功鼓舞了我们，我们决定将这场摇滚歌剧音乐会带到北美。7 月，我们在纽约麦迪逊广场花园连演了一周《四重人格》。演出太精彩了。凯伦和约瑟夫坐在观众席中。约瑟夫还没看过我的演出。翌日，他带我去中央公园溜冰，还教我如何提速和刹车。

1996 年 9 月，《每日邮报》爆料说我搬出了特威克南的家，住进了“维克”，并说此举意味着我的婚姻结束了。虽然我 11 月才搬出“立方体”，但消息就这样传开了。我陷入了抑郁。这一次没有躁狂，只有抑郁。抑郁的心境很合时宜。长久以来，我和凯伦为了维持关系作出了极大的努力，现在这一页就这么翻过去了。

麦迪逊广场花园演出的成功催生了第二轮《四重人格》北美巡演。巡演之前，我们在诺米斯录音棚（Nomis studios）排练了一周。诺米斯的前台似乎对我有意思，我跟她调了整整一周的情。10 月 4 日，排练的最后一天，我发现扎克·斯塔基身边站着个美女。起初我以为是他的妻子。她二十来岁，长着一双最动人的眼睛。我脑中闪过一个念头：**我泡定她了，不管她是谁的妻子。**她终将走进我的生活，我对此深信不疑。

她朝我走了过来，让我把一种治耳病的药转交比利·尼克尔斯。她叫瑞秋·福勒（Rachel Fuller），是个生机勃勃、非常幽默、极具魅力的女孩。

“你在这儿干嘛?”我问她。

“为尤特·莱姆佩（Ute Lemper）编配管弦乐。”她解释道，然后就走开了。尤特·莱姆佩是德国著名女歌手兼演员。那天我没有再见着瑞秋。离开诺米斯前，我给她写了张条儿，邀她为我的作品编管弦乐。可笑的老把戏，当然我也的确想要一个管弦乐编曲人。我请前台把条子转交给瑞秋。

接下来的北美巡演只剩一片模糊的记忆。在温哥华和洛杉矶演出的时候，凯伦带着约瑟夫过来了。我俩都为孩子们感到难过，尤其是约瑟夫，然而他倒是快活极了。他看到我和凯伦在一起就会很开心，即便我们之间充满了紧张的气氛。

媒体坚称“谁人”迷失了方向。我大多数时间都在弹原声吉他，就统领节奏和展现节奏的含蓄性而言，原声吉他远比电吉他靠谱。这惹恼了部分“谁人”歌迷，他们觉得我背上电吉他后一切立刻改观。每一个晚上，“谁人”的三名在世成员都能感受到曾经的魔力。它们对我来说是足够了，但观众们饿了那么久，这么一点火花可不够喂饱他们的。[1]

巡演间歇，我们回到诺米斯录音棚为下半程巡演排练。我们减弱了铜管乐声部，同时试图把音乐变得更加强劲、紧凑。我问前台那张条子转交瑞秋了没。

“你疯了吗?”她看上去恶狠狠的样子。

“什么?”

“你一整周都在和我调情，然后要我帮你送情书给一个年纪只有我一半大的女孩?！被我扔垃圾桶里了。”

一天晚上，把约瑟夫送回凯伦的房子，将他抱上床后，我回到

---

1 “谁人”上一次巡演还是 1989 年的成军 25 周年纪念巡演。

“立方体”，打开电视看 MTV 台。是部迷幻片子，说唱和节奏布鲁斯搭配支离破碎的动画。我昏昏沉沉地睡了过去。半夜里，我从睡梦中醒来，试图忆起刚才梦到了什么。

我很快就回忆起了一个梦境，吊诡的是，另一个梦境和第一个一起跑了回来。接着是又一个，接着又是一个，每一个都清晰逼真、栩栩如生。我坐到钢琴前，打开录音设备，一边叙说刚才的梦境，一边弹奏起来。我管这首作品叫《嗨到月球》（Wired to the Moon）。

几个小时后，在我脑子里汹涌奔流的某些自然化学物质终于放慢脚步，我总算睡了过去。可怕极了，我不知所措。我怀疑自己得了老年痴呆症，或是更为糟糕的精神分裂症。

一两周后，见没什么动静，我便视其为一次一过性的精神失常，然后就安心地重启工作了。我想打造一部严肃传统的百老汇音乐剧。我觉得这是我真正的命运。

我对互联网的愿景是某种剧院。在我看来，理想的网站应该是一个展现排演、工坊、戏剧、表演、读物、采访等的剧院——我职业生涯的一切都在一块虚拟天花板下。

1996 年时还没有宽带，上网得拨号，互联网给予我们的是文本和低像素的照片。我骨子里的犬儒主义和悲观主义让我相信（我在皇家艺术学院讲演时做出过预测），色情工业能推动科技进步，就像 20 世纪 80 年代中期黄色录像带推动了家庭录影带市场的迅猛发展一样。我惊愕地看到，《好色客》（*Hustler*）和《花花公子》这样的色情杂志用飞一般的速度开发出一种信用卡系统，方便会员购买在线杂志。这里头显然有大钱可赚。

约翰·谢尔（John Scher）是深得比尔·柯比什利信赖的为数不多的几位演出商之一。约翰力劝我将《精神弃儿》作为音乐剧搬进剧院或作为摇滚歌剧音乐会搬进体育馆。我登上飞往纽约的协和飞机，去跟他和百老汇金牌制作人凯文·麦科勒姆（Kevin McCollum）会谈。在飞机上，我迷迷糊糊地打起了瞌睡，接着突然被砰的一声巨响惊醒。飞机在剧烈地颠簸，状况愈发恐怖，直到最后有惊无险地降落在哈利法克斯机场。停在这儿的另一架飞机将载我们前往纽约。让我惊讶不已的是，我全程都很冷静。

埃尔顿·约翰和他的同性爱人大卫·弗尼西（David Furnish）也在这架协和上。我们走向另一架飞机的时候，埃尔顿告诉我说，刚才机上有个犹太拉比试图进入驾驶舱，引发了一场恐慌。他抱着个小棺材说："必须抵达纽约，否则会有浩劫。"

"比我的脏内衣还在洗衣筐里重要。"我打趣道。荒谬的是，面临死亡时我牵挂的居然是还没来得及洗的脏内衣。我想起飞机颠簸时有个歇斯底里的女人在厉声尖叫，便问埃尔顿还记得那个娘们不，我希望他分享我对她的怜悯。

"那是我，亲爱的。"他坦白道。

丽萨的心理医生建议她和我做个了断，所以我飞赴迈阿密，和丽萨共度了几天。我们决定保持朋友关系。我们处得非常愉快，所以我决定"延期了断"，邀她去德国和奥地利看"谁人"的《四重人格》音乐会。她接受了邀请，我不知道我要的是"延期了断"还是旧情重燃。

《四重人格》欧陆巡演在即，我们去比利·尼克尔斯家排练。比利提到瑞秋·福勒和他合作过几首歌。我的直觉告诉我，我得非常小心才是。瑞秋和特丽莎·罗素一样，都是能动摇我的世界的女人。

瑞秋是一颗炸弹，我在日记中写道。**危险。**

我包租了一架飞机从伦敦飞尚贝里（Chambéry），然后换乘一架租来的直升飞机去滑雪圣地库尔舍维勒（Courchevel）——我去看约瑟夫的第一堂滑雪课。欧陆巡演从斯堪的纳维亚出发，接下来是德国站。这时我终于有了财务概念，知道不能总是包机去看约瑟夫了。我开始更多地选择坐定期航班去看他。

1997 年 4 月，丽萨寄来一封亲切温暖的信。她似乎只记得我们在一起的美好时光。自从迈阿密一别，我一直期盼着能见到她。她的童年阴影挥之不去，我发现周围每个人的心底都埋着一个隐秘的故事。丽萨来到了维也纳，路途那么遥远，真高兴她能来。她的心理医生告诉她说，旧情人同宿一室指定会发生性事。很遗憾，我们证明了她是错的。

我 52 岁生日前一天，“谁人”在温布利体育馆完成了欧陆巡演的最后一场演出。庆功派对上，一个身材高挑、性感妖娆的女人朝我走来，脸上写着歉意。

“还记得我吗？我是劳拉。我只是想告诉你，我没有偷你的钱，但我知道是谁偷的。”是多年前疑似偷走我 5 万美金的那个菲尼克斯女孩。她解释说是她哥哥的一个朋友偷的，那人现在已经过世。她说我写给她的诗她还留着呢。

我突然看到她旁边站着瑞秋！她们竟然是朋友！多么惊人的巧合！瑞秋把我拉到一边，说有重要的话要对我讲。她用两只玉手按住我的胸膛，嘱咐我忠实于自己的艺术。她看上去真漂亮。就在我想入非非的当儿，忽然想起答应了要送一个邻居回家。我立刻去找邻居，想叫他找其他人送。等我回来时，瑞秋已经走了。我打了几个电话，想邀她随我出征下一轮巡演。5 万美金的事被我忘到了九霄云外。

《四重人格》的下一轮巡演在北美展开。我说服了瑞秋来纽约。见劳拉认识“假发”，我也邀请劳拉同往。

我的治疗师说我这么做真是疯了。劳拉极其性感，优雅迷人，是个瑞莉・霍尔式的南方美人。我们在菲尼克斯的缠绵还留有余温。对比之下，瑞秋烦人、苛刻又自大。她通过劳拉的圈中人男友结识了阿迈特・厄尔特冈。我感觉我在她心中的位置被这个风流成性的唱片业大亨取代了。她告诉我阿迈特最近带她去了趟“流浪者”俱乐部。他想睡她，被她拒绝了。

9月6日，我在日记本里记下了一个里程碑式的事件：约瑟夫第一次在我的新家“维克”过夜！真叫我高兴。“维克”的泳池多适合刚刚放学的他和他的小伙伴们啊。感谢凯伦让这一切成真。这个月我和瑞秋见了几次面，我仍想请她帮我编管弦乐。

12月1日这天，我和瑞秋在Riva餐厅约会。瑞秋看起来可爱极了，我们之间有了异样的感觉。她像是突然成熟了。逗笑少了，调侃少了，显摆少了。当晚我们第一次做爱。

我感觉自己像是《毕业生》结尾里的达斯汀·霍夫曼，从婚礼圣坛上偷走心仪的女孩，乘着巴士扬长而去——他俩都知道自己没有退路，但都不知道前路能否走得通。

瑞秋让我着迷，这种着迷不同以往。我也对其他女人一见钟情过，但瑞秋是个极具才华的女人，她或许能理解我有多么需要自己的创作时间和空间。

她如此年轻，这是我所需要的。我的情绪依然会大幅波动，依然会剧烈喷发。如果周围的人跟不上我，我会变得不耐烦。瑞秋跟得上，我确定。我还不知道我能不能跟得上她呢。在度过一个激情的夜晚之后，瑞秋性格里困扰过我的每一面都成了优点。我终于找到一个能像我一样应付得了我的人。

瑞秋看起来狂野而独立。破天荒第一次，我想从一个女人身上得到的与其说是她的身体，不如说是她的陪伴、幽默和活力。我打算和她动真格的，至少，我们都是音乐人。行得通最好，如果行不通，我就打算孤独终老了。

1998年春，《比尔·格雷厄姆出品》（*Bill Graham Presents*）导演伊桑·西尔弗曼（Ethan Silverman）寄给我一部纪录片。这部圣丹斯电影节参展影片叫《等待的孩子》（*The Waiting Children*），讲的是一对美国夫妇远赴俄罗斯领养孤儿的事儿。俄罗斯孤儿院的可怕状况令人不寒而栗。我不禁想起在泰丁顿街头遇到的那个俄罗斯男孩。我曾打过他留给我的电话，一直都没人接听，但这次有人接了。

“你是去年留言的那个人？这儿没有叫奥列格的人，从来没有。”

我想捐助一家俄罗斯孤儿院。我没去过俄罗斯，如果头一回去就是为当地孤儿院义演也无妨。我可以写张支票。

我打开我的东芝笔记本电脑，挑了一个搜索引擎，在搜索框里输入几个关键词：

俄罗斯孤儿　男孩　捐助

搜索结果很快布满了屏幕。我点开最上面一条，几分钟后（那时候网速还很一般），我的眼前出现了一幅幅男童遭受性侵的图片。

我瞠目结舌。和大多数男人一样，我也上网浏览色情图片，但我从来没见过这样的东西。

我开始出汗，感到惴惴不安。我的眼前充斥着一幅幅图片，然而这些图片的主角是我——一个面朝下趴在床上的小男孩。我的不安很快被盛怒取代。

28

写给八岁的自己

到 1998 年春天，我远离酒精已有 4 个年头。《汤米》走进百老汇后，我就不大参加费伯的编辑会议了。我喜欢在费伯做编辑，但是时候放下了。我和丽萨还有其他几个女友做了一定程度的了断，把重心放到了瑞秋身上。我期待在创作和慈善上有所斩获。海伦·威尔金斯开始编辑我的第三张小样精选集《独家新闻 3》（*Scoop 3*），我打算为它加些新料。我计划重返芝加哥，为“玛丽维尔学院”[1]（Maryville Academy）举办几场筹款义演，这一次为我助阵的是“珍珠酱”主唱埃迪·维德。信不信由你，我的心绪要平静些了。当然，我的心里还是会愁云密布，通常发生在瑞秋和朋友外出玩乐，或者不接我的电话时。

1998 年 3 月的一个晚上，瑞秋带着她的一个朋友及朋友的孩子来到我家。她朋友和前夫起了冲突，来我家避一避。她们带来了好多酒，瑞秋喝得烂醉如泥。我还是第一次见她喝醉。我被她吓住了，不想跟她继续了。我曾在心底对她郑重地许下过承诺，哪知她竟会如此疯狂，真是让我震惊不已。我走进家庭录音室，弹起了合成器，这是我最爱的疗伤方式。

---

1 一家救助受虐儿童的罗马天主教机构。

琳达·麦卡特尼[1]（Linda McCartney）在与癌症的搏斗中落败，保罗·麦卡特尼请我为她致悼词。没过几天，凯伦打来电话，说他爸快走了。他在我生日当天死去。泰德·休斯的去世同样刺痛人心。他的遗孀卡罗尔在电话里悲痛欲绝，我不知该怎么安慰她。

瑞秋为《生命之屋》里的《悲剧》（Tragedy）编管弦乐的时候，我两指交叉着又开始和她约会了。我在裘园路给她安排了一处寓所，这样她离我就近了。我带她到纽约，给她买了辆大众甲壳虫，期望着想见就能见到她，然而她就像水银一样难以捉摸。

疑神疑鬼地过了一两个月后，我发现她一直在偷偷地喝酒。这是压垮我的最后一根稻草，我写信给她说我们结束吧。她打来电话，说决定去看心理医生，并同意我们先分开一段时间。

瑞秋不在的日子里，我忍受着疏离和寂寞的煎熬。我的叔叔杰克从家中的楼梯上摔了下来，出院后住到我家，由我来照顾他。或许是杰克叔叔唤起了我对过去和家庭的复杂情愫，抑或许是我对瑞秋寄予的希望过大带来了更深的失望。没过多久，杰克叔叔就永远地离开了我们，我悲痛万分，我太喜欢他了。

我资助了自毁艺术大师古斯塔夫·梅茨格在英国的首次大型个展。展览地点是牛津现代艺术博物馆，瑞秋最好的朋友之一梅丽莎·摩尔操办了开幕之夜。彼时，关于儿童网络色情的新闻正闹得沸沸扬扬，我驱车前往牛津时，脑子里想的是尽快为此做些什么。

我发现茱莉亚·卡梅伦（Julia Cameron）著的《艺术家之道》（*The Artist's Way*）对重燃我的创造力很有助益。我买了二十本送朋友。我开始按作者的要求写“晨页”，一天三页，清出我的心事，给我的灵感腾出地方。我开始抽出时间叩问自己“内心的艺术家”想要做什么。我每次叩问，都得到了同样的答案。

1　琳达·麦卡特尼（1941—1998），美国音乐人、摄影师和动物权益保护者，保罗·麦卡特尼亡妻，死于乳腺癌。

"我想出去，和我的狗坐在人行道上晒太阳。"一个六岁的男孩说。我没有狗，但我的确走了出去，坐在人行道上晒太阳。我开心极了，虽然到现在都不知道为何开心。

茱莉亚·卡梅伦还建议我们给自己写信。我给八岁的皮特·汤森写了封信。这是关键的一步，帮助我最终消弭了伴随一生的伤痛。接下来的十年，我慢慢学会与自己和平相处，并渐渐宽恕了多年来让我感到焦虑、负罪和羞耻的人与事。

5 月 26 日，我收到了经纪人比尔·柯比什利的来信。比尔恳请我带领"谁人"重启巡演，以帮助入不敷出的约翰。

> 约翰·恩特威斯尔陷入了严重的经济危机。他还不起抵押贷款，银行拒付他的支票，冻结了他的信用卡。他只能靠出售吉他收藏维持生活。重新出发意味着离开，意味着做你不想做的事，但毫无疑问，"谁人"的新一轮巡演将启动 BBC 广播剧版《生命之屋》，而巡演主题会是告别、千禧年或纪念……

6 月，我写信给比尔，说我愿意重新上路。比尔说得对，我对巡演并不热衷。但我不能让约翰失望。

时光倒转到 1995 年 2 月，戴斯·迈克安纳夫在和华纳兄弟总裁及动画部门主管会谈后拨打了我的电话。华纳兄弟对将《钢铁人》翻拍成科幻动画电影《铁巨人》很感兴趣，为这部片子拨出了五千万英镑的巨额预算。随后，我与戴斯飞往洛杉矶，与华纳兄弟指定的该片导演布拉德·伯德（Brad Bird）见面。布拉德不喜欢音乐剧，对迪斯尼和埃尔顿·约翰合作的《狮子王》很嫌恶。我向他推荐了迈克尔·凯曼（Michael Kamen）——迈克尔擅长制作由交响乐团演奏的传统电影原声。1999 年 7 月，我去洛杉矶观看新鲜出炉的《铁巨人》。这部影片拥有恢弘的画面和细腻的美术效果，手工绘制依旧大量采用，是最后几部大量运用传统动画制作方法的动画大片之一。遗憾的是泰德·休斯没能看到这一天。

8月11日，瑞秋和我去康沃尔看日食，然而天空中阴云密布，我们什么都没看着。瑞秋在康沃尔总是心神不安。她视其为凯伦的领地，第二天就急急地回家了。

11月，“谁人”在芝加哥布鲁斯之家（House of Blues）为“玛丽维尔学院”做了两场义演。彩排期间，罗杰兴致勃勃地聊起了“全球阴谋”，这是他最爱的主题之一。我的缺乏互动惹恼了他。他甩头便走，还好被我追上了。第二天我给他写了封信。

亲爱的罗杰：

昨天的不愉快让我难以释怀。我知道你的反应有些情绪化，让我高兴的是，你生气后没有跑远，不然我可追不上你的。我非常在乎你，我们都是年过半百的人了，我真不愿看到我们还像年轻时那样斗气。今天的我们很爱彼此，这意味着我们能扛过波折，至少我希望能。

“谁人”要有什么事你可别再那么情绪化。像你昨天说的，我们今天所拥有的比我们想象的要多。让我感到骄傲的是，不管我们还能不能做出一张伟大的专辑，不管我们还能不能征服新一代的歌迷，今天的我们都是互相关爱的挚友。我们挺过来了。我为我俩感到骄傲。

“谁人”在窄小的布鲁斯之家没法施展拳脚。主要问题是舞台太小，鼓离我太近，震耳欲聋的。我的耳朵嗡嗡地叫个不停。

“我不能再演了，再演要出人命了。”我对埃迪·维德说。

“嗯，那就别演了，皮特，你已经做得够多了。”

这一回，相比我的弹奏，乐评人着墨更多的是我的举动。我习惯在自己的个人演唱会上与观众交流，但“谁人”的演唱会就是另一码事了。我走到台前对着观众嚷嚷总让罗杰感到不安，不过他的机智回应常常让我忍俊不禁。

在布鲁斯之家表演时，我一度走到台前，叫观众闭嘴。罗杰对我皱起了眉头。

“我只是想约束这帮孙子。”我对罗杰说。

“你被他们约束得够久了。”他的回应间不容息。

1999年12月5日，广播剧版《生命之屋》在BBC 3台首播。此前一周，关于我婚姻破裂的消息被媒体长篇累牍地报道。我担心凯伦觉得不快，然而她相当乐观。就在这一周，我和瑞秋跟刚刚分手的米克·贾格尔和瑞莉·霍尔一道去看大卫·鲍伊演唱会，我和瑞秋在一起的画面被小报记者捕捉了下来。我俩的照片首度见报。瑞秋很开心，因为《太阳报》赞她“极其漂亮”。我没她那么开心，因为一个乐评人说我看起来像牧师。但我为瑞秋和我的创作生命感到高兴。我相信我还能创作出伟大的作品。

20世纪最后一个圣诞节前夕，“谁人”在牧人布什帝国剧场(Shepherd’s Bush Empire）演了两场。门票不到半小时便告售罄。这一次我状态极佳。对我来说，和牧人布什地区的“谁人”老歌迷共度两个摇滚之夜，是迎接新世纪和接踵而至的所有未知的最佳方式。

为了迎接新世纪的到来，我还买了两只狗——博德牧羊犬弗拉什和可卡犬莎莉。同时买下它俩是个错误，我发现我只有时间训练其中一只。我给莎莉找了个好人家，留下了弗拉什。弗拉什现在还在我身边呢。

我所有的老女人朋友都暗讽瑞秋要的是我的钱。瑞秋所有的老女人朋友都暗指我要的是她的身体。要不然怎么没见着婚戒？事实上，我深深地为瑞秋倾倒。我们之间的爱真实而深沉。我给她买了戒指，我们许下了结婚誓言。

瑞秋给我放了两盘她和她的朋友米基·卡斯伯特（Mikey Cuthbert）录的样带。瑞秋的嗓音如琼·贝兹般纯净。如果马文·盖伊的嗓音就像我说的那样来自上帝，那么在瑞秋急躁有趣的绍森德人外表下，就有一种至纯的精神内核。

我开始和瑞秋合作录东西，就在我的家庭录音室里。有那么一会儿，我进入了忘我的状态，20 世纪 60 年代末与“响雷纽曼”和“小脸”合作的美妙旧时光仿佛倒流了回来。

我开始创作一部名叫《听到音乐的男孩》（*The Boy Who Heard Music*）的作品。它的灵感部分来自我的童年经历，是对《生命之屋》概念的又一次重新评估。除此之外，它也是对“生命之屋方法”（Lifehoue Method）的一次尝试。我从三十年前就开始创作摇滚歌剧《生命之屋》了。我最初的概念是，一群反叛者通过某种网络汇聚在“生命之屋”，每个人都在里面演绎自己的音乐，随着他们的音乐融为一体，一种“天体音乐”诞生了，我称之为“同一个音符”。我想借此与我的歌迷发生互动，让“同一个音符”表达他们的人格，让他们参与到我的摇滚歌剧中来。从技术上讲，这一概念在三十年前很难实现，但互联网让这一切成为了可能。后来，我建立了“生命之屋方法”网站，歌迷登陆后便可通过我们的软件创造自己的音乐，最后再由我将所有的音乐数据整合在一起。

《听到音乐的男孩》里除了有《生命之屋》的要素，还有《精神弃儿》和《斯特拉》（Stella，我的一部未曾发表过的戏剧，关于剧作家阿瑟·米勒的童年）的元素。这些元素包括疯人院里的幽灵、隐秘的私通、妒意、操纵、谋杀和欺诈。当然也有庆祝。我不想被那些阴暗的东西弄得灰心丧气的。

2000 年 2 月，我的电子商务网站 www. eelpie. com 正式上线，我们开始在上面售卖我的音乐及周边产品。尽管我一直保持着对潮流的敏锐嗅觉，但 eelpie.com 并非第一家提供歌曲免费下载的网站。在这之前，好几支乐队已经意识到了网站的威力——它不但能直接卖东西给粉丝，还能发布巡演日程、新作信息及小道消息。

我们进驻“维克”的老斯诺克球室，为 2 月 26 号的《生命之屋编年史》（*Lifehouse Chronicles*）音乐会排练。除了罗尼·伍德外，传奇影星约翰·米尔斯爵士（Sir John Mills）也曾是“维克”的主人。屋里飘散着 20 世纪 60 年代摇滚乐、松林影厂和好莱坞的魅惑。天花板上沾着基思·理查兹的血迹，地板上印着鲍勃·迪伦的足迹，台球桌上留有劳伦斯·奥利弗（Laurence Olivier）和费雯丽（Vivien Leigh）做爱的痕迹。闷热、逼仄，但异常刺激，就和 1973 年我和罗尼在这里为埃里克的复出演唱会彩排一样激动人心。瑞秋和萨拉·洛温塔尔（Sara Lowenthal）编织了漂亮的管弦乐；戴夫·鲁菲（Dave Ruffy）（前英国雷鬼朋克乐队 The Ruts 成员）为《生命之屋》的原始小样加了节拍，之后再由键盘手乔恩·卡林进行鼓机编程。就和去年的几场个人音乐会一样，我不想在《生命之屋编年史》上使用传统的摇滚鼓手。

我在近几场个人音乐会上的表现，还有我主导的广播剧版《生命之屋》没有受到评论界的肯定，但作为一个艺术家，我感到非常有成就感。我感觉自己是在创作音乐装置作品，而不仅仅是在恪守摇滚乐手的角色。创作自由度给我插上了翅膀。更重要的是，我重新享受到了弹奏电吉他的快乐，重新发现电吉他才是属于我的声音。要知道，九年前的那场意外发生后，我曾以为这辈子得跟吉他说再见了。当然，不是每一个歌迷或乐评人都觉得这是一件好事。

所以，罗杰、约翰和我飞赴纽约，向媒体宣布“谁人”将展开一轮大规模巡演。瑞秋的陪伴让我保持了好心情。6 月 6 日，我们在纽约贾维茨会议中心以一场慈善演出拉开了巡演的序幕。格温妮丝·帕特洛（Gwyneth Paltrow）坐在一个男人的肩上尽情摇摆。为了不输给别的女人，瑞秋穿了一件贵得离谱的低胸晚装。环球唱片主席道格·莫里斯被她吸引住了，几天后给了她一张唱片约，附加条件是由我担任制作人。

这轮巡演于11月27日在皇家阿尔伯特音乐厅收官。一路上我都在我的新网站 www.petetownshend.com 上更新博客。我还试图上载我在舞台上和更衣室里拍的小视频，然而受制于酒店可怜的带宽，经常是一整夜都传不上一个。

我挺开心的。我和瑞秋之间的爱情浓郁而真挚，滋养着我和她。约瑟夫和我处得不错，他正茁壮地成长着。

我有一个打造巨型合成器组 Cyber-organ 的宏伟计划。它将由一个巨型控制台，成打的合成器和踏板，数不清的活塞、开关和操纵杆组成。我想象着自己就像巴赫一样，驱动着一架大管风琴，让一个大教堂充满神圣的音乐。我想象着在 Cyber-organ 上按下几个按键，然后即兴弹奏，四海神游。我渴望着重演《巴巴·奥莱利》和《卓越的正面》诞生的经典时刻。这些“谁人”经典就诞生于家中的合成器前。

我继续为《独家新闻3》添加新素材，同时继续致力于创作《听到音乐的男孩》，完善故事情节，改进人物形象，为最终完成一部全新的摇滚歌剧打下扎实的地基。

“谁人”又躁起来了。让我们唯一担心的是罗杰不可避免的状态起伏，毕竟，人声不是吉他，可以随时重新装弦。罗杰的喉咙这段时间有了异样，这让他忧心忡忡，害怕自己得了癌症。罗杰的恐惧不无道理，他的喉咙20世纪70年代末开过刀，而他的妹妹、我青春期时的女友卡罗尔因为患癌只活了32岁。经过及时治疗，他的嗓子恢复了原样，他也不再那么焦虑不安了。

大规模巡演之重总让罗杰觉得难以承受。“谁人”的现场表演以刚猛强硬、咄咄逼人、时间持久著称，而“谁人”的老经典又都是为年轻人的嗓子量身而写。每一场演出都是一场激烈的硬仗。他从没想过降调唱，所以他总是在跟自己竭力拼斗，这也成了他的舞台魅力之一。

翌年10月20日，“谁人”参加了在麦迪逊广场花园举行的《为纽约高歌》（The Concert for New York City）慈善义演。这场巨星云集的演唱会由保罗·麦卡特尼组织发起，是摇滚界对9·11恐怖袭击事件的一次回应。9月11日当天，保罗·麦卡特尼和希瑟·麦卡特尼碰巧成为这场灾难的见证人。当恐怖分子驾驶两架被劫持的飞机先后撞向世贸中心双子楼时，保罗和希瑟正坐在肯尼迪国际机场停机坪的一架客机上等待起飞。震惊不已的保罗当场便有了做这场义演的设想。随着全场灯光骤亮，我惊讶地看到大部分观众都身着制服。当我们演唱《不再上当》的时候，警察、消防员、医护人员，无论男女都把他们的帽子抛向空中。许多硬汉在抹眼泪。

米克·贾格尔和基思·理查兹演绎了不插电版的《野马》（Wild Horses）。恍如天堂演唱会。对我来说，当晚的最高潮属于詹姆斯·泰勒。他的音乐总是那么温和、平静而坚定，是美国式的，但又没有狂热的爱国主义。麦迪逊广场花园里弥漫着悲伤的气氛，但更多的还是同志之爱和不屈的精神。纽约永远是世界上最多元、最开放的国际大都市，一群疯子休想改变什么。

我们演完后，埃尔顿·约翰来到化妆间向我们表示祝贺，同时力劝我做一张“谁人”专辑。我的老板道格·莫里斯点头表示认可。“你再也见不到这种神级演出了。”埃尔顿对道格说。

2001年12月1日，乔治·哈里森永远地离开了我们。我们的感受难以言说。他是个沉默寡言、充满爱心的人，最终过上了灵性的家庭生活，我们为他祝福。他录专辑《漂泊》（*Traveling Wilburys*）的时候，任由他的歌迷进入他的宅邸“弗莱尔公园”里的录音室。我打算在未来的某一天效仿乔治，也让我的歌迷自由出入我家和我的家庭录音室。

2002 年 2 月，我决定把《听到音乐的男孩》改写成一部同名中篇小说，以此来驱走内心的虚弱和愤怒。我用纸和笔撰写手稿，一刻不停地埋头写了两个礼拜。我乐在其中，感觉很释放。就在我快要写完的时候，我的大慈善家好友大卫·阿斯特驾鹤西去。无独有偶，伊丽莎白王后大约在同一时期告别人世，是时候原谅她在我 20 岁时派人拖走我的帕卡德 V12 灵车了。

彼时，“谁人”的新一轮巡演各站已经敲定，一张超级精选集《过去与现在》（*Then and Now*）也已列入出版计划。我们走进海洋中心录音棚为巡演排练，同时录制两三首新歌，加些“现在”到“过去”里面。我贡献的新歌是《很帅的男孩》（Real Good Looking Boy），一首用钢琴写出的作品，可以说是向猫王的《情不自禁爱上你》（I Can't Help (Falling in Love with You)）的致敬之作；罗杰交出的新歌叫《认证玫瑰》（Certified Rose），是一首乡村味道的歌曲，听起来有几分像罗尼·莱恩；约翰写了不少歌，但就是不愿拿出来。他私下跟我说，他接受不了罗杰说这些歌的不是。

录音过程让人心力交瘁。约翰的身体状况明显欠佳。他的两只耳朵彻底聋了，不得不佩戴两个强力助听器（我为了保护自己仅剩的那点听力，排练时不得不待在一个小隔间里，以减弱鼓声对我耳膜的冲击）；他在服用心脏药物，但香烟还是照抽不误，中午偶尔还会来杯人头马。吊诡的是，他有时候会突然变得生龙活虎，我和罗杰担心他可能在嗑可卡因。

“谁人”2002 年北美巡演将于 7 月 1 日从好莱坞碗（Hollywood Bowl）启程。6 月，我们入住洛杉矶贝尔艾尔酒店，准备飞往拉斯维加斯，在硬石餐厅做一场热身演出。我和瑞秋跟我们的好莱坞友人约翰·库萨克（John Cusack）、凯西·纳尔逊（Kathy Nelson）会了面，我们在加州过得轻松愉快。生活真美好。

2002年6月27日这一天，一切彻底改变。我在当天的日记里写道：

> 中午前后，比尔打来电话。“你坐好了么，皮特？约翰死了。”听起来像是一个残酷的笑话。时机真疯狂。我打电话告诉罗杰。“你说什么！”他大喊道，估计心里在想这是不是个恶作剧，但他很快就意识到，我永远不会开这种玩笑。
>
> 我错愕万分。瑞秋试图安慰我。我拨通了比尔的电话。约翰昨晚跟一个脱衣舞女骨肉皮上床，一夜风流后，死在了床上。那妞早上醒来，发现约翰的身子已经冰硬了。死因是吸食可卡因导致心脏病发作。
>
> 约翰走了。我是如此爱他。他是我认识最久、最要好，也是最支持我的朋友。他绝对无可替代。也许我能插手相救的？放马后炮毫无意义。约翰是酒鬼、瘾君子、强迫症患者。又一个走入歧途的好人。

我一整夜都在屋里踱来踱去。悲催的是，我有了永远离开“谁人”的最佳借口。但成千上万的铁粉已经买了演出门票，订了旅行车票，付了酒店定金。我们取消巡演的话他们会表示理解，但他们会失去辛苦赚来的钱。我们没有选择的余地。我们想完成巡演。我出身演艺世家，如谚语所说“出生在行李箱里”，我知道该如何回应。“表演必须继续”，就像“皇后”乐队唱的那样。我火速召来与众多巨擘有过合作的贝斯手皮诺·帕拉蒂诺。皮诺曾为我的个人专辑和个人音乐会倾力助阵，他技术出众、速度飞快，是一位兼具革命性和反传统性的贝斯手，当然他还是无法与约翰相提并论。没有人能取代约翰。我们坐在日落侯爵酒店的泳池边上时，从酒吧步出的乔治·克鲁尼朝我们挥手表示安慰。

2012年6月，我写道：

约翰在拉斯维加斯猝然离世距今已有十年了。他辞世十周年对我来说没什么特别的，因为我每天都会想起他。我爱约翰，非常珍视我们之间的友谊，即使他的母亲奎妮曾经因为他的死法对我大发脾气，跟我说他从来没有爱过我。事实上，约翰私下对我说过几次他爱我。他说这话的时候可能有点醉意，但我们会在酒后吐真言。

有些爱，止乎于爱，不会多一分喜欢。而有些喜欢，止乎于喜欢，不会多一分爱。我们会跟既不相爱又不喜欢的人结婚或共事，运气好的话，最终还会拥有美好人生或成就一番事业。这种情况对摇滚乐队的队友来说尤其普遍。但我和约翰之间的关系并非如此。我爱他，喜欢他，尊敬他，想念他。他从未说过或做过能让我对他产生一丝愤恨的事。

和“谁人”在台上表演的时候，我常常瞥向约翰，期待看到他用手指摩挲鼻翼，发出无奈的长叹。这通常预示着一个令人捧腹的段子或一段疾速强劲的贝斯呼之欲出。

有些人就是举世无双。他们逝去后会留下巨大的真空。约翰过世后留下的真空将被美好的回忆、深情的追忆、对他偶尔的疯狂举动和非凡的幽默感的评议填满。

我们在学校认识时我才十一岁，约翰也就比我年长一岁，但对我来说他就像个十五六岁的小大人。事实上，约翰当时几乎就是个男子汉了，而我接下来还做了好几年的小男孩。约翰在学校里一直罩着我，一直支持着我，哪怕我犯了愚蠢的错误。他从不对我摆出一副高人一等的样子，他的支持是天性使然。

7月10日，约翰的葬礼在他的家乡举行。黑色加长豪车载着我驶离火葬场的时候，我暗自庆幸自己还活着。司机突然发问。

“您不认得我了，汤森先生？”

“挺眼熟的。我坐过你的车吗？”

“是的，在您岳父埃德温·阿斯特利的葬礼上。我给了您我父亲的地址，您寄了个签名给他，谢谢您。”

“不客气。”

“对了，您也是共济会会员么？”

“你说什么？”

“没关系，先生。恩特威斯尔先生和我都是共济会会员，而且是在一个分会。”

“我不晓得约翰是共济会成员。”

“啊。他是，大半辈子都是。”

他的另一面直到他去世才浮出水面。即便是与他最为亲近的“谁人”队友，都不知道他暗中做了大半辈子共济会会员。我们全都吃了一惊。

7 月底，我们在美国东海岸重启巡演。约翰制造出的强劲声量一去不复返。相比之下，皮诺的贝斯声显得圆润而安静。

巡演进入尾声之际，罗杰前来向我道别。他在展望未来，而我在思考的东西让他感到忧虑。

“你下次想做些不一样的东西吗？”他微笑着柔声问道，试图掩饰内心的焦虑。

我兴奋不起来。

“享受这轮巡演么？”

“还行。”我答道。

“只是还行？”一丝不悦之色划过他的脸庞。

“是的，还行。”我尽可能让这个字眼听上去显得肯定。

“就这么多？只是还行？”他已经到了发怒的边缘。

我说我没什么好抱怨的。我没有具体说明。他明白我不会继续了。

29

黑色日子，白色骑士

我对网络儿童色情的忧虑和关切，触发自 1998 年一次使用搜索引擎的经历——我试图搜索到捐助俄罗斯孤儿院的途径，结果却意外地搜出多张幼童色情图片。这次骇人的经历让我深受其扰，我过去几年的惊恐发作与之也有关联。它激起了我痛苦的回忆，让我进一步相信自己小时候被性虐过。

1999 年 5 月，我决定再度瞧瞧网络儿童色情。我的头脑很清醒，我带着严肃的使命。据报载，尽管警方能追踪到终端用户，但从源头上消灭网络儿童色情犯罪非常困难。一条连接俄国黑帮和西方银行的利益链畅通无阻，通过摧残儿童，制作贩卖儿童色情产品，一些人从中得到了巨大的收益。这对无良小报来说是好故事，但对普通人来说则是谁也不愿聊及的话题。

我计划在我的个人网站上发表一篇长文，用它来说明网上银行、浏览器公司和儿童淫秽产品生产者是沆瀣一气、从中牟利的。我抱着研究的目的进入一个色情网站，见一个按钮上写着“进入儿童色情请点击此按钮”。“入场费”是 7 美元。我用巴克莱信用卡（Barclaycard）点击支付，但随即就点了取消——哪怕是几块钱也不能让银行和信用卡公司赚去。

我也选择性地进入了一个警方的钓鱼网站，一来我的钱不会流向制贩儿童淫秽内容的罪犯，二来交易记录也能被记录下来。我的一个同事把几个最有可能已被联邦调查局和美国邮政署接管的色情网站告诉了我。

我想证明银行拿走了我的钱。这篇长文最终会成为一本书，关于飞速发展的互联网之暗面。我感觉自己是个专家，已准备好说说儿童色情问题，从一个深受其害、深知它的伤疤有多深的受害者的角度。

最近有传言称，内政大臣大卫·布伦基特（David Blunkett）计划修改法律，在网上设套诱捕所有搜索过儿童色情内容的网民。我想我也脱不了干系，但事情已经过去好几年了，几乎已被我抛在脑后。不管怎样，一开始我没把这事放在心上。

我和一道接受团体脱瘾治疗中的三个人成了密友。他们在孩提时遭受的性虐待比我更露骨，或者说比我记得更清楚。

爱丽丝八岁那年被性虐她的人强拍了施虐照，她担心那些照片流入了网络。当她自己的女儿年满八岁时，她的重度焦虑症开始频频发作。

罗宾在突然有了一个可爱的伴侣和一个可爱的孩子后崩溃了。他驾驭不了快乐的生活。和我一样，他试图吐露幼年的伤痛记忆时会陷入恐慌。

珍妮是个中年女演员，她的故事是三人中最令人震惊的。她从婴儿时期便开始遭到父亲以宗教命令之名施行的虐待。受虐阴影在她心底埋下了深深的祸根。她吐露得越多就越痛苦。

我和“小修道院”[1]（The Priory）及“布罗德里奇之家”（Broadreach house）的治疗师共同建立了一个研究项目，旨在为孩提时遭受过性虐待的成年人找到一种新的救助方法。它将兼具实用性和同情心，让他们不再感到羞耻。这次救助试验的头三位研究对象是爱丽丝、罗宾和珍妮（不是她们的真名）。她们被心魔缠绕的时候都曾大声求

1　英国一家专门诊治各种成瘾性疾病的著名精神诊所，收治过迈克尔·杰克逊、埃里克·克莱普顿、约翰尼·德普、罗尼·伍德、罗比·威廉斯、艾米·怀恩豪斯等多位名人。

救过。

2000 年 1 月 29 日，我的电话响了。第一位研究对象罗宾死了。在“布罗德里奇之家”接受了两周昂贵的治疗后，他跑回了他充满爱意的家，拿了些钱，挥别他可爱的小宝贝，住进了曼彻斯特的一家可卡因馆，在那里因吸毒过量致死。治疗期间他打过几个电话给我，向我抱怨他们的治疗方式，说我是在白白浪费钱。他希望得到救助，所以我出钱送他进精神诊所，现在看来是我的善意加速了他的死亡。

受惊不小的我仍希望完成这次救助试验。还有两位研究对象。一天，瑞秋从珍妮那儿回来后告诉我说，珍妮现在非常焦躁不安。珍妮的禽兽父亲（性侵她的那个人）再婚了，他年轻的妻子怀了个女儿。

45 岁的珍妮说话做事还像个小孩子。她害怕她父亲对他未来的女儿故技重施。12 月，珍妮进入“小修道院”接受治疗。出院那天她崩溃了，变得极度恐慌。在治疗师的建议下，我延长了她的治疗周期。这不是小事：我为她支付的治疗费用高达 7 万 5 千英镑，够我的某个小慈善基金运营好几年了。

2002 年 1 月 7 日，珍妮自杀身亡。令人心碎又令人警醒。我的洞察得到了验证：性虐对受害儿童，尤其是对受害婴儿的成长影响至深，而当他们打开隐藏在黑暗深处的记忆时，弄不好会有性命之虞。

只剩最后一个研究对象了。在我的安排下，爱丽丝在“小修道院”接受了一段时间的试验性治疗。我很高兴地告诉大家，她活得好好的，已经戒掉各种瘾，清醒了两年了。

2002 年 1 月 17 日，我在我的个人网站上发表了《一颗不同的炸弹》(A Different Bomb)。这篇长文讲述了罗宾、爱丽丝和珍妮的故事，矛头直指网络儿童色情问题。我依然想写一本有关于此的书，所以当我发现已经出过一本这样的书后，我摇滚明星式的自大不禁颤抖了一下。

《无法容忍：互联网上的儿童色情》（*Beyond Tolerance: Child Pornography on the Internet*）问世于 2001 年，作者菲利普·詹金斯

(Philip Jenkins) 是宾夕法尼亚州立大学历史和宗教学教授。他写出了需要说出的一切，做出了我想做出的研究。

媒体对《一颗不同的炸弹》大感兴趣，《卫报》还提出刊发全文，可我却开始意识到自己在1999年5月犯了个严重错误，把自己置于只要承认点了一个链接便会遭受起诉的危险之境。那次我只是在一个色情网站的主页停留，并没有进去浏览儿童色情图片，不过法律不会这么想。

我显然是得了“白色骑士综合症”（White Knight Syndrome）。心理学家玛丽·拉米娅和玛丽莲·克里格指出，无私奉献的“白色骑士”常常在帮助别人的时候弄巧成拙。帮助他人能导致自大的幻觉——一切都好，直到白色骑士帮助的这个人半途夭折。

约翰之死带来了一个令人惊奇的后果。罗杰和我决定继续巡演时，都压根没有料到约翰的巡演收益会归我俩所有。罗杰和我在经济上大大受益于约翰之死。这预示着我即将要走好运。我仍然致力于唤醒人们对网络儿童色情危害性的认识，告诉人们它会导致罗宾和珍妮这样的儿童性虐受害者过早殒命。登载恋童癖故事的桃色小报就让他们感到痛苦不安。我发现了两家比我自己的慈善机构Double-O做得更好的机构。一家是全国防止虐待儿童协会（National Society for the Prevention of Cruelty to Children），我给他们捐过很多笔钱；另一家是全国儿童期受虐者保护协会（National Association for People Abused in Childhood），他们即将开通一个求助热线。

2003年1月11日（周六）清晨，我的商业事务主管尼克·戈德森打来电话，说据《每日邮报》头版刊载，联邦调查局向英国“矿石行动”（Operation Ore）专案组提供了一份进入过儿童色情网站的7 000人名单，其中有一位不便透露姓名的百万富翁吉他英雄。“矿石行动”是英国警方展开的一项打击网络儿童色情犯罪的专项行动。

“那人是我。”我说。

30

特丽尔比的钢琴

起先我没有担心。可当我挂断电话，看向窗外，不禁惊恐万状。我的家已经被卫星直播车、记者、摄像师、摄影师和好奇的旁观者包围。事后我告诉一位记者，当时我要是有枪准一枪崩了自己。“你走吧，”我对瑞秋说，“我完了。”

“你没做错什么，皮特，”她回答道，“我要留下来。我们一起发个声明。”

我看到了这份《每日邮报》。文章没有透露我的名字，这意味着我和“小修道院”、“布罗德里奇之家”合作的研究项目不会被提及，我的慈善机构 Double-O 在致力于做的事情不会被提及，我写的《一颗不同的炸弹》也不会被提及。我渴望纠正人们的误解。我做了大量的慈善事业，也许我不该那么低调的，不过现在这些都无关痛痒了。

女儿爱玛打来电话：“至少你还活着，老爸。”“比吉斯”的莫里斯·吉布（Maurice Gibb）昨晚离开了人世，他的家人和兄弟悲痛欲绝。我把事情的来龙去脉原原本本地讲给爱玛听，她现在是个记者。“爸爸，你是在做研究，你必须说出真相。”她敦促道。

我接受了爱玛的建议。瑞秋和我对着聚集在家门外的媒体宣读了我们的声明。然后我们驾车去她家，度过了一个安静的周末。空气里都是紧张诡异的味道。我的律师说警方原打算讯问我的，结果我自己倒先在声明中坦承使用了信用卡。用过一次便已足够。警方决定拘捕我。他们约了 1 月 13 日（周一）上午登门。

这个周末，我接到了米克·贾格尔、大卫·鲍伊、斯汀、鲍勃·盖尔多夫、瑞莉·霍尔等多位友人打来的电话。周一上午，邮件如潮水般涌进我的房子，有斥责我是恋童癖的，也有支持我理解我的，总之我已累得无法回复——我根本就没睡着。

一组警察非常仔细地搜查了我的家和办公室，最后带走了成打的硬盘、11 台电脑、部分家庭照片和录像带。整个过程中他们都彬彬有礼、体谅周到。

当天晚些时候，我去了特威克南警局。我上次进局子还是 1972 年的事，那一次是因醉驾入狱。除了到处是摄像头，一切还是三十年前的老样子。警察向我出示了一张支票，上面有我的签名。它是我用来支付一张巴克莱信用卡账单的，其中一笔五英镑的收款方是一家名叫“山崩”（Landslide）的色情网站。我不记得这个名字，我已麻木到不知道正在发生什么事。

我在摄像机的注视下供述完后（BBC 在跟拍英国警方打击网络儿童色情犯罪的“矿石行动”，以制作系列纪录片《警察保护儿童》），一个探员出去给我买了个汉堡。我一天没吃东西了——整个白天我都在忙着为在我家里搜查的警察沏茶端茶。“吃吧，老兄，我们知道你在天使的这一边。”

从没有一个小举动让我如此动容。

“我拿起一份小报后直接会看背面的体育版，知道这是为什么吗?”他继续说道。

我摇摇头。

“因为头版必然是负面社会新闻，而那些正面的东西，拼搏、奋进、成就之类——在背面。”

这段时间小报的头版铁定是我，关于我是否有恋童癖及此案的讨论将延续数月之久。

我被取保候审。警方对我电脑的检查将持续一个月甚至更久。被暂扣的电脑和硬盘里保存着大量的录音和歌词，与《听到音乐的男孩》有关的一切全在里面。《听到音乐的男孩》刚完成一半，我唯有耐心等待。

我害怕我的私人日记被他们公布出去。这会让我显得像个自恋的傻瓜，唯一感兴趣的就是接下去买哪辆豪车、入哪艘游艇。虚荣心十足是人之常情，但我仍为此感到尴尬。

我知道我的电脑里没有显示我有罪的证据，但我担心他们塞几张图片进去陷害我。"矿石行动"专案组的探员很快就用他们的诚实打消了我的担忧。2 月的一次保释期会议上，我问专案组长电脑怎么需要检查那么久。他给出的理由是电脑很多，另外他们也在等待被我性虐过的儿童站出来，而这需要时间。

在多位站出来为我发声的名人中，罗杰是叫得最大声的一位。他对这次荒谬的逮捕表达了极大的愤慨。毫无疑问，我要是被定罪，他的事业会大受影响。但他的出发点不只限于此。他与我的团结一致，他对我的深信不疑，他在我受到不公对待时的怒不可遏都让我终生难忘。

取保候审伊始，我雇了保镖 24 小时保护我的宅邸，然后一头钻进海洋中心录音棚缩混环绕声版《汤米》。我决定在法国南部再买一座别墅。虽然高昂的律师费正虎视眈眈地看着我，可住在海边的梦想由来已久，我不想放弃。当然，我也想逃开媒体的聒噪。

信件依旧蜂拥而至。我的助手把不友善的信件分拣开，然后把剩下的交给我。这部分向我表达支持的信件占到八成。我开始一一回复，给每人寄上一张手写的小卡片："谢谢你们的信任，我永远不会忘记你们。"

环绕声版《汤米》混完后，我除了等待再没别的事可干，所以我决定把拖延已久的疝气手术做掉。那处疝气拜我在公园骑车拉伤肌肉所赐。医生给我打麻醉时顺便做了个结肠镜，结果发现了一个大大的结肠癌前息肉。如果没有发现的话，我几乎一定会步父亲的后尘，因为结肠癌扩散至全身不治而亡。他们逮捕我至少还有一项好处。真是塞翁失马，焉知祸福。

我终于等到了警方的通知。他们将于 5 月 7 日对我进行最后一次讯问。这一天将决定我是恢复自由还是受到起诉。与此同时，我收到了印度作家、诗人、美赫巴巴慈善信托基金主席布奥·卡尔楚里（Bhau Kalchuri）的来函。布奥是美赫巴巴生前最年轻的守夜人。他邀我 5 月 20 日共进午餐。真是个好兆头。我想不出更好的生日礼物了。

45 岁后，日子开始越过越快，然而等待电脑的这几个月慢得像蜗牛爬。有风声传出来说，他们会在口头警告后放了我。我和我的律师来到金斯顿警察局，逮捕我的警官看起来局促不安。他们一无所获。11 台电脑干净无比。从我家带走的大量物品中，只有几张照片被挑了出来。那是我的两个女儿小时候在牙买加光着身子奔跑的照片。看到润滑脂铅笔在她们身体上画的圆圈，我哭了。但至少我被证明是无辜的。

事情没那么简单。他们给我两条路。接受口头警告，上一阵性罪犯名单，或是去法庭受审。上法庭的话我会说出真相，但四个半月的等待已经让我精疲力竭，我已无法再接受一次等待的煎熬。如今我有些后悔没上法庭，但此举似乎比较鲁莽。我只是依靠朋友和公众为我发声，一直到现在为止。

直到两年后，我的无辜才被最终证明。是调查记者邓肯·坎贝尔（Duncan Campbell）还给我一个清白。在仔细检查了“山崩”网站的硬盘后，他发布报告称没有证据证明我进入过该网站。他说我承认做了并没有做的事。现在看来这很合逻辑，既然信用卡公司可以中止和维基解密网站的信用卡支付业务，他们就也可能拒绝为可疑的色情网站提供支付服务。

就像我担心的那样，2010 年 2 月，“谁人”在迈阿密献演超级碗中场秀时，性罪犯的标签又阴魂不散地贴到了我脑门上——当地的儿童保护组织在体育场内愤怒抗议、分发传单。我在记者招待会上如是说：

> 这是个难以对付、令人难过的议题，三言两语说不清楚。我们是站在同一边的。你们知道，对饱受儿童虐待问题困扰的家庭来说，最重要的不是警戒主义（Vigilantism）而是警戒……觉得我不该来这儿的人应该多做点研究，你们需要知道的网上都有。

为了向支持我的歌迷表示感谢，我决定暂缓创作进程，忘记耳聋问题，做一张专辑，和罗杰重启一轮巡演。2004 年，我们首度登陆日本，并自 1968 年后再度登陆澳洲——经历过 1968 年在澳洲的不愉快后，我曾发誓永远不会踏入那里一步。

瑞秋陪着我熬过磨难，我们的爱与日俱增。2004 年，她发表了处女录音室专辑《香烟和家务》（*Cigarettes and Housework*），备受乐评人的青睐。

回伦敦后，我继续创作歌曲，以推动《听到音乐的男孩》的情节发展。这些歌曲和我过去写的所有歌曲都不一样（我为音乐剧版《钢铁人》写的部分歌曲可能除外）。《苍穹》（In the Ether）是一个老幽灵在外太空唱出心中爱的呼唤。《心脏病》（Heart Condition）写的是一个男人不可救药地爱上了最好的朋友的女人。

《特丽尔比的钢琴》（Trilby's Piano）灵感源自一个对我非常重要的人——她第一个鼓励我即兴弹奏，跟我说我是一个“真正的音乐家”。她灌输给我的信心带我走出了生命中最黑暗的日子。

31

间奏曲

瑞莉·霍尔在我2005年生日当天送我一条约克夏梗作为生日礼物，我叫她威斯尔（Wistle），是按约翰·恩特威斯尔和他的狗狗斯卡拉菲取的名。我十二岁那年在约翰家第一次排练，斯卡拉菲是我们的观众。生日过后两个月，“谁人”与保罗·麦卡特尼、“平克·弗洛伊德”领衔献演了在海德公园举行的“现场八方”慈善义演（Live 8）。约翰都走了三年了，我弹奏的时候脑海里还是会出现他的影子。“谁人”在“现场八方”上的表现比在“拯救生命”上更具煽动性。鲍勃·盖尔多夫在舞台一端微笑着看着我，看得我心里甜滋滋的。

媒体把“现场八方”渲染成“谁人”和“平克·弗洛伊德”之争，但我们私底下相谈甚欢。看到罗杰·沃特斯和大卫·吉尔莫又携手合作可真好，而这也是我最后一次见到“平克·弗洛伊德”键盘手理查德·怀特（Richard Wright）。我几年前关掉一间录音棚时，他跑来买走了我的一架贝森多夫钢琴。我们都想知道“平克·弗洛伊德”是否会重新上路。他们的演出完美无瑕，但我觉得罗杰和大卫不会和好的。这是他俩最后一次并肩战斗，我能置身其间真是幸运。

2005年夏，我和鲍勃·普里登、比利·尼克尔斯开始联合制作“谁人”的第11张录音室专辑《无尽的线》（*Endless Wire*）。专辑中的大部分歌曲如《苍穹》、《特丽尔比的钢琴》、《伴我同行》（You Stand By Me）、《马蒂·罗宾斯》（Marty Robbins）等也被用于摇滚歌剧《听到音乐的男孩》中。我从 1999 年开始创作《听到音乐的男孩》，最终于 2007 年 7 月将它搬上舞台。

2006 年 6 月 17 日，《无尽的线》的推广巡演在利兹大学揭开序幕。这是“谁人”职业生涯中历时最久的巡演之一，直到翌年 7 月 9 日才在赫尔辛基落下帷幕。有瑞秋伴我同行真好，虽然我俩都觉得行程过紧、舟马劳顿。2006 年 10 月 30 日，《无尽的线》发行问世。它是“谁人”1982 年专辑《很难》后的首张大碟，也是“谁人”1978 年专辑《你是谁》后首张获得一致赞誉的大碟。在长达三年的时间里，《无尽的线》里的歌曲都是“谁人”在欧洲、北美洲、亚洲和大洋洲巡演时的保留曲目。

2006 年末，罗杰的健康开始出现问题。芝加哥站，他瘫倒在舞台上，随即被迅速抬走，留下我独自支撑了 20 分钟。《精神弃儿》式的。

翌年 2 月，“无尽的线”第三轮巡演从内华达州里诺市启程。3 月 13 日，佛罗里达州坦帕市的演出眼看就要开启，罗杰突然发现自己根本没法演唱。他住进迈阿密一家医院，这场演出推迟到 3 月 25 日举行。

罗杰一直在和他的喉咙毛病搏斗，后来我们才知道是癌前病变。他总是像个拳击手般奋力搏杀着，所以当他终于承认落败，接下来的几站演出由此取消时，我还不大适应。当然我很高兴他最终能接受失败，知道歌迷不希望他弄伤自己。我对罗杰的情感变成熟了——我爱他，一心为了他好——我感到他对我也是一样。

接下来我们返回欧陆，从里斯本出发，踏上本次巡演的最后一轮征程。马德里我第一次去，那一站可能是我有史以来吉他弹得最好的一次。我爱这轮漫长的巡演。它鼓舞了我，也让我对未来充满希望。

2008 年，我在萨里郡的一个森林深处买了一座录音棚，把里面最大的房间腾空，只摆一架雅马哈“迪斯卡拉威尔”（Disklavier）数码钢琴。“迪斯卡拉威尔”具备录音和回放功能，让我得以边来回踱步边听着回放即兴哼唱歌词。

我的新摇滚歌剧《弗洛斯》（*Floss*）里的第一首歌就是这么来的。《弗洛斯》有望成为某种将《迷墙》和“太阳马戏团”（Cirque du Soleil）融为一体的声光秀。它是又一部《四重人格》，技术上几乎与《生命之屋》一样难以实现，但如今我有电脑助我破除所有技术障碍。除了撰写这本自传，我这段时间的心思主要就放在《弗洛斯》上了，它是我做过的难度最大、要求最高的项目之一。

这个黑色故事的主人公是个叫沃尔特的年轻人。他退出驻场乐手界，开始着手打造一座迷宫花园。他开始与周围的中产阶级父母一样为自己孩子的未来担惊受怕。弗洛斯是他的妻子。她跌宕起伏的人生是这个故事的另一条主线。她身上有与我纠缠不清的前情人露易丝·瑞伊的影子，但我不想剧透太多。

32

我是谁人

2011年11月，我应邀走进BBC6台，做一个关于传奇摇滚DJ约翰·皮尔（John Peel）的专题电台讲座。这个专题讲座名为“向约翰·皮尔致敬”，计划每年举办一次，每次由一位音乐界大佬担任主讲人——我是被邀来打头阵的。我聊到了“皮尔主义”（Peelism），聊到了爵士乐大师罗兰·柯克——是他让我真正明白聆听的无比重要。我还聊到了我内心的艺术家，并指出我的六英镑酬劳将捐给“音乐家工会慈善基金”。

到了这把年纪，做慈善已经成了我生活的必需品。通过救助需要得到帮助的人，我们这些摇滚老炮不但与现实世界保持了联系，还认识了许多新朋友。有些惹人厌的记者说我们做公益有私心，对此我只有一句话要说的：如果你不喜欢我吹的小号，就吹你自己的小号去吧。

三年前的2008年12月，“谁人”成了小布什和肯尼迪中心委员会的座上宾——我和罗杰出席了2008年度肯尼迪中心荣誉奖授勋仪式，接受这一颁发给艺术家的至高荣誉。它和政治毫无干系。我不确定我的祖国会颁发给我类似的荣誉，如果这一天到来的话，我会对这项荣誉说不。

尽管如此，我仍相信英国和它的民主。我能为他人创造工作机会，我对此感到骄傲。诚然，我有钱又有势，但我本质上是社会主义者和社运分子，时刻准备着为无助的人发声，为失意的人歌唱。

2003 年我被捕那阵，无数对我不了解的人凭着小报上的新闻给我贴上了标签，我说我毫不在乎那是自欺欺人。此后很长一段时间，我不再扮演白色骑士，上演救助儿童的戏码。我非常清楚，这件事对我曾积极参与的慈善事业产生了不良影响，使得我不得不低调行善。

为了证明一个观点，我轻轻地点了一下鼠标，结果引来了排山倒海的误解。

我走出来了。我总是背着我行我素、有时好辩有时好斗的自尊赶路。反叛因子藏在我的皮下，驻在我的灵魂里，它会让我骤然动怒、骤然迸发。

我内心深处的那个小男孩怎么了？我写给八岁的自己的那封信，仍是我生命中最重要的宣言之一。“谨记”，我告诉他，“你有时会陷入痛苦悲伤，但它们让你更加坚强、更具才华，让你对他人的痛楚感同身受。你有一颗善心，终将走出阴霾。你的明天将无比美好，可你不愿相信这一点，因为你觉得自己不配得到这一切。

“你才智过人，可惜你不想去运用它。你妄自菲薄，让自己陷入懈怠。你有丰富的想象力，但你必须小心翼翼地尊重事实。你在学校里没学会就是没学会，不懂装懂行不通。你的烂成绩成了你灵感引擎上的一个重要零件。

“你母亲骂你穿得不像样是因为她当时正悒悒不乐呢。她觉得她母亲离开她一定事出有因。你也将经历尴尬的青春期。但你是个可爱的小男孩。爱自己。记住，不是所有的一切都会完美。你会犯错。这不可避免。但你不丑陋。你只有行为丑陋时才丑陋。

“享受人生。当心你渴望的东西，它们没有你想象中那么美好。记住，你将得到一切。”

附录

1967 年的一封歌迷来信

我行将拆开一个蓝色小信封。这是一封 45 年前的来信，收信地址是“谁人”歌迷俱乐部，寄信时间是 1967 年 1 月 16 日。我们团名的字母 O 上有个小箭头。

打开一封年代如此久远，来自流行文化革命全面爆发的 20 世纪 60 年代的信件感觉很奇怪。如果我在 35 岁时收到一群 16 岁少女的来信，我想我会回复。40 岁出头时，我雇了两个秘书，帮我处理每月收到的上千封歌迷来信。

女孩叫安妮，笔触如此熟悉。

> 你好吗？我看了上周的《流行之巅》，你真是太出色了。基思真是太狂野了。太棒了！

她说她不再喜欢《快乐杰克》了。她讨厌它。她对基思和金姆已经完婚的传言半信半疑，因为**基思是那种为了博眼球什么都会说的人。**她建议基思从实招来。

她也责备约翰·恩特威斯尔试图隐瞒和艾莉森订婚的事。她问我读了新一期的《唱片》（*Disc*）杂志没？**里面一个音乐记者说我很英俊。**

接着她连打了 22 个“哈哈”，表明她觉得这句话有多么搞笑。**你**

很迷人，不过不英俊。你觉得你英俊吗？凯伦觉得呢？

她在信的结尾写道：**你真迷人。**

我有了女友显然已是公开的秘密。我们的死忠歌迷甚至已经知道了她的名字，安妮就是其中之一。她似乎很生气，因为想跟我有一腿指定没戏了，虽然她明确表示也喜欢基思和约翰。

她在信中一次都没有提到罗杰。罗杰 1964 年就和杰姬秘密结婚了，对安妮来说，他完全不在追逐之列。

安妮爱我。我不是说她爱上我了，甚至想和我做爱，但她爱我。

爱慕和关心藏在字里行间，藏在做不出好唱片就不再爱我们的威胁中，藏在不要隐瞒已经有了伴侣的要求里。1967 年的我看不出这些。如果我能，我的人生会有大不同。

1966 年 11 月，安妮寄出这封信两个月前，“谁人”曾在伍斯特郡的“冬季花园”（Winter Gardens）表演了一场。当地女孩瓦珥翌年初写信给我，感谢我演出结束后送她和她朋友回家。她希望我记住她——那个坐在我身旁的金发少女。

瓦珥在信的结尾连打了 20 个“吻”，比安妮的“哈哈”少两个。

尾声

谨以此书献给所有人心中的艺术家。

这番话是说给你们听也是说给我自己听的。为“老天爷”而奏！在演艺界，“老天爷”指的是坐在剧院顶层楼座上的观众。博他们喝彩绝非易事。那是最便宜的座位，他们看不清又听不清，所以常常边聊天边吃爆米花。

对艺人来说，“老天爷”是宇宙，是未知事物，是海阔天空，是一幅巨大的抽象画。把注意力集中到无边无际的宇宙似乎有些不切实际、漫无目的。事实上它可大可小，由我们自己决定。有些人认为没什么“老天爷”，有些人认为我们被一群小天使环绕着。怎么认为都行。

为“老天爷”而奏——你可以对着一筐毛绒玩具弹奏，对着热水瓶瓶口唱歌，或者拧动五斗柜的把手，假装自己正在六万英里深的海底。

都是一回事。有疑虑的话就弹起来吧。

图书在版编目（CIP）数据

我是谁人：皮特·汤森自传/（英）汤森著；陈震译．—北京：中国人民大学出版社，2015.3
ISBN 978-7-300-20957-9

Ⅰ.①我… Ⅱ.①汤… ②陈… Ⅲ.①汤森，P.－自传 Ⅳ.①K835.615.76

中国版本图书馆 CIP 数据核字（2015）第 041420 号

歌者传记
我是谁人：皮特·汤森自传
皮特·汤森（Pete Townshend）著
陈震 译
Woshi Shuiren

出版发行	中国人民大学出版社		
社　　址	北京中关村大街 31 号	**邮政编码**	100080
电　　话	010－62511242（总编室）		010－62511770（质管部）
	010－82501766（邮购部）		010－62514148（门市部）
	010－62515195（发行公司）		010－62515275（盗版举报）
网　　址	http://www.crup.com.cn		
	http://www.ttrnet.com(人大教研网)		
经　　销	新华书店		
印　　刷	涿州市星河印刷有限公司		
规　　格	160 mm×235 mm　16 开本	**版　　次**	2015 年 8 月第 1 版
印　　张	24.5 插页 2	**印　　次**	2015 年 8 月第 1 次印刷
字　　数	309 000	**定　　价**	76.00 元